La burguesía catalana

Manel Pérez
La burguesía catalana
Retrato de la élite que perdió la partida

© Manuel Pérez Arias, 2022

Queda rigurosamente prohibida sin autorización por escrito del editor cualquier forma de reproducción, distribución, comunicación pública o transformación de esta obra, que será sometida a las sanciones establecidas por la ley. Pueden dirigirse a Cedro (Centro Español de Derechos Reprográficos, www.cedro.org) si necesitan fotocopiar o escanear algún fragmento de esta obra (www.conlicencia.com; 91 702 19 70 / 93 272 04 47).
Todos los derechos reservados.

Primera edición: junio de 2022

© de esta edición: Edicions 62, S.A., 2022
Ediciones Península,
Diagonal 662-664
08034 Barcelona
edicionespeninsula@planeta.es
www.edicionespeninsula.com

REALIZACIÓN PLANETA - fotocomposición
Depósito legal: B. 9.507-2022
ISBN: 978-84-1100-091-8

ÍNDICE

Introducción	9
1. La sociedad civil bajo la lupa	19
La quiebra de la larga alianza entre la burguesía y el pujolismo	19
La forja de una leyenda en Madrid y Barcelona. El Plan de Estabilización	37
El Cercle d'Economia y el sueño imposible de la burguesía catalana	42
Un retrato de la burguesía catalana del siglo XXI	50
Los empresarios pujolistas	77
La apoteosis de la sociedad civil... con el permiso de Pujol	81
El éxtasis de los Juegos Olímpicos	87
La élite desborda a Pujol y cuestiona el orden establecido	94
La burguesía se queda sin fuerzas	108
Artur Mas, el héroe del mundo del dinero	119
La tardía ruptura con el PP	127
Camino del 1 de octubre. El pacto fiscal se queda en el retrovisor	138

2. La Caixa y el irredentismo financiero catalán	153
El gran cambio	165
Pujol y Vilarasau, choque de titanes	172
El Pacto del Majestic y el fin de un modelo	179
La Caixa y la crisis del Estatut	185
El reinado de Fainé	188
La Caixa se protege en Madrid y Mas hace que no se da cuenta	197
3. La gran crisis del 1 de octubre	205
2 de octubre, pánico bancario en Cataluña	205
La planificación de una posible salida	217
4. La batalla por la representación	233
Sánchez Llibre en la prisión	233
La ofensiva del independentismo en las instituciones de la élite	239
Primero, a por la Fira	242
La batalla perdida del cava	250
Derrota del *establishment* en la Cambra	254
El dique de contención de PIMEC	264
Entre Puigdemont y el rey	266
Índice onomástico	279

INTRODUCCIÓN

La noche del 28 de junio del 2010, el *president* de la Generalitat, José Montilla, informó a los catalanes de la sentencia del Tribunal Constitucional que recortaba el nuevo Estatut que habían ratificado en referéndum a través de una declaración televisiva desde el Palau de la Generalitat. A pocos metros, en la Casa dels Canonges, le esperaba un escogido grupo de empresarios y ejecutivos que seguía la intervención desde una pantalla instalada en el comedor. En el ambiente, el enorme impacto político de la sentencia se sumaba al grave momento económico, con la crisis financiera carcomiendo los cimientos del modelo de crecimiento de la década recién acabada. Apenas dos meses antes de esta cena en el Palau, el presidente del Gobierno español, José Luis Rodríguez Zapatero, había anunciado un duro programa de ajuste que marcaría el resto de su legislatura y se prolongaría durante el siguiente Gobierno del popular Mariano Rajoy. Una tormenta perfecta se estaba formando aquella noche sobre el barrio gótico barcelonés.

El poder económico catalán desconfió del *procés* desde sus primeros pasos, antes de que se le identificara por ese nombre. En aquella noche del verano del 2010, Montilla pidió a sus interlocutores apoyo a una reacción firme contra la sentencia. Pero estos, en cambio, le recomendaron prudencia y sangre fría. Preferían evitar demostraciones callejeras y sugirieron serenas negociaciones con el Gobierno a fin de obtener mejoras en ámbitos palpables, como la financiación y las inversiones públicas. El clásico programa que había venido postulando desde que se recuperó la democracia y el autogobierno. Pero, esta vez, la crisis era diferente, los tiempos habían cambiado y debió adaptarse a las circunstancias. Tras aquella cena, el *president*, superado por la presión social, a la mañana siguiente convocó una manifestación para pocos días después que resultó multitudinaria. A partir de ahí la rueda de la historia comenzó a girar cada vez a más velocidad.

Al principio, durante un breve lapso de tiempo, la burguesía, el poder económico, las élites adineradas, términos todos equivalentes en estas páginas, recurrió a las recetas habituales, proponiendo retocar las relaciones políticas y financieras con el Estado. Compartía el diagnóstico de que había maltrato desde Madrid, no en balde el poder económico catalán fue de los primeros en presentar su lista de agravios al Gobierno y contribuyó decisivamente a asentar ese clima de opinión en la sociedad catalana.

La burguesía se sintió desconcertada cuando el *procés* aún era un bebé balbuceante, entre la aparición en escena del Constitucional y hasta la salida airada de Artur Mas de la Moncloa, dos años después, tras fracasar su petición de pacto fiscal a Mariano Rajoy. En una atmósfera de altísima presión social, expresada vivamente en las calles, con nutridos núcleos del pequeño empresariado —importante componente económico y mental en la estructura del país— sumándose con entusiasmo a la nueva corriente y con el viraje hacia el soberanismo de su partido político de referencia, la derecha nacionalista de Convergència Democràtica de Catalunya (CDC), la alta burguesía tanteó la idea de un nuevo sistema de financiación para Cataluña. Un sector de la élite llegó a pensar que podría ser conveniente elevar el tono, mostrar cierto enfado, hacerse valer en

Madrid. Una combinación de interés y adaptación política para mimetizarse con la nueva cara del país.

El poder económico catalán compartió, hasta cierto punto, los primeros acordes de la hoja de ruta del recién investido Artur Mas: austeridad y una difusa propuesta de pacto fiscal que, si las cosas salían medianamente bien, acabaría en un nuevo modelo mejorado de financiación autonómica, más inversión y recursos para la Administración catalana y sus empresas; también un plan de rebajas de impuestos. Un programa que debía ayudar, en la convulsa sociedad de la Gran Recesión, a taponar la entrada en escena de propuestas más radicales y complicadas.

Cuando, a partir de las elecciones de noviembre del 2012, con la calle ya como gran protagonista y con Mas superado por las consecuencias de sus propias apuestas, comprendió que se había formado una coalición que avanzaba hacia el choque político, se plantó, oponiéndose al *procés*. Ensayó primero propuestas de síntesis, como la conocida tercera vía, que para tener éxito debía contar con el apoyo no solo de los nacionalistas moderados catalanes, sino sobre todo del Gobierno de Mariano Rajoy, que, sin embargo, nunca se planteó negociar nada. La élite económica pensó incluso que la monarquía, sobre todo Felipe VI, podía actuar de mediador, atemperando a unos y otros. Hasta la burguesía próxima al soberanismo se planteó esta posibilidad con esperanza. Pero el rey se sentía moderador entre los poderes del Estado y nunca pensó que quienes estaban implicados en el *procés* se contaran entre ellos.

Al final, la élite catalana constató que ya no contaba con instrumentos políticos. Mas estaba atrapado en el dilema de mantener su posición —es decir, continuar con las líneas maestras de su apuesta inicial de austeridad y continuidad con el pujolismo, asumiendo un profundo desgaste electoral y la muerte política— o buscar la simpatía de una calle cada vez más agitada. Entre la vía del gradualismo y el mantenimiento del *statu quo* o la de la máxima presión sobre el Estado, optó por la segunda opción. Con ese giro, consolidó el desplazamiento de la sociedad catalana hacia el independentismo, sin salvarse políticamente. Tan solo ganó unos meses. Él y su partido estallarían y perderían la hegemonía política en Cataluña.

Los problemas de autoridad de la élite económica no se acabaron ahí. Había sido la flor y nata de la denominada sociedad civil, que le había servido de plataforma para desplegar su influencia y apadrinar las grandes ambiciones de Cataluña. Sin embargo, el prestigio de la sociedad civil se había desvanecido tras décadas de pérdida de vigor económico. La crisis financiera del 2008 y la erosión de un sistema político que amplios sectores de la ciudadanía consideraban defectuoso y con altas dosis de corrupción contribuyeron decisivamente a consolidar la nueva atmósfera social.

Ese fue el guion hasta que llegó el choque definitivo el 1 de octubre del 2017. Una auténtica revolución, no social, pero, desde luego, sí política. Un movimiento que tenía al frente una amalgama de políticos desorganizados, inconscientes de las consecuencias de sus propios actos, y que no preparó el reto que temerariamente había propuesto a sus conciudadanos. No aparecieron ni las estructuras de Estado prometidas, ni la cobertura internacional augurada, pese a las predicciones sobre la comprensión de las instituciones europeas. Tampoco se plasmó la contención de un Estado que debía haber quedado bloqueado por la convergencia entre la voluntad de los catalanes y la severa mirada de los poderes europeos. Y, sobre todo, contra lo que esos líderes habían proclamado, no se materializó la complicidad de las élites económicas locales. Estas hacía mucho que habían dejado claro que no jugaban ese partido.

Esos primeros días de octubre, además de las masas de votantes en las urnas, hubo otra ola de agitación, la del pánico bancario. Silencioso, invisible, en el mundo de internet ya no era necesario ponerse en la cola de la sucursal para mover los ahorros. El patriciado estaba asustado, también las clases medias, incluso algunas que hasta la fecha habían participado en las sucesivas Diadas del 11 de septiembre; que habían votado en el referéndum. El miedo a la ruina agitó los ánimos de muchos catalanes. A caballo de esa reacción vino el golpe más contundente hasta ese momento contra el *procés*. Gran parte de la élite expresó su rechazo a la situación política en Cataluña. Primero fueron los bancos; luego, las empresas. Los traslados masivos de sedes. La élite votó con los pies, literalmente. Puso tierra de por medio y quiso hacer valer su relevancia económica. Paradójicamente, contribuyó decisivamente a dar una vuelta de tuerca más a la concentración del poder económico en Madrid.

Ese fue el preámbulo de su apoyo a la aplicación del artículo 155 de la Constitución con el que Rajoy intervino la Generalitat y suspendió el funcionamiento de las instituciones de autogobierno. Para el poder económico, esta fue la mejor manera de recuperar la normalidad y frenar la dinámica autopropulsada del *procés*.

El debate sobre las consecuencias de esos hechos está aún vivo en Cataluña, como una herida sin cicatrizar. Para el independentismo apenas tuvo trascendencia; para los más críticos con el *procés*, era otra muesca de gran profundidad en la larga decadencia económica y política catalana. Fue la acción de un estrato social realmente existente; en sostenida decadencia, ciertamente, con escasa capacidad de acción colectiva, mucho menos poderosa de lo que sugería el relato romántico vigente antes del *procés*, pero que aún desempeñaba un papel relevante.

El independentismo intentó negar esas evidencias. Un autoengaño público, no privado, como pusieron de manifiesto las airadas reacciones de los líderes independentistas cuando fueron informados por los financieros y empresarios de lo que iba a ocurrir, como se recoge en las páginas siguientes. No quisieron admitir que había diferentes intereses en juego, que estaban sobre aviso y que no fue el resultado directo de las presiones del Estado —aunque estas pudieron también haber existido—, sino sobre todo de intereses económicos y convicciones políticas.

Después, una vez asumido dolorosamente lo obvio, se abrió una nueva fase en la que la nobleza de la economía, observada hasta entonces con recelo por el independentismo, pero de la que este aún esperaba, sin base factual para ello, un último gesto de complicidad, pasó a ser el enemigo que había que batir. Se cerraba así el ciclo político que había comenzado siete años atrás con una engañosa unanimidad en la reclamación a Madrid; ahora se abría el del ajuste de cuentas.

El historiador Antoni Jutglar se preguntaba en los años ochenta del siglo pasado, entre atónito e incrédulo, tras repasar la larga lista de sus fracasos, derrotas y proyectos fallidos, «¿cómo esta burguesía ha conseguido que se siga hablando de ella como de una burguesía distinta [de la española] y que, además, imponga a otros partidos no burgueses sus eslóganes nacionalistas?».

Cuatro décadas después, Antón Costas, presidente del Cercle d'Economia durante algunos de los años calientes del *procés*, se formulaba una pregunta parecida, aunque actualizada, en las páginas de *La Vanguardia*: «¿Por qué la burguesía catalana no frenó la deriva independentista del nacionalismo catalán y consintió, cuando no alentó, el *procés*?». Él mismo ensayaba una respuesta: «Había perdido la influencia política que había tenido en el pasado».

Esa pérdida de autoridad o de control no fue súbita o sobrevenida, sino paulatina. En verdad, llevaba un siglo gestándose, desde que en los años veinte del siglo xx perdió el tren del poder y la influencia en los resortes del Estado, en el ámbito político; el de la concentración bancaria, en el económico y, finalmente, el de la dirección del movimiento nacionalista catalán, al que dejó de considerar ya en aquel momento un proyecto político seguro. Después se diluyó en el franquismo, al que agradeció la devolución de sus propiedades. Y se dedicó a hacer negocios desentendiéndose de la política y la ambición de poder.

Más adelante vino el *boom* económico posterior al Plan de Estabilización de 1959, programa diseñado e impuesto por el Departamento de Estado de Estados Unidos al Gobierno español. En ese momento nació el Cercle d'Economia, la propuesta más ambiciosa de la burguesía catalana en los últimos cien años, que, pese a sus éxitos, no consiguió revertir esa pérdida de peso. Décadas después, con la democracia, intentó construir su propia alternativa de masas, electoral, alineada con la política diseñada desde Madrid por Adolfo Suárez y los poderes dominantes en el mundo occidental, Estados Unidos y Europa. Fracasó y tuvo que adaptarse a la realidad, convivir con el nacionalismo catalán de Jordi Pujol que caminaba hacia la hegemonía y acaparaba el apoyo de las clases medias, esas que, más adelante, serían las sublevadas con el *procés*.

El declive de la burguesía catalana culminó con el despliegue de la globalización, con las ventas de empresas a multinacionales y grandes firmas españolas y también con infinidad de cierres. Cataluña, que llegó al final del siglo XX siendo una de las industrias europeas potentes, tan solo unos años después, al poco de arrancar el XXI, se había descolgado del selecto grupo que encabeza el dinamismo económico, industrial, del continente, tras vivir el peor momento «de los últimos cincuenta años», en palabras del economista Josep Oliver.

Esa fase de destrucción económica, especialmente dañina, tuvo el corolario de los Gobiernos de José María Aznar y su programa de centralización en torno a Madrid. Contra él, esa misma burguesía fue aún capaz de activar en los primeros años 2000 su descontento por primera vez en décadas. Esto sucedió pocos años antes del *procés*, de hecho, fue uno de sus preámbulos. Las élites económicas empezaron a manifestar su descontento y, en ese sentido, anticiparon la indignación social moldeándola en torno a la denuncia de las arbitrariedades de un poder central volcado en consolidar la hegemonía de la gran metrópoli. Esa misma capital que ahora exige más poder que el resto de los territorios en el Gobierno y en el seno de los grandes partidos.

Una parte de la sociedad catalana, en especial de sus élites económicas y amplias capas de las clases medias urbanas, expresó a través del *procés* su rechazo impotente ante la consumación irreversible de ese plan. Madrid acaparaba los beneficios y el poder, absorbía actividad económica y capacidad fiscal, retroalimentándose y presionando sobre la periferia española; a toda ella, es cierto, pero mientras para una gran mayoría de esos territorios se trataba de una realidad ancestral, en el caso de Cataluña era un hecho relativamente nuevo, sobrevenido.

Ahora, el poder económico catalán sigue buscando una estrategia política que reconstruya sus relaciones con España y con la propia sociedad catalana, un nuevo modelo de influencia. El *peix al cove* (pájaro en mano) de Pujol parece ya una antigualla irrecuperable, desacreditada y con muy pocas posibilidades de seducir a la sociedad, pero no se descubren alternativas. El drama es que, especialmente en el ámbito económico, la élite ha estado fuera de la carrera durante un largo periodo. Su tradicional palanca de influencia en el Estado está aquejada de una enorme dosis adicional de debilidad.

El *procés* también la ha dividido profundamente. El sector mayoritario y más influyente de la burguesía catalana se ha ratificado en la idea de que la última década ha sido una pesadilla. Propugna un acuerdo que no se salga del tablero de juego establecido con el retorno de la democracia y que mantenga las relaciones políticas que marcaron el largo periodo de Gobierno de Jordi Pujol. Su esperanza reside en recomponer la antigua centroderecha catalanista moderada, pese a que esto tenga posibilidades inciertas mientras no cambien las grandes corrientes de opinión de la sociedad catalana.

Del tronco principal de la élite se ha desgajado un sector minoritario pero socialmente influyente e imbuido del sentimiento de representar al verdadero burgués catalán. Este grupo se alineó con el *procés* hasta las agitadas vísperas de la proclamación parlamentaria de Carles Puigdemont que desencadenó la crisis final de octubre del 2017. Aspira a pasar de ser un ramillete de personajes dispersos, con más énfasis en el activismo cultural y escaso discurso político, a articular una representación propia, superando el autonomismo pujolista. Y no ve con simpatía el cambio de hegemonías a favor de Esquerra Republicana de Catalunya (ERC), que parece consolidarse en el horizonte político. Ha abrazado abiertamente y sin complejos la idea de la independencia, pero atemperándola con el rechazo de cualquier posible unilateralidad.

El presente relato describe los principales episodios políticos del pasado reciente de Cataluña desde la perspectiva del comportamiento y la actitud de sus élites económicas. Sus protagonistas no son los partidos políticos ni sus líderes. Los intereses económicos son uno de los motores de la historia y aunque las crisis políticas parecen sacrificar en su fuego devorador todos los anhelos y preocupaciones, las sociedades siempre tienen presentes sus preocupaciones materiales. Hasta en los momentos de más rabioso idealismo.

I

LA SOCIEDAD CIVIL BAJO LA LUPA

La quiebra de la larga alianza entre la burguesía y el pujolismo

«La traición de Artur Mas fue su paso al lado, cuando entregó el Govern a la CUP, dejando en sus manos la palanca para que Carles Puigdemont fuera el nuevo *president*», sentenciaba en una conversación privada Josep Oliu, presidente del Banc Sabadell, en enero del 2016, unos meses después de los hechos, al analizar la decisión del político nacionalista de no convocar nuevas elecciones y capitular ante el veto a su reelección. Oliu, hombre de ingenio agudo, expresa sus ideas con concisión y la velocidad del rayo. El banquero había transmitido directamente a Mas desde hacía años, pero especialmente el 2015, el rechazo a sus propuestas políticas, y lo sucedido tras las elecciones de septiembre de ese año le reafirmó en sus ideas.

Los independentistas más radicales, cuyo voto era imprescindible, se negaron a apoyar en el Parlament a quien consideraban padre de los recortes presupuestarios. Para evitar nuevas elecciones, Mas intentó primero buscar un acuerdo con la Candidatura d'Unitat Popular (CUP) sobre la base de las propuestas de estos últimos, entre ellas una proclamación parlamentaria que instaba a «declarar solemnemente el inicio del proceso de creación del Estado catalán independiente en дляma de República», algo que no solo estremeció a Oliu. Como relata Lola García en *El naufragio*, cuando el *conseller* de Economía en funciones, Andreu Mas-Colell, en pleno Consejo Ejecutivo del Govern, leyó en el móvil el mensaje con la resolución aprobada, «con las gafas subidas por encima de la frente, exclamó indignado: "¡Pero ¿esto qué es?"».

Sin embargo, ni esa aproximación a la CUP ni otras ensayadas aquellos días surtieron efecto y al final Mas tuvo que aceptar que, en su lugar, fuera Carles Puigdemont, un periodista independentista de primera hora y alcalde de Girona, el candidato a la investidura. El pacto final de CDC y ERC, agrupados electoralmente en JxSí, con la CUP, implicó además del cambio de *president*, concesiones también en el ámbito de la política económica, especialmente la fiscal, y dio a ese grupo la llave de la continuidad de la legislatura, lo que fue recibido por gran parte de la élite económica con estupefacción; como un golpe bajo. A esas alturas, la burguesía catalana ya se había distanciado completamente del curso político marcado por Mas. El compromiso con la CUP fue el Rubicón definitivo.

Las elecciones de septiembre del 2015 habían arrojado un resultado endiablado, dejando a la mayoría independentista para investir *president* y desarrollar un programa de Gobierno en manos de ese grupo minoritario. Las dos grandes fuerzas de ese frente, CDC y ERC, habían pactado acudir a los comicios coaligadas tras la marca Junts pel Sí (JxSí), una opción que pretendía sortear la progresiva debilidad electoral del partido fundado por Jordi Pujol. Desde el otoño del 2012, la tradicional coalición de CDC y Unió Democràtica de Catalunya (UDC), Convergència i Unió (CiU), había ido perdiendo representación de forma alarmante. De 62 diputados en el 2010, a 50 en noviembre del 2012. En el 2015, las encuestas y la realidad social apuntaban a un hundimiento electoral aún más profundo. Mas y los suyos presionaron, aprovechando el ambiente social favorable a la unidad de las fuerzas independentistas, y lograron imponer la coalición a la ERC de Oriol Junqueras, pese a los intentos de este último para evitarlo.

La debilidad electoral y política de la centroderecha nacionalista catalana se había ido agravando a medida que avanzaba la crisis política. Cada paso de Mas para evitar ser desbordado y seguir pilotando la situación erosionaba su autoridad política y estrechaba su margen de maniobra. Pero ese deterioro político no había llegado súbitamente. CiU se adentró en la crisis económica desatada a partir del 2008 encarando un ciclo electoral al alza que solo se truncó, precisamente, en las elecciones de noviembre del 2012. Para entonces, su política de austeridad como respuesta a la crisis económica había carcomido las bases del consenso interclasista que había sostenido históricamente al pujolismo. Una convergencia de intereses entre la burguesía, la alta y, sobre todo, la de las pequeñas empresas; las clases medias y profesionales, cuyas nuevas generaciones ocupaban buena parte de los altos cargos de la Administración autonómica; y capas amplias de trabajadores de servicios públicos y los más cualificados del sector privado. El pujolismo había sido la argamasa política de esa heterogénea base social. Pero, en el 2012, esa construcción estaba desmoronándose. La burguesía quería al mismo tiempo ajustes y ayudas para salvar sus negocios; las pymes se veían devoradas por las grandes multinacionales que aprovechaban la crisis para aniquilarlas; las clases medias temían verse reducidas a la condición de asalariados mal pagados; los funcionarios veían su Administración en bancarrota; y los trabajadores perdían sus empleos en una montaña de cierres sin fin. El descontento y la protesta social eran la tendencia dominante. El *president* era mal recibido y abucheado en casi todas sus apariciones públicas. No tenía ningún futuro político.

Entre los primeros meses del 2012 y las elecciones de noviembre de ese año, Mas y su equipo más próximo cambiaron de política, en un movimiento con muchas contradicciones y enfrentamientos internos, del que surgió el giro soberanista. Mas pasó de defender la moral calvinista como sostén ideológico de los recortes a renegar de esos ajustes y atribuirlos a la injusticia practicada desde Madrid contra Cataluña. El objetivo fue revertir el desplome electoral y de autoridad que auguraban las encuestas y se respiraba en la calle. Los primeros pasos de ese cambio parecieron dar resultados positivos para sus promotores. Las consultas demoscópicas auguraban un éxito electoral histórico para los convergentes. La calle también había cambiado de atmósfera, allá donde aparecía, Mas recibía muestras de apoyo popular. Aparentemente, todo encajaba de nuevo.

Pero justo cuando pensaba que iba a culminar su ascenso al liderazgo indiscutido con una mayoría absoluta que le otorgaría el margen suficiente para asentar la nueva hegemonía de una renovada CDC —como la que tuvo Jordi Pujol, su padrino político y predecesor durante su largo periodo al frente de la Generalitat—, Mas se dio de bruces con la realidad. Su victoria electoral habría sido un éxito sin precedentes: supondría haberse sobrepuesto al desgaste de veintitrés años de Gobierno convergente y la densa atmósfera de corrupción que los envolvió. No obstante, el golpe de realidad de los resultados de ese noviembre marcó el inicio de su decadencia política. Y señaló nítidamente en el calendario el comienzo del distanciamiento de la corriente principal del poder económico respecto a su acción política y el incipiente *procés*.

Atravesando fases políticas muy claras, la burguesía catalana había empezado acompañando al sucesor de Pujol en su ascenso a la cima; luego detectó el inicio de su caída, momento en el que tomó las primeras precauciones, para acabar finalmente echándole en cara sus errores políticos. Entre el inicio del *procés* (2010-2012) y el momento del paso al lado de Mas, en enero del 2016, los patricios catalanes vivirán un viaje de ida y vuelta, desde el catalanismo tenue —en parte para evitar el choque con el ambiente y la opinión dominantes en la sociedad catalana del momento— hasta un soberanismo difuso e inconcreto que el nuevo *president* les declinaba de la manera que ellos querían escuchar: austeridad, menos gasto público y presión política en Madrid para conseguir más recursos y dinero por la vía de un hipotético pacto fiscal con el Estado. Compartían la idea de que había que elevar la voz, preocupar a Madrid, dejar claro que estaban insatisfechos.

Atracción, complicidad o análisis coincidente, según las matizadas definiciones de los diversos protagonistas, manteniendo su autoridad social, como clase dirigente de la economía, hasta las elecciones de noviembre del 2012, que en su opinión no debieron haberse convocado; desencanto, alejamiento y presiones para reconducir la situación tras el fracaso electoral. Y temor a perder el control de la política catalana, con Mas claramente desbordado por la irrupción de otros sectores sociales más radicales y con otros intereses; en primer lugar, desplazar a esas élites de sus posiciones de hegemonía. Esas organizaciones, agrupadas en asociaciones civiles como Òmnium Cultural y la Assemblea Nacional Catalana (ANC), llevaban a las masas a las calles, una pulsión extraparlamentaria que encendió todas las alarmas en los salones nobles. Los primeros intentos de rebelión empresarial tuvieron lugar tras la decisión de Mas de responder al fracaso electoral aliándose con ERC, en el arranque del 2013, y la posterior consulta del 9 de noviembre del 2014. Más tarde se produciría el choque frontal a cuenta del referéndum del 1 de octubre de 2017 y la declaración de independencia, suspendida inmediatamente por Puigdemont.

Estaba en juego el histórico modelo social que el poder económico y Jordi Pujol habían construido a partir de su primera victoria electoral en el ya lejano 1980. Este modelo se resumía en la idea de que la sociedad civil —evocando los grandes hitos de la burguesía barcelonesa, desde el despegue industrial, pasando por el ensanche barcelonés y las grandes transformaciones ligadas al modernismo, hasta las exposiciones universales y encarnada en el ámbito económico en entidades como La Caixa, Foment del Treball Nacional, el Cercle d'Economia o la Cambra de Comerç de Barcelona y, posteriormente, en el Instituto de la Empresa Familiar (IEF) y un grupo de empresarios relevantes— complementaba al Govern desde una posición independiente, con sus propuestas y proyectos. Un flujo de relaciones que, según sus postulantes, diferenciaba a Cataluña del resto de España. Un acuerdo tácito en el que unos hacían ver que Pujol no intervenía en los asuntos de esa sociedad civil a cambio de que el *president* asumiera los postulados económicos de los propietarios.

Poco a poco emergerían desde ese mismo *establishment* posiciones más o menos críticas sobre la veracidad de ese modelo. Ya en la primavera del 2008, Jordi Alberich, director general del Cercle durante dos décadas y dirigente de la desaparecida UDC, señalaría:

> Un análisis objetivo de la actuación global de la sociedad civil durante los treinta años de vida democrática en España debe poner de manifiesto una actitud generalizada de subordinación de la sociedad civil a los poderes públicos. Ha sido habitual que incluso las entidades más representativas de la sociedad civil se hayan autolimitado en sus ambiciones, manifestando una actitud de excesiva condescendencia con el poder político. Una actitud que se podía entender en los primeros años de la transición democrática, cuando la apuesta del conjunto de la sociedad era reforzar los partidos políticos para consolidarlos como ejes esenciales de la vida democrática.

Alberich se mostraba crítico con la clase política y más benevolente con la llamada sociedad civil. Años después, desde los sectores impulsores del *procés*, no desde la sociedad civil sino desde las clases medias, se dispararían los dardos, pero en sentido contrario, contra la pretendida pasividad política de los Gobiernos nacionalistas de Pujol y Mas hacia el mundo y los intereses de los grandes negocios.

Desde que Jordi Pujol demostró en 1980 que él y CDC eran la única alternativa con suficiente apoyo electoral para cerrar el paso a la izquierda en Cataluña y con capacidad de influir en la política que se decidía en Madrid —especialmente cuando desaparecían las mayorías absolutas en el Congreso de los Diputados—, el nacionalismo catalán se había convertido en el vector político mayoritario entre los sectores económicos más influyentes. Cuando se desató la crisis económica del 2008, los patricios de la economía siguieron próximos al sucesor de Pujol. Artur Mas no despertaba las pasiones de masas del primero, pero su perfil de gestor laborioso y aplicado, preocupado por el rigor de las cuentas públicas y conocedor del mundo económico, gustaba a los empresarios locales. Venía de fajarse en la oposición a los tripartitos presididos por los socialistas Pasqual Maragall y José Montilla, con los que protagonizó campales batallas políticas, en particular, contra los aumentos de impuestos, siempre la primera preocupación de los sectores adinerados. Los socialistas, por su parte, le reprochaban la acumulación de asuntos de corrupción, nunca reconocidos pero siempre presentes en crónicas judiciales y políticas. Pese a estar aún en la oposición en Barcelona y pocos meses antes de ganar las elecciones, Mas mantuvo el pulso, profundizó en esa línea y se convirtió, con su abstención parlamentaria de mayo del 2010, en el salvavidas imprescindible del giro hacia los recortes y la austeridad del presidente socialista José Luis Rodríguez Zapatero. Así accedió, al tercer intento, a la presidencia de la Generalitat. Para esa burguesía barcelonesa, también parte de la madrileña, Mas realizó un arriesgado ejercicio de responsabilidad al salvar el duro plan de Zapatero, en contraste con la insensatez del Partido Popular (PP) de Mariano Rajoy, que se puso de costado y rechazó apoyar las medidas que Europa pedía al Gobierno español en plena crisis de la deuda pública y el euro. Durante ese primer periodo, Mas fue el hombre de moda del poder económico.

En honor a la verdad, el sucesor de Pujol encaró una compleja tarea llena de trampas y obstáculos. Tuvo que elaborar un nuevo programa de resistencia para salvar un partido que prácticamente desconocía la vida fuera del poder, lo que su equipo dio en llamar una larga travesía del desierto; estar en la oposición, un periodo que duró siete años. Y en competencia con otra formación nacionalista, ERC, instalada en el Govern del primer tripartito. Forzosamente debió radicalizar un discurso que ya no podía ser solo el del partido de orden con la responsabilidad de gobernar. Mas pilotó ese giro con un equipo, el *pinyol* (hueso), mayoritariamente ajeno al *establishment* barcelonés, ese en el que el líder convergente se había acostumbrado a navegar con comodidad y con el que se forjó un perfil de *business friendly*. Además, cargaba con el lastre de veintitrés años de desgaste del Gobierno pujolista a sus espaldas, con las alforjas repletas de acusaciones de corrupción, en gran parte verídicas, como acabaría quedando de manifiesto, en el caso más sonado e inimaginable, con el mismo patriarca del nacionalismo conservador.

Finalmente, Mas obtuvo la victoria que definitivamente lo llevaría al Palau de la Generalitat tras capitalizar, entre otros episodios, el fallo del Tribunal Constitucional sobre el Estatut, en el verano del 2010. La sentencia dio rienda suelta a la indignación generalizada en Cataluña. A partir de ese momento, la grave recesión económica y la crisis política se mezclarían en la batidora social, propulsando el ascenso del independentismo. El clamor social ante la debacle económica y el descontento político confluyó con una larvada insatisfacción de sectores de las clases medias y profesionales e incluso de algunos miembros de la aristocracia del dinero y la industria. El giro soberanista de Mas, y su éxito inicial, consistió en vincular el rechazo a la sentencia, que tenía un enorme respaldo popular, con las destructivas consecuencias económicas de la crisis financiera. Esta sería consecuencia casi exclusiva de la viciada relación entre Cataluña y España; el fracaso de la negociación política y el mal funcionamiento del Estado explicaban la gravedad de la situación económica. Como se iría viendo después, el éxito de ese relato se manifestaría en la eclosión masiva de nuevos independentistas no nacionalistas, funcionales o prácticos, económicos, convencidos de que el origen de sus problemas de orden material y de calidad del modelo catalán en la globalización se explicaban por la subordinación política al Estado.

Entre el 2001 y el 2013, especialmente durante los años de la crisis, cuando el *procés* estaba en sus primeras etapas, la industria catalana padeció una destrucción, en forma de cierres de empresas, pérdidas de empleo y caídas de la inversión, «no vista en los últimos cincuenta años», es decir, desde los tiempos del Plan de Estabilización de 1959, según la concluyente descripción de Josep Oliver, el economista que más ha estudiado su evolución reciente. Esta destrucción no era comparable a la sufrida en ninguna otra región económica europea. Como consecuencia, la Cataluña que había emergido en 1995 «como una potencia industrial en el concierto europeo», solo un lustro después empezó a perder fuerza «de forma tan severa, que ya no aparece entre las regiones más industriales de Europa y está muy alejada de las alemanas, algunas italianas y de buena parte de las del centro y el este europeo más industrial. Ha dejado de ser una potencia industrial en el concierto europeo». Una decadencia sin paliativos sin cuya cabal comprensión es imposible entender las tripas de lo sucedido en la Cataluña de este siglo y sus dinámicas sociales y políticas.

La inquietud se extendió también entre núcleos de funcionarios públicos de una Administración autonómica en situación crítica tras los embates de la Gran Recesión. Este fue otro nutriente social clave del movimiento que transitaba del catalanismo o nacionalismo pujolista hacia el nuevo independentismo, definido inicialmente con el ambivalente y modulable concepto de soberanismo, lo suficientemente abierto para atraer a los sectores más diversos.

Las dos crisis, la política y la económica, ya estaban presentes en la coyuntura previa a la sentencia del Constitucional y las elecciones catalanas del 2010, pero aún no había un hilo argumental definido, consistente, desarrollado, sobre sus causas ni la forma de superarlas, más allá de la tradicional distancia respecto a Madrid y el convencimiento de que las decisiones que allí se adoptaban nunca tenían en cuenta las necesidades de los catalanes, cuando no buscaban directamente fastidiarlos. La sentencia del Tribunal Constitucional ayudó a escribir las primeras líneas de ese relato. El discurso tradicional del pujolismo ya no podía seguir siendo el marco de referencia de la sociedad catalana. Tras un primer intento de Mas de afrontar la crisis económica con recetas ortodoxas y sin cuestionar el orden establecido, acabaría enlazando esta con la propuesta de otro modelo de Estado, para lo cual debió renegar de su aproximación inicial, política ortodoxa y negociación clásica con el Gobierno central. Ahora se trataba de reconducir la inquietud social, que amenazaba con aplastarlo, hacia la negociación de un nuevo acuerdo con el Estado.

Y fue entre el verano del 2010, con la masiva manifestación contra la sentencia del Tribunal Constitucional, y las elecciones de noviembre de ese año cuando Mas obtuvo una mayoría suficiente como para recuperar el Govern: la CDC pos-Pujol vivió así su gran momento de gloria. La masiva protesta contra el fallo que podaba lamentablemente el Estatut y en la que estaba de cuerpo presente José Montilla, todavía *president* de la Generalitat, pero ya políticamente defenestrado, anticipó la rotunda victoria convergente en los comicios que se celebrarían unos meses después.

El propio Pujol —todavía un personaje con elevada influencia política, ya que aún no había trascendido el revelador episodio de sus cuentas andorranas— intervino para ayudar al éxito de la protesta, estimulando la participación entre las élites económicas y consiguió, tras reunirse con sus máximos responsables, que gran parte de las patronales y asociaciones vinculadas a la economía se pronunciaran públicamente como organizaciones y asistieran a la manifestación contra el fallo. En el inusual acto de pisar el asfalto del passeig de Gràcia barcelonés para protestar contra la sentencia, estuvieron aquella tarde, entre los menos entusiastas, Juan Rosell, presidente de Foment y, más adelante, de la Confederación Española de Organizaciones Empresariales (CEOE) y Miquel Valls, presidente de la Cambra de Barcelona. Más cercanos al nacionalismo, Josep González, presidente de Micro, Petita i Mitjana Empresa de Catalunya (PIMEC); Eusebi Cima, de la patronal Cecot; y Josep Mateu, de la Fundació d'Empresaris de Catalunya (FemCAT). En el caso del Cercle d'Economia, pieza clave en el relato de lo sucedido en estos años tumultuosos y centro de referencia del sector mayoritario de la burguesía, acudió a título personal su entonces presidente, Salvador Alemany, pues la entidad no llegó a pronunciarse institucionalmente sobre la sentencia, tras un intenso debate interno. No faltó ningún representante de las principales entidades empresariales del país.

En aquel momento, los diferentes estratos de las clases acomodadas, desde una parte sustancial de la alta burguesía hasta las capas más numerosas de pequeñas y medianas empresas, se alinearon mayoritariamente con el sucesor de Pujol. La coincidencia de políticas era notable. Compartían la opción de aplicar recetas de austeridad, de reducir el gasto público, y criticaban a Zapatero por no ser suficientemente valiente en una coyuntura que consideraban crítica. Es más, el mundo económico catalán vio una oportunidad de recuperar algo de su perdida influencia en la capital del Estado, tras el amargo paréntesis de la mayoría absoluta del PP de Aznar entre el 2000 y el 2004, al ser necesaria la colaboración parlamentaria de CiU para que las exigencias de Europa obtuvieran la luz verde parlamentaria. Era el momento de reclamar compensaciones, de vender caro el voto, a lo Partido Nacionalista Vasco (PNV), una referencia política de las élites catalanas, y obtener palpables beneficios económicos por los apoyos en el Congreso.

El cálculo de Mas, y de muchos de los empresarios que estaban próximos a él en el otoño del 2010, requería que en las cercanas elecciones generales españolas el PP no alcanzara la mayoría absoluta, situación idónea para reeditar una negociación similar a la del famoso pacto del Majestic de 1996. Las encuestas daban ganadores a los populares, pero no como para gobernar en solitario. Esas cábalas, sin embargo, resultarían quiméricas.

El giro social conservador provocado por la crisis económica del 2008 y el desgaste de los dos tripartitos previos —el último, el de Montilla, ya había comenzado a aplicar notables recortes, sin que pese a ello pudiese contener el gasto— remataron la jugada para que los convergentes obtuvieran un notable éxito electoral en el 2010. CDC logró una formidable subida; también, aunque muchísimo menos, el PP. Bajaron rotundamente los socialistas, así como los republicanos de ERC, que sufrieron una severa derrota, convirtiendo en un espejismo su objetivo de superar a los convergentes, que multiplicaban sus votos por seis. Ese dispar resultado desactivó inicialmente la competencia entre los nacionalistas y los independentistas, cuyo desencadenante había sido el pacto de estos últimos con la izquierda para formar los tripartitos y dejar a los convergentes fuera del Govern. CiU arrancó la legislatura pensando que sus rivales republicanos estaban poco menos que tendidos en la lona, lo que le daba un margen absoluto ante su electorado. Hasta el punto de que Mas pactó su investidura con el PP sin demasiados complejos.

El líder convergente tejió un juego de alianzas y complicidades que elevó su estatura política ante los líderes económicos. Accedió a la presidencia consiguiendo la abstención del Partit dels Socialistes de Catalunya (PSC) y, meses después, sellaría un pacto presupuestario por dos años con el PP. Esto resulta paradójico si se recuerda que la sentencia del Tribunal Constitucional, una de las espoletas del choque político que acabará siendo el *procés*, fue la respuesta favorable del poder judicial a las denuncias del PP contra el Estatut. Ese partido fue el que en los primeros años apoyó a Mas y le permitió iniciar sus programas de ajuste, al tiempo que se lo negaba a Zapatero en el Congreso.

Mas desplegaba su política manejando dos barajas. Por un lado, el PP; por otro, un discurso que en teoría tentaba las costuras, las posibilidades, de la negociación con el Estado: el pacto fiscal, recuperado, no lo olvidemos, durante sus últimos años en la oposición. La reivindicación figuraba de manera sucinta en su programa electoral del 2010. La parte más elaborada proponía desarrollar el consorcio tributario con la Agencia Tributaria Estatal, según lo establecido en el articulado del Estatut. En otro apartado del mismo documento electoral se señalaba de forma genérica y muy sucinta: «Nos proponemos que Cataluña disponga de un modelo de financiación propia

—como lo es el concierto económico— con el objetivo de poder gestionar y decidir sobre la totalidad de los recursos tributarios de Cataluña». El Parlament de Cataluña constituyó la comisión sobre el pacto fiscal en junio del 2011.

La promesa de una porción más grande del pastel de las finanzas públicas fue una auténtica tentación para la burguesía, que compró en parte porque, al igual que Mas, lo concebía no como un objetivo posible, sino como un punto de partida de una negociación clásica en la que la otra parte, el Gobierno central, acabaría haciendo una propuesta que mejoraría el *statu quo* vigente sin llegar a ser el concierto vasco. También, arrastrada por una corriente social y una presión política a la que no se veía con fuerzas de oponer resistencia. Aún no tenía la sensación de que la calle acabaría sublevándose.

En sus memorias de aquellos años, Mas expuso sus argumentos sobre el uso táctico de esa reivindicación: «En el primer año de legislatura no ponemos encima de la mesa el pacto fiscal» porque Zapatero ya estaba de salida. También porque él «sabía que España estaba a las puertas del rescate financiero, no nos darían dinero». Aun así, cuando finalmente se la planteó a Mariano Rajoy, el recién llegado presidente del Gobierno, en septiembre del 2012, el Estado todavía estaba en peores condiciones económicas que con su predecesor en la Moncloa. Eso fue poco después de la manifestación de la Diada del 11 de septiembre de ese año, con el lema «Cataluña, nuevo Estado de Europa», que Mas calificó de «pistoletazo de salida del *procés*».

Desde el punto de vista político, el pacto fiscal se concibió como una actualización del programa pujolista, reactivando reivindicaciones casi olvidadas por la práctica del fundador de CiU. El desacreditado *peix al cove* de Pujol buscaba acuerdos con los Gobiernos centrales de turno sobre materias concretas de interés inmediato a cambio del apoyo parlamentario en el

Congreso de Madrid y cierta paz política en Cataluña. Así pues, Mas dio relieve político al pacto fiscal como el elemento que debería catalizar las energías de los catalanes en un momento de crisis económica aguda.

El pacto fiscal resumía la propuesta de nueva relación económica y financiera con el Estado basada, en primer lugar, en que la Generalitat se encargaría de la recaudación de todos los impuestos en Cataluña con su propia Agencia Tributaria. De lo ingresado, la Administración catalana aportaría a la Hacienda del Estado la parte que compensara sus gastos en Cataluña más la partida que se pactase en concepto de solidaridad con el resto de las comunidades autónomas. El modelo de referencia era siempre el concierto vasco, que funciona exactamente así, con su correspondiente cupo, es decir, la cifra que el Gobierno vasco y el central pactan como compensación por los gastos del Estado en Euskadi.

Este acuerdo era un magnífico banderín de enganche para acercar a capas de la burguesía y a sectores de clases medias, sobre todo profesionales, que ya estaban muy insatisfechas tras décadas de minimalistas negociaciones pujolistas. Frente al Gobierno central, era en realidad una apuesta de máximos que buscaba obtener respuestas negociadoras que permitiesen que la Administración catalana encarase la crisis sin tener que recurrir a los recortes de manera permanente y de este modo se evitase el desgaste político de los dirigentes nacionalistas.

Como resumía en uno de sus informes el Consell Assessor per a la Reactivació Econòmica i el Creixement (CAREC), una comisión asesora creada por Mas nada más llegar al Govern con el objetivo de buscar la complicidad empresarial y presidida por Salvador Alemany, hombre de la órbita de La Caixa:

La recaudación y gestión por el Govern catalán de todos los tributos que se generan en Cataluña mediante una agencia tributaria propia. La capacidad normativa plena sobre estos tributos sin otra limitación que las directrices comunes que se establezcan con la UE y el Estado. La capacidad financiera en función de las competencias asumidas por cada nivel de gobierno. Un mecanismo de negociación y revisión del Pacto sobre la base de la relación bilateral entre España y Cataluña, para renovar o modificar el contenido.

Económicamente, la propuesta se planteaba como la solución para acabar con el denominado déficit fiscal, el saldo negativo entre lo que los catalanes aportaban a las arcas del Estado a través de los impuestos y lo que recibían por la vía del gasto y la inversión públicos, en servicios o infraestructuras. El déficit fiscal ha preocupado a economistas y empresarios catalanes desde hace más de ciento setenta años. El empleo de un elemento tan técnico como sustento de las posiciones políticas siempre ha sido motivo de polémica.

Las conclusiones de los diferentes estudios coinciden siempre en calcular un déficit fiscal catalán con el Estado que, dependiendo del método de cálculo, se estima en un mínimo del 6% hasta un máximo incluso por encima del 10% de lo que la economía produce en un año.

La existencia de este déficit es la norma en las regiones más ricas del planeta; estas pagan más impuestos a sus Estados que las más pobres, y está plenamente justificada en función de sus niveles de renta superiores. Esto se detecta en todos los países donde se ha estudiado esa relación, como Alemania, Canadá, Reino Unido o Francia. La polémica en el caso de Cataluña y España se centra en que se trata de un déficit «excesivo». Según Antoni Castells —dirigente del PSC, *conseller* de Economía de Maragall y Montilla, que encabezó desde los años ochenta el interés de un sector de la izquierda por este tipo de análisis— y el catedrático Martí Parellada, «este comportamiento es similar al que se produce en las regiones europeas con una renta relativamente elevada. Sin embargo, la economía catalana se aparta parcialmente de este comportamiento general dado que el déficit fiscal es exageradamente elevado en relación con la renta».

El Govern de Mas no concretó públicamente cuáles eran sus objetivos de reducción del déficit fiscal en el caso de que se abriese una negociación con el Gobierno, precisamente porque, de entrada, este no aceptaba ni tan solo la idea de sentarse a hablarlo. Josep Martí, secretario de Comunicación del Ejecutivo de Mas entre el 2010 y el 2016, explicó en *Cómo ganamos el proceso y perdimos la república*, que «lo que se pretendía es que quedase reducido a un porcentaje razonable (siempre se hablaba del 4% [unos 12.000 millones anuales menos], aunque nadie formalizó nunca esa cifra) y que se respetase el principio de ordinalidad». Es decir, que ninguna comunidad autónoma bajase posiciones en el ranking de renta por persona tras ese ajuste.

Las élites catalanas habían respaldado históricamente la filosofía subyacente tras las balanzas fiscales y el concierto económico, pues consideraban una injusticia pagar más para recibir menos. Pero durante el periodo democrático reciente no la habían convertido en una reclamación política ni inmediata, ni urgente, ni posible. Tampoco la plantearon como un mecanismo para una modificación general de sus relaciones económicas institucionales con el Estado.

El concierto no fue su objetivo en el arranque de la democracia y la recuperación de la Generalitat. Sin embargo, con el paso de los años, comenzó a asentarse el convencimiento de que un acuerdo de ese tipo sería beneficioso para la economía catalana y para sus élites, pero nunca en términos de una propuesta política concreta, posible y realista.

Por otra parte, en los primeros años de la transición, la burguesía catalana, y, a estos efectos, también el pujolismo, mantuvo una posición claramente intervencionista en la política española. En una especie de repetición de lo sucedido durante las primeras décadas del siglo xx, su aspiración mayoritaria era justamente pilotar una reforma a la catalana del Estado español. Como se verá más adelante, los sectores más dinámicos del poder económico catalán solo concebían la política en términos de reforma del conjunto del Estado español bajo su propia dirección y en ningún momento se plantearon un programa de repliegue sobre Cataluña. Esto entraña una diferencia clave con el nacionalismo vasco, públicamente mucho más distante de la gran empresa y que se sintió siempre más cómodo replegándose tras el protector escudo del concierto económico y los fueros. Los imperativos de la globalización, la crisis del 2008 y la política del Estado modificarían ese punto de vista entre relevantes sectores de las élites catalanas, hasta que, finalmente, el *procés* le imprimió un giro de 180 grados.

Antes de adentrarnos en la radiografía de lo que es hoy la burguesía catalana, vamos a hacer un brevísimo salto hacia el pasado para ver dos de los episodios que más directamente marcaron el cambio de esa clase social respecto a sus antecedentes históricos, los anteriores a la Guerra Civil. Por una parte, en el aspecto económico, el antecedente fue el Plan de Estabilización, cuna del nuevo modelo de capitalismo español tras la autarquía franquista y forja de la creación o consolidación de gran parte de las empresas familiares españolas y catalanas. Y, en lo referente a la articulación política de la élite catalana del dinero durante las cinco décadas largas que separan el cambio económico del inicio del *procés*, el antecedente fue el papel del Cercle d'Economia.

La forja de una leyenda en Madrid y Barcelona. El Plan de Estabilización

La renovación del mundo empresarial en Cataluña y en España fue posible gracias a un hecho que ya queda lejano en la memoria de la sociedad, un cambio de política económica impuesto al dictador Francisco Franco a mediados del siglo pasado, en 1959, por el poder dominante tras la Segunda Guerra Mundial, Estados Unidos. Se trata del llamado Plan de Estabilización de 1959. Este, en realidad, empezó seis años antes, cuando la dictadura selló el convenio para autorizar la instalación en el país de las bases militares permanentes de Estados Unidos.

El Plan era un programa de apertura de la economía por la vía de la liberalización de los intercambios comerciales, la devaluación monetaria y la puerta abierta a la entrada del capital extranjero, estadounidense y europeo. Ponía punto final a la larga política proteccionista vigente en España desde la última década del siglo XIX, en plena Restauración, y, en buena medida, por el impulso de la burguesía catalana. Estas medidas supusieron la incorporación definitiva de España al orden económico surgido de la Segunda Guerra Mundial. Fueron el principio de la nueva industrialización de España, más allá de Cataluña y el País Vasco, y serían la base sobre la que se desarrollarían la mayoría de las empresas que aún hoy conforman el universo del poder económico del país.

La propaganda de Estado franquista acabaría ocultando el verdadero origen de ese giro estratégico, intentando atribuirse una voluntad modernizadora e industrial que, en realidad, poco tuvo que ver con la realidad de los hechos. Lo que sucedió distaba mucho de la idea tan divulgada en determinados ámbitos sobre un proyecto endógeno para impulsar el desarrollo económico con el que crear una nueva sociedad de clases medias que acabaría siendo la cuna de la democracia. En sentido contrario, algo parecido sucedió también en Cataluña, fomentando una leyenda que exageró sobremanera la capacidad de intervención de las fuerzas vivas de la economía local en los asuntos del Estado.

En realidad, como acreditan los estudios más recientes, la formulación de ese Plan fue una idea del Gobierno de Estados Unidos, largamente porfiada desde 1953, ante el visible naufragio de la política franquista y la preferente preocupación por la continuidad de sus bases militares en la Península, acordadas tras los Pactos de Madrid a cambio de importantes sumas de dinero vitales para la sostenibilidad económica del régimen autárquico. Para evitar que las angustiosas peticiones de ayuda monetaria de los ministros españoles se convirtieran en una sangría permanente de fondos, Washington diseñó un programa de apertura y salvamento. La economía mundial vivía momentos de expansión exuberante y la política de Estados Unidos impulsaba en el mundo la máxima apertura de todos los mercados nacionales.

La hoja de ruta definitiva de ese plan estadounidense para España se expuso a principios de 1957 en un telegrama de John Hollister, director de la International Cooperation Administration (ICA) a la embajada de Estados Unidos en Madrid. Así lo relató Elena Cavalieri en «¿De quién fue la idea del Plan de Estabilización?», un trabajo editado por el Banco de España coincidiendo con el sesenta aniversario del Plan y presentado en un acto de homenaje a Joan Sardà Dexeus, economista catalán y uno de los ejecutores locales del acuerdo con Washington.

Los estadounidenses trasladaron por diversas vías sus quejas por la negativa del régimen a seguir sus recomendaciones y la pésima gestión de la crisis. También se lamentaban de que, pese a las solicitudes de Washington, España no facilitaba ningún dato fiable sobre el estado de su economía. Y el elemento crucial, la clave sobre el plan de Estados Unidos para España desde el mismo momento de la firma del pacto sobre las bases, «cuando España aceptó el programa de ayuda, en 1953, se comprometió a "hacer el máximo esfuerzo" para pactar el establecimiento de un sistema de pagos y de transferencias internacionales que se aplicaría a todas las naciones y empresas de Estados Unidos»; algo que en 1957 no se había producido pese a las presiones de la embajada de Washington en Madrid.

Los estadounidenses pensaban que la ayuda de Estados Unidos a España acordada en 1953 solo tenía sentido si servía para «el reforzamiento económico del mundo libre a través de una mayor cooperación mutua, la expansión del comercio y economías individuales más sólidas». El telegrama de Hollister y los movimientos del embajador provocaron una inmediata crisis de Gobierno, al mes siguiente, que desembocó en el nombramiento ministerial de los tecnócratas del Opus Dei. Estos se encargaron, ahora sí, de implementar la propuesta de la Administración estadounidense y el desplazamiento del sector vinculado al falangismo, postulante aún de la autarquía de posguerra. Estados Unidos estaba presionando en todo el mundo a favor de la apertura de fronteras económicas a fin de fomentar sus exportaciones y la ampliación del mercado para las multinacionales. También le preocupaba la estabilidad política del franquismo, en pleno cénit de la Guerra Fría.

Ese impulso contó, internamente, con el complemento esencial de la gran banca, poder fáctico del régimen, algunas de cuyas cabezas más visibles habían lanzado ya críticas a la autarquía. Franco se resignó y aceptó el cambio porque la situación económica y la social eran insostenibles y porque las exigencias estadounidenses no implicaban condiciones políticas ni menor represión o más apertura.

Técnicamente, el Plan fue exitoso porque sus detalles y ejecución corrieron a cargo de los técnicos españoles y no de la cúpula del Fondo Monetario Internacional (FMI) desde el exterior, sin conocer la realidad concreta de la economía española: «Aunque la idea del plan surgió en Estados Unidos, en España encontró un terreno particularmente fértil en el Gobierno de los tecnócratas y sus asesores».

Entre ellos había tres catalanes relevantes. Es el caso de Joan Sardà, llegado a la dirección del servicio de estudios del Banco de España dos meses antes del telegrama estadounidense; el economista Fabián Estapé; y Laureano López Rodó, falangista de primera hora, después opusdeísta y secretario general técnico del Ministerio de Presidencia durante la fase clave de implementación de las reformas. El equipo de ministros económicos del Gobierno siguió las líneas maestras trazadas por Estados Unidos con una atenta lectura de la realidad del país en el que vivían. Una manifestación del poder que desde entonces ya ejercía Washington en España y que, en buena medida, se ha ido reforzando con el paso del tiempo.

El plan de Estados Unidos permitió integrar la economía española en el mercado mundial tras veinte años de aislamiento prácticamente absoluto. Los planes de estabilización eran la receta estadounidense de la época para ese acercamiento. Se aplicaron, prácticamente en el mismo momento, en países tan diversos como Turquía, Argentina o España. Obviamente con resultados desiguales según los países y la solvencia de sus tecnocracias.

El Plan de Estabilización abrió la puerta a la llegada de capital exterior, la modernización del equipamiento productivo y de la gestión de las empresas a través de la entrada de las multinacionales, en buena parte, de las principales compañías industriales y de servicios españolas; también crearon muchas nuevas. Una alianza entre el régimen y las primeras empresas globales del mundo, las multinacionales estadounidenses y europeas, ansiosas por hacer negocios en nuevos mercados.

El acuerdo comportaba que la banca, el verdadero núcleo de poder económico del franquismo, quedaba al margen de la apertura, ya que era el coto reservado para la corte financiera del régimen. Con el Plan de Estabilización llegó una auténtica lluvia de inversiones, pero los bancos no cedieron su capital a los acaudalados extranjeros. Vendieron a las multinacionales empresas que estaban bajo su control, les concedieron créditos para sus proyectos en España y compartieron negocios. Pero no entregaron ni un ápice de su poder directo, al contrario, lo reforzaron y lo mantuvieron intacto hasta la llegada de la democracia. Esta es una singularidad permanente de la economía española, que pervive aún bien entrado el siglo XXI.

El primer círculo del capitalismo español quedó estructurado en torno a tres grandes grupos: la banca madrileña y vasca como indiscutible centro del sistema, con sus amplios ramilletes de empresas controladas, especialmente las grandes eléctricas; la gran industria básica agrupada en torno al sector público y el Instituto Nacional de Industria (INI); y, por último, las grandes compañías industriales y de servicios total o parcialmente vinculadas al capital extranjero. Un segundo círculo, más alejado del poder político, lo conformaba la burguesía española de menor dimensión, en parte continuadora de sagas anteriores a la guerra; en parte producto de la corrupción y las prácticas arbitrarias del franquismo; y en parte resultado de la nueva industrialización. La catalana, formaba parte de esa segunda anilla. La banca en la cima; un conglomerado público que pagaba las nóminas de buena parte del alto funcionariado; una alta penetración multinacional. Finalmente, un grupo de empresas familiares medias con cierta potencia y una aplastante presencia de pymes; ambas con un acceso muy acotado a los pasillos del poder político y apenas partícipes de la definición de las grandes decisiones económicas.

Esas tres galaxias, cribadas por la industrialización a partir de los sesenta y después con la entrada en Europa, ya en la democracia, dieron origen a una de las bancas más potentes del mundo. Del desmantelamiento del sector público iniciado por el socialista Felipe González y rematado por el popular José María Aznar, surgió un núcleo de grandes empresas de servicios que se convertirían en el mascarón de proa del capitalismo español en el mundo, ciertamente con poca presencia de capitalistas de verdad y sí de amigos del poder político de turno, concentrado en Madrid. Del ámbito empresarial tradicional, se desarrolló un potente grupo de empresas familiares que sigue siendo la columna vertebral de la burguesía catalana y vasca y, en cierta medida, también de la madrileña.

El Plan de Estabilización abrió las puertas a la nueva sociedad de consumo, en la que la burguesía catalana tendría sus principales intereses y gracias a la cual ganó dinero, mucho más dinero, pero no más poder e influencia, ya que estaba muy limitada más allá de su radio de acción local o sectorial. Tampoco aumentó sensiblemente su dimensión, ni por la vía del crecimiento orgánico, ni mucho menos por la de las asociaciones o fusiones. La pervivencia destacada y dominante del textil manifestaba las debilidades de su estructura empresarial.

El Cercle d'Economia y el sueño imposible del poder económico catalán

El Cercle d'Economia nació en el clima de tensiones, inquietudes y debates que enmarcó la aprobación del Plan de Estabilización de 1959. Fue la iniciativa de un puñado de jóvenes destinados a tomar el mando generacional en un amplio ámbito empresarial de la burguesía catalana del momento. Los detalles son suficientemente conocidos. Los nombres más destacados, también: Carlos Ferrer Salat, hijo de un empresario químico y farmacéutico; Carles Güell de Sentmenat, ejecutivo de la cementera Asland y descendiente de dos de las principales sagas impulsoras de la industrialización en Cataluña y mecenas de la arquitectura y la cultura; Artur Suqué, vástago de dos importantes familias textiles y yerno de Miquel Mateu, una de las más prominentes figuras del franquismo político y económico en Cataluña; y Joan Mas Cantí, descendiente asimismo de empresarios textiles. Su secretario era Ernest Lluch, futuro ministro socialista, asesinado por ETA. Y con el economista Fabián Estapé, vía de contactos con Madrid y participante también en la aplicación del plan estadounidense de 1959, como asesor técnico y generador de ideas. Pronto se incorporaría un joven Jordi Pujol. En el Cercle d'Economia se reunía una representación de la realidad empresarial del momento: laboratorios farmacéuticos, actividad que continúa siendo puntera aún hoy en día en la economía catalana; una presencia aún testimonial de la alimentación, sector que despegaría con fuerza tras el Plan de Estabilización; y una mayoría abrumadora del textil, en aquellos años aún la actividad dominante. Sin embargo, no había presencia del sector financiero autóctono, de escaso relieve en Cataluña, más allá de las cajas de ahorros, un pequeño Banc Sabadell y la recién nacida Banca Catalana de Pujol, en aquellos días un modesto proyecto de futuro.

La historia política del núcleo central de la burguesía catalana entre mediados de los años cincuenta del siglo pasado y hasta principios del XXI sigue los perfiles de ese grupo organizado en los estertores de la autarquía franquista. Su discurso influyó también sobre amplias capas medias y profesionales de la sociedad catalana. Es interesante verificar la concordancia entre los objetivos que se proponía aquel grupo de jóvenes, convencido de su papel de élite dirigente, tan en sintonía con la filosofía jesuítica en la que había sido formada la mayoría de ellos y la realidad del país.

La idea con la que encaró su misión la definió esencialmente Jaume Vicens Vives, historiador conservador de referencia, quien en un artículo en la revista *Destino*, en 1954, tras conocer a aquellos jóvenes del Cercle, dejó escrito: «Hay una generación burguesa que apenas se asoma a las puertas de la vida, pero de la cual es su futuro. De sus ambiciones y de su desinterés, de su comprensión de los demás elementos de la sociedad, de su nueva fe en el país, pueden y deben esperarse muchas cosas». Según explicó Mas Cantí, «en 1953, Jordi Pujol, ya pleno de inquietudes, nos puso en contacto con Jaume Vicens. Desde entonces y hasta muy próxima su defunción, fueron muchas las reuniones que celebramos».

El catedrático pronunció en el recién nacido Cercle una especie de conferencia seminal en el otoño de 1958. Un canto al orgullo del pasado burgués barcelonés, a su industria textil, «base del desarrollo económico español» durante el siglo XIX. «Esa pequeña Barcelona, rodeada de sus murallas, que con otras cuatro o cinco ciudades europeas iba a la cabeza de la producción y el avance técnico en el tejido y en la industria del algodón», explicó líricamente el historiador. Y atribuyó el progreso del siglo XIX a un grupo de «cuatrocientos hombres de Barcelona que lograron, en el espacio de veinte años, representar más de la mitad de la economía total española». En esa intervención, Vicens Vives les explicitó a esos jóvenes herederos cuál pensaba que era su tarea del momento: «Queda claro que no hemos logrado ni los catalanes ni los vascos hacer una verdadera revolución industrial. Estoy completamente convencido de que son ustedes, los de esa generación, los que verán la revolución industrial como se ha presenciado en Italia en los últimos años». Aquel era un llamamiento a completar la obra de sus predecesores, los capitanes de industria.

En su opinión, Carlos Ferrer y los suyos representaban la continuidad de esa clase social tras la Guerra Civil. Entroncaban con las generaciones de la burguesía industrial que habían forjado el grupo catalán de Madrid —los Arnús, Girona, López y Güell— que controlaban las finanzas de la Restauración y modelaban el turnismo; o, posteriormente, en los años veinte del siglo XX, la de la Lliga de Francesc Cambó, apóstol de las reformas, paladín de la nacionalización (o españolización) de los sectores estratégicos de la economía al calor de los extraordinarios beneficios acumulados por empresarios catalanes y vascos durante la Primera Guerra Mundial.

Un testimonio de ese legado y de la percepción que los elitistas pupilos de Vives tenían de la nueva fase política y económica creada por la Guerra Civil y la larga autarquía se puede rastrear en una declaración de principios del Cercle, cuando ya contaba una década larga de vida. Estamos en 1968 y se planteaba reformar España desde Barcelona. La entidad elaboró una especie de corpus de pensamiento, que se convirtió en sus *Criterios básicos* de futuro. En tan avanzada fecha, cuando destacados historiadores y pensadores estaban reabriendo el enésimo debate sobre su posible decadencia definitiva, la burguesía catalana aún pensaba que Cataluña «ha de proyectar su personalidad, sus ideas y su concepción de la vida sobre el resto de España. Además, sus hombres han de participar también en el aparato rector del país dirigiendo aspectos fundamentales. Participación intensa en el Estado y en la formación de la opinión pública, catalanizando al máximo los cargos políticos, la Administración, la universidad, el ejército, las finanzas y los medios de comunicación».

En resumidas cuentas, concluía el documento, «Cataluña ha de continuar en España la tarea directiva de Castilla. Esta tarea ha de realizarse no para que sean los catalanes los que manden, sino para facilitar y propagar por toda España su mentalidad europea, inclinada al trabajo y abierta al progreso, a la tolerancia y al compromiso. Fomentar este espíritu y aliarse a todos los que lo posean será el objetivo primario».

Cabría preguntarse hasta qué punto la visión de Vicens y de los dirigentes del Cercle reflejaba más un deseo de reverdecer viejos laureles y la creencia en la pervivencia de un pasado que ya no se proyectaba sobre el presente, antes que una visión realista de la capacidad real de la burguesía catalana y las posibilidades de su papel político en el franquismo. Por esas mismas fechas, Ernest Lluch, uno de los intelectuales más influyentes del foro y secretario general de su primera junta, ponía el contrapunto y dejaba constancia de que la burguesía catalana «conserva, en su conjunto, muchas de las características del siglo XIX, pero ello en 1968».

La élite económica catalana continuaba siendo una fuerza muy relevante en España, pero en Madrid no la consideraban un elemento determinante en los grandes cambios que se avecinaban. Pese a ello, a través del Cercle aprovechó sus posibilidades, contribuyó al cambio económico y político, aunque no fue la fuerza principal, ni mucho menos la dominante, entre las élites.

La gran banca era el eje del poder económico en el franquismo. Había desaparecido en Cataluña hacía décadas y solo algunas pequeñas entidades ocupaban una posición prácticamente marginal o muy secundaria. Sin embargo, el nuevo orden español de los años sesenta acabaría ofreciendo algunas rendijas que, unos años después, permitirían un resurgimiento imprevisto de las finanzas catalanas, eso sí, bajo un aspecto diferente. Por un lado, a través de la Banca Catalana de Pujol, que si bien jugó un papel relevante, nunca llegó a disputar el liderazgo a la banca asentada en Madrid, ni tan siquiera a formar parte de su primera división. Pero sí, sobre todo, a través de las cajas de ahorros, una alternativa inopinada al modelo de la banca clásica.

Mientras, una nueva burguesía empezó a crecer al calor de los cambios económicos y el desarrollismo, especialmente en torno a los sectores de consumo, las industrias auxiliares, la alimentación y los servicios. También la construcción, que sería clave hasta el crac inmobiliario del 2008. Este era un sector entonces vinculado al régimen y se expandió al calor del crecimiento especulativo de las grandes ciudades. En las zonas costeras, el naciente turismo masivo de sol y playa forjó un nuevo sector empresarial, relativamente alejado del clásico núcleo económico barcelonés.

El Cercle ofreció a esas clases acomodadas catalanas un prisma de análisis y un programa práctico, económico y político para el largo periodo que transcurre entre las reformas y la transición política. Fue en aquel momento cuando cristalizó la hegemonía política del nacionalismo pujolista y los dirigentes del foro debieron replegarse a su ámbito, hacer dinero y ejercer influencia sobre la política, pero sin ejercerla. Esta quedó en manos de Pujol y el Cercle se reservó el papel de asesor económico cualificado. Desde su creación, creció rápidamente, incorporando a amplios sectores de la élite económica, con las excepciones de los más estrechamente vinculados al régimen franquista y el tradicionalista sector de la riqueza más aristocrática, completamente integrado en la corte madrileña. Algunos de los franquistas más renombrados también participaron a través de conexiones personales o familiares. Los sectores liberales y conservadores lo convirtieron en su punto de encuentro. Los Ferrer Salat, Güell, Mas Cantí, Suqué, Pujol y Vilarasau actuarían como puente entre los diferentes personajes del *establishment* económico catalán de la época, los nuevos nombres y una parte de las familias clásicas.

Como describe la propia entidad en un libro sobre sus veinticinco primeros años:

> Con el tiempo, sin embargo, aquellos estudiantes y recién licenciados fueron ocupando, cada vez más, importantes responsabilidades en las empresas, y llegó un momento en el que se

planteó de manera natural la alternativa entre convertir aquel club estudiantil en un club de carácter inglés, en el que se primaría fundamentalmente el ocio y el encuentro amical, o bien en uno de otro tipo que conservase principalmente el carácter formativo. Finalmente, los partidarios de la primera opción se inscribieron sobre todo en el Círculo Ecuestre, en tanto que los partidarios de la segunda transformaron el club [...] en el Cercle d'Economia, aunque bastantes socios se apuntaron a los dos.

Una diferenciación desde su origen. Creado a mediados del siglo XIX, el Círculo Ecuestre tuvo siempre un carácter más clasista y conservador, vinculado a la aristocracia ennoblecida por Alfonso XII durante la Restauración. La lista de sus presidentes es un auténtico Gotha de la nobleza catalana. En la actualidad, esos rasgos diferenciales se han atenuado. Un mestizaje limitado, controlado. Solo un presidente del Cercle ha ocupado el mismo cargo en el Ecuestre, Carles Güell.

El Cercle fue el foro en el que las élites económicas, en el sentido más lato del término —empresarios, ejecutivos, técnicos de la Administración, académicos— consensuaron sus puntos de vista y sus programas de acción. Foment del Treball, la patronal que representaba los intereses gremiales de los empresarios, sobre todo de los más grandes, estuvo prácticamente inactiva durante el franquismo. El Cercle encarnó las preocupaciones de su clase, pero desde un ámbito más general, amplio, abarcando la política, la economía, las relaciones sociales, el urbanismo o las relaciones internacionales. Con más perspectiva. Al final del franquismo y el inicio de la transición, pilotó la renovación del Foment y de la Cambra de Barcelona de aquellos primeros años de cambio inminente, poniendo en marcha el *aggiornamento* de esas adormecidas entidades tras los largos años de complaciente y plácido control franquista. Y, como broche final, diseñó y dirigió la construcción de la patronal española, la CEOE, por lo que, en justo reconocimiento, Ferrer Salat fue su primer presidente. Aquel fue el momento cenital de su poder e influencia, como núcleo rector de los intereses políticos de esa burguesía y de su alianza con una parte muy significativa de la española.

A finales de los setenta, Ferrer Salat fue el elegido por David Rockefeller, multimillonario estadounidense y presidente del Chase Manhattan Bank, para que confeccionase la lista de representantes españoles en la Comisión Trilateral, de acuerdo con el relato de Joaquín Estefanía. La Trilateral es una poderosa organización fundada por el multimillonario David Rockefeller en 1973 en la que participan muchos de los grandes del capitalismo mundial, y es catalizadora de teorías conspirativas por su condición de aquelarre de los poderosos. Ciertamente, Ferrer Salat fue un postulante del liberalismo económico más agresivo, como presidente de la CEOE se opuso incluso a los timoratos ensayos socialdemócratas del presidente Adolfo Suárez y a los Pactos de la Moncloa. Fue Antonio Garrigues Walker, abogado y conspicuo representante de los influyentes intereses económicos estadounidenses en España desde los tiempos previos al Plan de Estabilización, quien presentó a Ferrer y Rockefeller. La primera representación española se incorporó a la Trilateral en el pleno anual que celebró en Tokio en 1979.

El Círculo dio cuerpo a postulados alternativos o complementarios, según la ocasión, al régimen franquista sin ser oposición. Así acabó siendo la palanca para que, con el retorno de la democracia, la burguesía catalana, recompuesta tras la Guerra Civil y las primeras reformas económicas franquistas, recuperase altas cotas de autoridad social en Cataluña. Nació con la misión de preparar el cambio económico y político ordenado en Cataluña y en España. El programa de los fundadores era claro y sencillo: modernización de la economía, integración en Europa y, pensando en el posfranquismo, una transición controlada que abriera la mano a una mayor participación política.

Un retrato de la burguesía catalana del siglo XXI

Muchos ríos de tinta se han vertido en las últimas décadas a cuenta de la presunta extinción de la burguesía catalana. Siempre planteada como un contraste entre un idealizado pasado de esplendor económico e influencia política, conectado con el mecenazgo cultural y artístico, frente a un mediocre presente de irrelevancia política y ausencia de preocupaciones rectoras o de responsabilidad en la cohesión social. Tres ejemplos emblemáticos de las últimas décadas en el ámbito sociocultural y del mecenazgo a los que siempre se recurre cuando de estos menesteres se trata. Uno ya remoto es su incapacidad de financiar por sí misma la reconstrucción del destruido Liceu tras ser pasto de las llamas, en 1994. El segundo, la derrota de la rutilante candidatura del *establishment* a la presidencia del Barça, en el 2003, encabezada por el publicista Lluís Bassat frente a una agrupación de plebeyos, profesionales y herederos empresariales del pujolismo, liderada por el aventurado Joan Laporta. Y el último, el saqueo —en parte a su propia costa, también del Estado y de la Generalitat— del Palau de la Música, después de las décadas de latrocinio consentido de Fèlix Millet. Esto se desveló en el 2009, en plena crisis económica y a cuatro días de la gestación del *procés*. Al margen de las consideraciones sobre el alcance de esos episodios, sí pueden servir a modo de calendario en el que señalar sus sucesivas erosiones de prestigio y legitimidad.

Sin embargo, cada vez que se la ha dado por desaparecida, esa burguesía ha vuelto a hacer acto de presencia. Su larga decadencia y progresiva pérdida de poder relativo se han asimilado a su muerte social. Como dijo el prosista Mark Twain, «las noticias de mi muerte han sido muy exageradas». Como se pondría de manifiesto tras el 1 de octubre del 2017, la burguesía catalana aún existía y una parte de ella actuó colectivamente en el momento en que decidió trasladar masivamente sedes sociales de Barcelona a otros lugares de España. Fue el revés político más duro contra el *procés*, solo superado por la represión policial y el encarcelamiento y condena de los dirigentes del independentismo. Pero aun así no pudo ocultar que su influencia política y su autoridad social llegaban muy laminadas, en consonancia con su creciente debilidad económica y el desgaste de su autoridad moral.

En el arranque del *procés*, acumulaba un siglo largo de pérdida de potencia y sin acceso directo y operativo al cuadro de mandos de la política española. Su último intento de crear un partido orgánico defensor directo de sus intereses, el de los prohombres del Cercle d'Economia, con la llegada de la democracia, se saldó con un palmario fracaso electoral y su rendición ante el victorioso Jordi Pujol. Cuarenta años atrás, esa clase compartió unánimemente la decisión del Foment de Alfredo Molinas de financiar las primeras campañas de Pujol, y de la ERC de Heribert Barrera, para evitar el triunfo de la izquierda en Cataluña.

Desde entonces, el pujolismo era, con diversos grados de entusiasmo, desde la resignación altiva hasta la complicidad, el referente político de la burguesía. Pujol, con pragmatismo, sacó partido de la situación y relegó al baúl de los recuerdos su vieja idea de que «el componente más vivaz, dinámico y creativo del tejido social catalán es la pequeña burguesía y la burguesía media». Aunque la alta burguesía, en teoría, no formaba parte del bloque histórico que consideraba esencial para reconstruir la nación, también era bien recibida en su movimiento interclasista.

Hasta en el Círculo Ecuestre, el cenáculo burgués más conservador, la mayoría de sus socios acabaron votando CDC, como explicó Carles Güell de Sentmenat, presidente del selecto club coincidiendo con el cambio de siglo. Pese a su colaboración y adaptación al franquismo y su distancia del nacionalismo, su corriente principal mantenía lo que Salvador Aguilar llamó «rasgos de catalanidad» que evitaban su deslizamiento hacia el antinacionalismo, suficientes además para que periódicamente aflorasen diferencias de opinión con sus pares de la capital del reino. Estas divisiones se manifestarían en momentos de crisis política o de choques por la política económica, como en lo referente a los planes de inversión pública en infraestructuras o determinadas decisiones de índole política general. Sin embargo, nunca se cuestionaron las estructuras fundamentales del Estado.

Algunos sectores minoritarios pero ni mucho menos irrelevantes de esa gran burguesía —especialmente, del mundo de las empresas familiares de tamaño medio— habían apoyado desde mucho antes el programa de Pujol. Con la crisis política y económica, se acompasarían también con su sucesor, Artur Mas, en su evolución hacia posiciones soberanistas e independentistas.

A lo largo del *procés*, los lineamientos empresariales han seguido un esquema prácticamente inmutable. Las grandes multinacionales extranjeras han sido radicalmente contrarias al *procés*, aunque públicamente silentes. En el mismo sentido, en general, la alta burguesía y las grandes compañías catalanas con intereses amplios en el mercado español y las globales también han buscado la mínima exposición pública de sus opiniones, excepto una exigua minoría. En cambio, la mediana empresa y, especialmente, la pequeña se han mostrado cercanas a las reivindicaciones nacionalistas. Aun así, hay excepciones numerosas y notables en casi todos estos estratos, como se irá viendo.

El perfil de la élite económica catalana experimentó una intensa transformación durante la primera década del siglo XXI, marcada por la financierización de la economía, la desindustrialización acelerada y las deslocalizaciones de factorías de las grandes multinacionales —empresas que suponían la mitad del empleo y hasta el 60 % de las exportaciones catalanas, especialmente en los sectores con más calidad tecnológica— que se desató con el cambio de siglo. Entre el 2000 y el 2007, ciento veinte multinacionales cerraron sus fábricas o redujeron drásticamente su actividad en Cataluña. En comparación, Andalucía, la Comunidad Valenciana, Madrid y el País Vasco sumaron, entre todas, ochenta cierres. En términos de ocupación, Cataluña perdió en ese proceso 25.000 puestos de trabajo, más que todo el resto sumadas.

Si algo ha caracterizado al capitalismo catalán y su burguesía a lo largo de su historia es su carácter industrial. Y Cataluña había padecido desde el comienzo del siglo XXI una crisis industrial específica, sin comparación con ninguna otra región desarrollada de Europa, y que se agravó con la crisis financiera. La mortandad empresarial, la caída de las inversiones y la atracción del negocio financiero dejaron a Cataluña fuera del núcleo duro de las regiones industriales europeas, «los motores» como le gustaba enfatizar a Pujol. Y la burguesía, los empresarios, los propietarios de las empresas fueron los principales protagonistas de esa rendición económica. Las ventas de empresas al capital extranjero diezmaron sus filas, mientras el *boom* turístico posolímpico, que eclosionó con la llegada de los locos años 2000, alumbró para muchos una fuente de beneficios rápida y segura a la que destinar las rentas de sus actividades o de las plusvalías obtenidas tras vender sus negocios y factorías, de las que ya hacía años fluían beneficios decrecientes.

Como consecuencia, su composición interna y sus jerarquías habían variado completamente cuando el *procés* comenzó a hacer acto de presencia. Esos primeros años del siglo XXI supusieron su transformación más relevante desde el Plan de Estabilización de 1959 y la aparición de una nueva generación de empresarios en los años sesenta.

Las finanzas, acorde con lo vigente en el resto del mundo, eran el principal vector de poder. En este caso, encarnado en La Caixa de Isidre Fainé, eje de rotación del universo económico catalán, con influencia política directa en el Estado, siempre vinculada a sus intereses específicos. A su fuerza financiera sumaba una galaxia de grandes compañías en el ámbito de los servicios públicos. El de La Caixa era un modelo extraño para los estándares capitalistas, dado que era una entidad sin ánimo de lucro ni propietarios individuales resultado de las propias características del desarrollo histórico y las limitaciones de las finanzas y las empresas del país. Esto se combinó con la revolución gerencial que desde los años setenta había transformado las grandes corporaciones en todo el mundo desarrollado y que convirtió a sus gestores en miembros cooptados de la clase dirigente de la economía; los más influyentes.

Las burguesías locales, como la catalana, pero también cada vez más la madrileña y, en general, en la mayoría del mundo capitalista avanzado, ya no podían aspirar al control de las grandes corporaciones financieras que la globalización había impulsado. Los bancos, convertidos en gigantes, dejaban de estar controlados por accionistas relevantes y pasaban a manos de ejecutivos que, a veces, tenían algunas participaciones minoritarias en el capital. En España hay ejemplos diversos de este fenómeno. Uno es el Banco Santander, cuyo crecimiento exponencial desde un banco local hasta líder mundial, diluyó la participación de los Botín, pese a lo cual, aún siguen al frente de la entidad, una excepción o singularidad en el mundo de las finanzas globales. Otro es el BBVA de Francisco González, ahora Carlos Torres.

A distancia, el Banc Sabadell, por contraste, resaltaba esa misma realidad de enorme preponderancia de La Caixa. En el 2006, a las puertas de la Gran Recesión y tras un largo periodo de fructífera expansión y crecimiento, su presidente, Josep Oliu, tentó ser una alternativa a la primera estableciendo vínculos directos con la burguesía familiar barcelonesa. Para lograrlo, pactó con algunos de sus nombres más relevantes su entrada en el capital del banco para formar un núcleo duro de control y evitar así su absorción por un banco madrileño o extranjero. Pero la crisis lo desbarató todo. Para entonces, fue Fainé quien le propuso a Oliu una fusión de los dos bancos, en realidad una absorción del segundo por el primero. El banquero vallesano cortocircuitó la operación de una manera que su competidor, devenido en potencial y frustrado socio, acabó considerando poco elegante.

La empresa familiar seguía siendo el elemento característico del capitalismo catalán, junto al papel de La Caixa. Por definición, la empresa familiar mira poco más allá de su perímetro inmediato, le cuesta pensar en términos de acción concertada o colectiva. Prefiere centrarse en la privacidad de su negocio. Practicante de una extrema discreción que a veces se convierte en opacidad, su comportamiento está más centrado en evitar la mirada exterior que en comprometerse con el grupo. Por eso, muchas veces hay que interpretarla a través de terceros, desde las patronales, especialmente Foment o foros de opinión como el Cercle d'Economia. Hasta 1992, la empresa familiar no constituyó una asociación propia, el IEF, muy centrada en asuntos fiscales y de regulación en el ámbito económico más cotidiano. Colmando ese vacío, por incomparecencia, el grupo de la estrella mironiana se convirtió en la expresión de los intereses colectivos del sector mayoritario, sin que ello equivaliera a una comunión absoluta exenta de divergencias o matices de interpretación.

El modelo catalán de empresa familiar está estructurado en torno a un nutrido grupo de compañías, de menor dimensión que sus pares europeas o madrileñas, pero más numerosas que en la capital del Estado. Se trata de una mezcolanza de apellidos clásicos y nuevas incorporaciones, cuyo núcleo duro lo constituían, sobre todo, compañías creadas entre los años treinta y la industrialización de los sesenta, que se expandieron tras la entrada en la Unión Europea (UE) dejando atrás el decadente sector textil. Estas empresas familiares están centradas en actividades como la farmacia, el consumo, la alimentación y las bebidas, la industria auxiliar, los servicios y la construcción. Y viven una inclinación creciente hacia los mercados mundiales. Están operativas casi siempre en sectores intermedios que no requieren invertir grandes capitales y, por lo tanto, no obligan a buscar la complicidad de otros socios locales o a acudir en exceso a los bancos. Tampoco son necesarias las fusiones, de las que siempre han huido, poniendo incluso en peligro su propia existencia, para evitar la pérdida del control familiar de la gestión o el recurso excesivo al crédito bancario.

En el contexto de desindustrialización y de pérdida de peso político de los primeros años del siglo XXI, en el marco de una globalización que en muchos casos los superó, un reducido número de significativos linajes familiares accedió al estadio de líderes internacionales en sus sectores respectivos, ajenos a vínculos o dependencias bancarias, siguiendo la secular tradición de sus antepasados. Estas empresas representaban una renovada presencia de la burguesía, en parte como relevo generacional, en parte como reflejo de los cambios en la estructura de la economía catalana.

Las sagas ilustres, con ecos de los primeros pasos de la industrialización o de la fase de complicidad y acomodo con el franquismo, prácticamente habían desaparecido de ese grupo destacado. Sus descendientes seguían siendo ricos y disponían de un gran patrimonio, acumulado durante pasadas generaciones de éxito, pero ya no controlaban grandes empresas. Estos aportaban masa crítica a la vida mundana de un sector siempre muy reducido y estrecho; «los cuatrocientos, siempre los mismos», que decía Fèlix Millet, el saqueador del Palau; «los cien» de los que hablaba ochenta años antes Juan Antonio Güell López, según recoge Andreu Farràs en *Els Güell*, su historia de esa relevante saga de la alta burguesía. Formaban parte de la élite, concurrían a actos sociales, pero ni representaban a la burguesía ni mucho menos la dirigían. Simplemente se dedicaban a la gestión, en términos financieros, de sus patrimonios.

Pese a los cambios, algunos rasgos de la empresa familiar tradicional perviven sin apenas cambios. Entre ellos, la preferencia por el varón primogénito como continuador y relevo generacional de la saga. Pocas mujeres han accedido al primer puesto en las grandes corporaciones catalanas, pese a que en muchos casos eran las primogénitas. En esas situaciones, se ha optado la mayoría de las veces por elegir antes al marido, conocido en el argot de la empresa familiar como el político. Pese a ello, las escasas mujeres que han conseguido liderar la empresa han realizado aportaciones incuestionables. La primogenitura, también la norma, conoce algunas excepciones, casi siempre después de haber ensayado, con más o menos fortuna, la primera opción.

Con el siglo XXI, algunas de las empresas familiares catalanes se convirtieron en grandes corporaciones, en ocasiones gracias a diversificar su accionariado o incluso acudiendo a la bolsa, algo poco usual, fruto de su apuesta por el crecimiento y también de las necesidades de un negocio cada vez más global. Otras han mantenido escrupulosamente su exclusivo carácter familiar. Se trata de grupos que han redibujado el *skyline* del empresariado catalán, hasta entonces con un vuelo mucho más rasante. Esa coincidencia en la transformación no implicaría comunidad de visiones políticas, pues, como veremos, cada una de ellas mantuvo un perfil diferenciado y contradictorio durante la crisis política derivada del *procés*, lo que pone de manifiesto la simplicidad de atribuir un pensamiento único o una actitud unívoca a la burguesía catalana.

Los dos grupos no financieros de capital local de mayor envergadura y alcance global son Cobega y Grífols; ambos son los únicos que se cuelan entre las veinticinco primeras empresas españolas por facturación global.

El primero está encabezado por Sol Daurella, máxima ejecutiva del grupo Cobega. Dos generaciones antes de la actual, en 1953, los Daurella se hicieron con la representación en España de la Coca-Cola. Cincuenta años después de su creación, en un proceso de apenas una década, la nieta del fundador ha dado el salto desde la comercialización de parte del mercado español hasta la presidencia de la principal embotelladora mundial del refresco estadounidense, Coca-Cola Europacific Partners (CCEP), que opera en los principales mercados de Europa, además de Indonesia y Australia. Es propietaria del 20 %, lo que, de acuerdo con su capitalización bursátil, equivale a unos 4.300 millones de euros. Supera los 1.000 millones de beneficios anuales. CCEP cotiza en las principales bolsas mundiales, desde el Nasdaq de Nueva York hasta la City de Londres. La empresa patrimonial familiar, Cobega, mantiene su sede en Barcelona.

Daurella es poco proclive a las apariciones públicas y aún menos a declaraciones políticas. En noviembre del 2016, a petición del entonces presidente Puigdemont, entró en el consejo consultivo del Diplocat, un organismo de difusión internacional de Cataluña, según la definición del Govern; un instrumento de propaganda del independentismo, según el Gobierno de Mariano Rajoy. En su patronato, por cierto, participan la gran patronal Foment, la de las pequeñas y medianas empresas, PIMEC, y también el *lobby* empresarial pujolista FemCAT.

El esposo de Sol Daurella es Carles Vilarrubí, militante de la extinta CDC de Pujol, fundador de Catalunya Ràdio y conspicuo soberanista vinculado al banco de inversión Rothschild. Formaba parte del Diplocat desde el 2013 en representación del Fútbol Club Barcelona, del que fue vicepresidente de relaciones institucionales en las juntas de Sandro Rosell y de Josep Maria Bartomeu. Dejó el club el 1 de octubre del 2017, al estar en desacuerdo con la decisión de la junta de jugar ese día un partido contra Las Palmas a puerta cerrada horas después de que la policía cargase por toda Cataluña contra los votantes en el referéndum.

No fue la única dimisión relevante en su trayectoria. En 1992, el Parlament de Cataluña aprobó conceder avales de hasta 10.000 millones de pesetas a la empresa que debía construir Port Aventura, el parque de atracciones de la Costa Daurada. Se trataba de una ayuda otorgada a un tipo de interés irrisorio para la época y lo más importante, sin garantías. El promotor del proyecto, al que el *president* Pujol había definido como empresario modelo, era Javier de la Rosa, uno de los delincuentes económicos más siniestros del siglo xx catalán y español. De la Rosa era el epítome del 3 % a la máxima potencia, siempre con dinero ajeno y experto en toda clase de malas artes en la bolsa y en la vida, desde el espionaje hasta la mentira. Un hombre que, con el dinero de los kuwaitíes de KIO mandó y extorsionó en el mundo de los negocios de Barcelona y Madrid. Durante los años noventa fue personaje de referencia de buena parte de la burguesía barcelonesa, siempre dispuesta a hacer un buen negocio gracias a los soplos bursátiles del hombre de los kuwaitíes, en aquellos días locos que llegaron hasta el momento olímpico. De hecho, la debacle final de De la Rosa fue un alegórico telón final de los juegos del 92.

Vilarrubí, próximo a Pujol, era consejero delegado del futuro parque, y cuando De la Rosa tuvo constancia de que ya habían llegado los primeros 1.000 millones del aval del Parlament, le exigió que transfiriera el dinero a otras cuentas de sus empresas, ajenas a las obras del parque. El directivo se negó, dimitió y lo denunció ante Pujol. Gracias a ello, el dinero quedó inmovilizado en las cuentas bancarias de Port Aventura y no acabó desapareciendo en las redes del financiero, como les ocurrió a otros empresarios y a miles de pequeños inversores de otras empresas de su órbita. La salida de Vilarrubí colocó a De la Rosa bajo el foco de la sospecha judicial y en cuarentena política, sin acceso a más tramos del aval. Port Aventura se salvó gracias al desembarco en el proyecto de La Caixa, a petición de un Pujol resignado a buscar una alternativa, algo que solo aceptó cuando vio que el parque amenazaba con la ruina financiera. Muchos años después, De la Rosa, en un relato delirante, denunció a Pujol y a su hijo mayor, Jordi Pujol Ferrusola, animado y protegido por la policía patriótica contra el *procés* organizada por el Ministerio del Interior de Jorge Fernández Díaz. En ese momento, aprovechó para fabricar un relato delirante de un Pujol abriendo cuentas en Suiza desde su despacho en Palau y en su presencia. También para vengarse de Vilarrubí incluyéndolo en la supuesta lista de socios de la familia.

Cuando, a finales del 2016, Daurella anunció su entrada en el Diplocat, la presión política que se desató fue de tal intensidad que abandonó el organismo a los tres meses. El desencadenante final, además del temor a una posible campaña de boicot en el resto de España, fue una llamada del embajador de Islandia en París, responsable también de la legación en Madrid, pues se trata de un país pequeño con una exigua red diplomática. Este le explicó a la empresaria que el ministro de Exteriores de Rajoy, José Manuel García-Margallo, le había advertido de lo negativo que sería para el comercio exterior de la isla ártica la presencia en el Diplocat de una de las primeras exportadoras de bacalao islandés, motivo por el cual Daurella es cónsul honoraria del país en Barcelona. La empresaria también forma parte de las fundaciones Princesa de Asturias y Princesa de Girona.

De similar envergadura ha sido el despegue de los laboratorios Grífols, líder mundial en productos hemoderivados que factura más de 5.400 millones de euros y salió a bolsa hace tres lustros. La familia Grífols controla el 30 % de su capital, lo que supone más de 2.000 millones de euros según su valoración bursátil. La compañía es una de las tres empresas familiares catalanas, junto con Almirall y Fluidra, que forma parte del IBEX 35, el índice que agrupa a las grandes de la bolsa española.

El patriarca del clan, Víctor Grífols, manifestó públicamente su apoyo al soberanismo de Artur Mas y ha defendido las bondades de un referéndum de autodeterminación de Cataluña. A finales del 2020, dejó el consejo de Criteria, el *holding* de participadas de La Caixa, al cuestionar la absorción de Bankia por CaixaBank, una operación que un sector del independentismo acogió con explícito recelo ante el temor a que la presencia del Estado, principal accionista de la absorbida, acabara maniobrando para hacerse con el control del banco de origen catalán. El grupo Grífols gana más de 600 millones de euros anuales y aparece siempre en todas las quinielas como candidato comprador en todas las operaciones relevantes en Cataluña, desde la adquisición de los derechos del nombre del renovado Camp Nou hasta iniciativas vinculadas al mundo editorial. Muchas de ellas relacionadas con el ámbito soberanista. En los últimos años ha invertido en sectores como el cava (Juvé & Camps), el deportivo (Joventut de Badalona) o las *start-up* (Wallapop).

En el mundo asegurador figura la muy discreta familia Serra Farré, principal accionista de Catalana Occidente, primer grupo asegurador español independiente de la banca. Con más de la mitad del capital en manos de sus diversas ramas, es uno de los escasos polos financieros de la economía catalana. Sus beneficios alcanzan los 270 millones de euros y sus ingresos superan los 4.600. Sin filiación política expresada públicamente, en los remotos tiempos de Banca Catalana se mantuvieron a una prudente distancia. Su presidente, Josep Maria Serra Farré, manifestó su inquietud en el ya lejano verano de 2014: «Los empresarios necesitamos tranquilidad y buenos alimentos», declaró en una entrevista con Mar Galtés en *La Vanguardia*. El actual primer ejecutivo, Hugo Serra Calderón, forma parte ya de la tercera generación. En el consejo de la aseguradora participan los Juncadella, miembros de una antigua saga textil, Industrias Burés, en parte instalada en Madrid y abiertamente opuesta al nacionalismo catalán. Tras el 1 de octubre del 2017, Catalana Occidente trasladó su sede a Madrid.

En este reducido grupo de cabecera se encuentra el conglomerado de fragancias y moda Puig. Con su tercera generación al frente, Marc Puig es su presidente, ha crecido exponencialmente en las dos últimas décadas a través de la compra de grandes nombres mundiales de la perfumería, la cosmética y la moda, como Carolina Herrera, Nina Ricci, Jean-Paul Gaultier, Paco Rabanne, Nina Ricci o Charlotte Tilbury. Marc es otro caso de singularidad en el mundo de la empresa familiar catalana, pues no se trata del primogénito de la saga; ese es Marian, quien ocupó la primera posición ejecutiva del grupo durante varios años, hasta el relevo por su hermano menor.

El padre de ambos, Mariano, fue uno de los líderes más activos del empresariado catalán y promotor del IEF, que ha acabado presidiendo también su hijo más de un cuarto de siglo después de su fundación. También es vicepresidente del Cercle d'Economia. La participación de los Puig en el mundo asociativo empresarial es una de sus características distintivas respecto a la mayoría de sus colegas, muy reacios a involucrarse en esas actividades.

Mariano Puig mantuvo siempre un fluido diálogo con Pujol, que le consultaba con regularidad sobre el estado de la economía. No así con el sucesor de este, Mas, con el que protagonizó alguna discusión, siempre en términos muy respetuosos, acorde con el exquisito *savoir faire* del empresario. Políticamente, la familia y la marca mantienen una histórica vinculación con la monarquía española. Fue fundadora de la Copa del Rey de Vela que se celebra en Mallorca y armador del Azur de Puig, con el que la infanta Cristina, la hermana de Felipe VI, participaba en las regatas. Ya más recientemente, Mariano fue uno de los más destacados promotores de la campaña municipal de Manuel Valls, el ex primer ministro francés nacido en Barcelona, que se presentó a la alcaldía de Barcelona en el 2018 con Ciudadanos (Cs). Uno de los hermanos de la segunda generación, Antoni, fue socio fundador de Òmnium cultural.

Relevantes también son los Carulla, la saga fundadora y propietaria de Agrolimen. De manera similar a Cobega, forjó alianzas con grandes multinacionales y logró convertir su empresa, creada en plena Guerra Civil, en un gigante de la alimentación. Actualmente, opera a través de GBfoods y Affinity Petcare, que facturan conjuntamente unos 2.000 millones. Su fundador, Lluís Carulla Canals, patrocinó durante el franquismo toda clase de actividades vinculadas con la lengua y la cultura catalanas, desde Òmnium Cultural hasta el Palau de la Música. Más recientemente, Artur Carulla Font, hijo del anterior y ahora ya relevado por su hijo, Artur Carulla Mas, como su más discreto hermano Lluís, abanderó un sector del independentismo empresarial, cuyas posiciones postuló en el Cercle d'Economia, del que llegó a ser vicepresidente. A medida que la crisis política se agravó, Carulla reforzó su perfil más discreto y descartó optar a la presidencia del Cercle cuando Hacienda acusó a la familia de delito fiscal. En el 2010 participó como accionista en el lanzamiento del diario independentista *Ara*, aunque en el 2019 acabó vendiendo su participación al editor Ferran Rodés.

Este último es otro destacado vástago de una ilustre familia barcelonesa, encabezada por su padre, Leopoldo Rodés, pionero de la publicidad en la España de la posguerra y, como veremos, uno de los hombres más influyentes en el ámbito político y económico catalán y español durante las últimas décadas, hasta su muerte en el 2015. Mientras el padre fue contrario al *procés*, su hijo ha acabado convertido en uno de los referentes del independentismo burgués. Bien conectado, Ferran y sus hermanos mantienen buenas relaciones con la Corona y con la élite del mundo económico español, desde los Botín hasta los Entrecanales. Ferran Rodés ha formado parte de la sección española de la Comisión Trilateral, cuando la encabezaba Borja Prado. Gonzalo Rodés es socio de otro notable de la economía barcelonesa con centro operativo en Madrid, Juan Antonio Samaranch, hijo del presidente olímpico e influyente.

Los Gallardo, por su parte, son propietarios de uno de los primeros laboratorios farmacéuticos de capital local, Almirall (Almax), de la cadena de hospitales Vithas y de Sercotel, una de las principales cadenas hoteleras españolas. También es una de las pocas firmas familiares catalanas que cotiza en bolsa y hasta hace muy poco ha estado presidida por Jorge Gallardo Ballart. El nuevo presidente es su hijo, Carlos Gallardo Piqué. Conocido oponente del *procés*, Jorge Gallardo envió un vídeo a sus empleados, en vísperas de las críticas elecciones autonómicas del 2015, cargando contra los postulados de los líderes del independentismo. Los Gallardo convivieron como principales accionistas de la firma con un independentista convencido, Antoni Vila Casas, propietario de Prodesfarma, otra gran farmacéutica catalana, con la que Almirall se fusionó a finales del pasado siglo, sorprendiendo al mundo de la empresa familiar catalana, tan reacio a este tipo de operaciones y dando así un importante salto de escala. La convivencia se mantuvo hasta 2004, cuando Vila vendió su paquete para dedicarse a la filantropía, el coleccionismo de arte y la promoción cultural.

Una de las herederas de la saga Gallardo es Susana Gallardo, prima del nuevo presidente, famosa por haber protagonizando un *videoselfi* de denuncia del referéndum del 1 de octubre paseando por las calles de Barcelona envuelta en la bandera rojigualda. Dos años después se casaría con Manuel Valls, el ex primer ministro francés que, tras fracasar en París, repetiría idéntica debacle en las municipales barcelonesas financiado por buena parte de la élite económica barcelonesa.

En el mundo de la farmacia deben mencionarse asimismo empresas familiares como Esteve, cuyo presidente, Albert Esteve, es también cercano al *procés*, mientras su hermano Antoni es conocido por su punto de vista contrario. Otro ejemplo son los laboratorios Ferrer (Gelocatil), creados por Carlos Ferrer Salat, presidente del Cercle, de Foment y de la CEOE y encabezados ahora por su hijo, Sergi Ferrer-Salat, que se mostró crítico con el *procés*. Sin embargo, en el caso de la familia Uriach (Biodramina, Aquilea), propiedad de la familia Uriach Torelló, está considerada próxima a la órbita soberanista. En cambio, el Grupo Indukern, propiedad de José Luis Díaz-Varela, es claramente contrario al soberanismo. De hecho, este envió una circular a sus empleados advirtiéndoles de los peligros de la independencia.

En otro sector distinto encontramos a los Lara, propietarios del Grupo Planeta, un conglomerado que partiendo de la venta de libros acabó convirtiéndose, de la mano de la segunda generación —dirigida por el ya fallecido José Manuel Lara—, en el primer propietario de sellos editoriales del país y en el gran grupo audiovisual español gracias al control de Antena 3 y La Sexta. Fue el primero, mucho antes del referéndum del

1 de octubre, en anunciar que se llevaría la empresa de Cataluña en caso de independencia.

En el ámbito de la comunicación, los Godó, editores históricos de los medios de comunicación de referencia de Cataluña: *La Vanguardia*, en prensa y RAC1 en radio. El grupo Godó está encabezado por Javier Godó, conde de Godó, monárquico, inquieto activista de la élite económica catalana y promotor del foro de debate Puente Aéreo, postulante, entre otras iniciativas, del diálogo entre los Gobiernos catalán y español. Este entendimiento que propugna es la llamada tercera vía, partidaria de un pacto de reconocimiento constitucional de la singularidad de Cataluña, de una mejora de sus relaciones fiscales entre esta y el Estado, del aumento de las inversiones públicas en infraestructuras y de dejar las plenas competencias en lengua y cultura en manos de la Generalitat. Esta propuesta no está tan alejada de las ideas iniciales de Mas en los primeros compases del *procés*.

Así pues, la tradición industrial catalana pervive también a través de empresas en actividades que se podrían denominar clásicas. Un buen ejemplo, Celsa, fabricante de acero y una de las más grandes de España por facturación, 4.100 millones en el 2020, propiedad de la familia Rubiralta Rubió. Presionada por su elevada deuda desde el estallido de la burbuja inmobiliaria, que se zampó su principal fuente de demanda, la construcción y la obra pública, mantiene su carácter familiar y se desarrolla en el ámbito de la economía verde.

En el 2006, una escisión del grupo familiar fundador de Celsa llevó a la rama de los Rubiralta Giralt a concentrar sus actividades en la empresa de diagnósticos sanitarios especializados Werfen, creada en 1966 y que ahora es un grupo multinacional que factura 1.700 millones, registra beneficios de casi 200 millones y está entre los líderes mundiales en su especialidad.

También en el ámbito industrial, los Roca Hernández y los Gomar Roca, propietarios de uno de los líderes mundiales en equipamientos de baño, el grupo Roca. Es una empresa centenaria que, sin embargo, no arrancó su expansión internacional hasta finales del siglo pasado, en el periodo de gestión de Salvador Gabarró, quien también fue presidente del Cercle d'Economia y después de Gas Natural, actual Naturgy. Gabarró era lo que en el especial lenguaje de la empresa familiar se conoce como un político, es decir aquel que accede al núcleo de la propiedad a través de una relación conyugal. Si la discreción es un emblema de la burguesía catalana, en el caso de los Roca esa preocupación llega al paroxismo.

En esta selectiva relación de sagas familiares relevantes en el ámbito industrial deben figurar los Molins, conservadores cementeros con vínculos tradicionales con las finanzas y relacionados con el ministro del Opus Laureano López Rodó, uno de los ejecutores del Plan de Estabilización de 1959. Cementos Molins, presidida por Joan Molins Amat, sobrevive en un sector que en el resto de España, también en Cataluña, ha acabado en manos de grandes multinacionales extranjeras.

De hecho, los Molins son una de las familias de la burguesía catalana a la que de forma más pública ha afectado el debate interno entre los partidarios y los contrarios al *procés*. Uno de los miembros del consejo de la empresa, Joaquín María Molins López-Rodó, fue responsable de la asociación Empresaris de Catalunya, radicalmente enfrentada al independentismo y que presidió Josep Bou, posteriormente candidato del PP a la alcaldía de Barcelona. Otros miembros del clan, como Oriol Molins, formaban parte de Units per Avançar, grupo procedente de la UDC de Josep Antoni Duran i Lleida y Josep Sánchez Llibre que finalmente se alió con el PSC. La empresa cambió la sede a Madrid en el 2017 tras el referéndum, lo que provocó una agria división entre las diversas ramas de la familia. Aún se encuentran en disputa por el asunto en los tribunales, aunque los denunciantes opuestos al traslado representan un porcentaje minoritario del capital.

En la órbita de las empresas familiares, también tienen relevancia simbólica los Suqué Mateu, resultado del matrimonio entre un vástago de dos acaudaladas familias textiles, Artur Suqué y Carmen Mateu, la hija de Miquel Mateu, el importante empresario y amigo personal de Franco que más cargos públicos ostentó durante la dictadura (alcalde de Barcelona, embajador en París y presidente de La Caixa). Los Suqué Mateu son propietarios del grupo Inverama, líder del juego en Cataluña, con negocios vinícolas y propietaria del Castell de Perelada. Artur Suqué fue uno de los fundadores del Cercle d'Economia y empresario de confianza de Jordi Pujol, a cuyo partido, CDC, aportó ingentes cantidades de dinero, lo que acabó dando pie a un escándalo político y judicial. Durante el *procés*, el grupo, que ya dirigía su hijo, mantuvo un prudente *silencio público. Los Núñez Navarro, hijos del expresidente del* Barça, Josep Lluís Núñez, también atesoran una gran fortuna, aunque desarrollan una vida empresarial vinculada a la promoción inmobiliaria completamente ajena a la exposición pública.

En el ámbito de la alimentación y las bebidas, también figuraban aún en esos años empresas de menor envergadura económica pero enormemente simbólicas en el imaginario catalán, como las líderes del cava, Freixenet y Codorníu, por aquel entonces propiedad de las familias Bonet, Ferrer y Raventós. Ambas marcas fueron el orgullo de las clases medias del país durante décadas, embriagadas con la fantasía de consumir champán local, propio. Son empresas que, como veremos, acabarán engullidas por competidores globales y grupos financieros.

Además, también encontramos dos grandes grupos de la industria de alimentación animal. Por un lado, el Grupo Vall

Companys, de Lleida, centrado en el cerdo y las aves, supera los 2.000 millones de facturación y es propiedad de los tres descendientes de Vall Palou. A través de un complejo juego de matrioskas societarias, trasladaron la sede de su principal empresa a Madrid en el 2015. Por otro, hallamos al gigante bonÀrea, de Guissona, también en Lleida. Su peculiaridad es que además de criar los animales en las granjas, los comercializa directamente a través de una amplia red de 550 establecimientos propios. La familia Alsina es la propietaria y su presidente, el patriarca Jaume Alsina, se mostró recientemente muy crítico y preocupado con la situación en Cataluña. «Me da pena que pierda oportunidades», señaló en una entrevista con Àlex Font en el *Ara* a finales del 2021. También en el sector cárnico encontramos al Grupo Cañigueral, de la familia del mismo nombre, que factura más de 1.000 millones. Su presidenta, Elisabet Cañigueral, es vicepresidenta de Foment. De características parecidas en cuanto a volumen está Casa Tarradellas, cuyo presidente, Josep Tarradellas, se ha caracterizado por coquetear con casi todas las fuerzas políticas catalanas.

Cabe censar las clásicas Nutrexpa, productora del ColaCao, que en el 2015 se escindió en dos grupos, uno por cada familia de accionistas: los Ferrero, que mantienen en sus manos el ColaCao, y los Vicente, que se quedaron con los desayunos y las galletas. Los primeros también trasladaron su sede social desde Barcelona hasta Valencia durante la crisis de octubre, pese a que a su máximo representante, Javier Ferrero, se le atribuyó haber participado en la manifestación del 11 de septiembre del 2012. En ese sector militan otras emblemáticas compañías familiares como Borges, de los Pont, o Europastry, propiedad de los Gallés, de más reciente creación y líder en España en masas congeladas de panadería.

Toda burguesía que se precie tiene cerca un bufete de abogados. En este caso, el gran bufete barcelonés ha sido Cuatrecasas, el segundo de España, presidido al inicio del *procés* por Emilio Cuatrecasas Figueras, perteneciente a la tercera generación y verdadero artífice del despegue del despacho. Cuatrecasas se convirtió en un auténtico *lobby* jurídico de la empresa familiar, con capacidad para promover enmiendas y reformas legales en su favor. En el 2014, Emilio Cuatrecasas abandonó la presidencia, tras ser condenado por fraude fiscal. Contrario al *procés*, fue impulsor de la tercera vía y coqueteó con la candidatura de Valls a la alcaldía de Barcelona, aunque finalmente la cosa quedó en poco más que nada. El otro gran referente jurídico de la burguesía catalana es el expolítico Miquel Roca, de quien se hablará con detalle más adelante.

En el nuevo sector textil, dos grandes grupos eclosionan en esos años previos a la crisis, Mango y Desigual, ambos de ámbito familiar original. En el primero, Isak Andic es el propietario. En el segundo, el escurridizo holandés Thomas Meyer es el propietario de Desigual, nombre que también se puede emplear para adjetivar su evolución de los últimos años. A ninguno de los dos se le conocen posiciones políticas explícitas y el primero consiguió presidir el IEF sin hacer declaraciones sobre el asunto.

En otros sectores encontramos a los ya mencionados Fluidra, empresa del IBEX centrada en el mundo de las piscinas, propiedad de las familias Planes, Serra, Corbera y Garrigós. El representante de los primeros y presidente de la empresa, Eloi Planes, simpatizaba con el *procés*, aunque se desmarcó de la declaración unilateral de independencia. Por otro lado, la mediática y poderosa Mediapro, de la pareja profesional Jaume Roures-Tatxo Benet, también es una criatura de este siglo, que se analizará al hablar de la burguesía pujolista.

Y el último gran bloque de la burguesía local, en este acelerado resumen, se ha ido nutriendo con la larga lista de vendedores de empresas de las últimas décadas. Personajes adinerados, alejados de la gestión de unas compañías familiares de las que ya no son propietarios, han optado por buscar rendimiento a su dinero. Decantándose por el perfil financiero, atrás ha quedado el industrial. Su objetivo predilecto han sido, en primer lugar, los negocios inmobiliarios y, en segundo, los hoteleros, un combinado de los anteriores con el turismo, a caballo del despegue de Barcelona tras los Juegos Olímpicos del 92. También ha habido algunas incursiones en nuevos sectores de tecnología avanzada, activos en el creciente universo de las *start-up* barcelonesas. O en el de las energías renovables. Además, la bolsa siempre ha estado presente en su lista de intereses, a través de fondos de inversión o vehículos especiales con baja fiscalidad.

Estas empresas representan la otra cara de la financierización de la economía. La primera, como ya se ha dicho, la encarna el gran conglomerado de La Caixa. Esta pone de manifiesto la trascendencia que ha adquirido la figura del gestor de su propio y elevado patrimonio, sustituto creciente del anterior empresario propietario y directivo. Junto con las firmas familiares que siguen operativas, las que se han mencionado antes y que reinvierten una parte creciente de sus beneficios operativos en las mismas actividades, en una época de bajo entusiasmo industrial, son una nueva realidad económica menos tangible, aparentemente menos material, pero de gran relevancia en la economía y la vida social barcelonesa.

Pilotando sus *family offices*, a través de las que también emergen las generaciones más jóvenes de familias con una ya abandonada tradición industrial, conforman un notable grupo de influencia, *lobby* para causas diversas, desde la porfía por la expansión de la actividad hotelero-turística hasta la defensa de una fiscalidad reducida para inversores y empresarios

En este colectivo se encuentran los propietarios del grupo Riva y García, propiedad de los hermanos Borja e Ignacio

García-Nieto Portabella, tradicional saga financiera, que asesora desde la entidad a adinerados clientes de la ciudad y organiza fusiones y adquisiciones. Socialmente activos, el primero presidió el Ecuestre y mantuvo lazos con los Gobiernos de Aznar; el segundo ocupó idéntico cargo en el Círculo del Liceo, bastión de la Barcelona más conservadora. También hay inversores activos tras vender sus empresas, por ejemplo, Manuel Lao, expropietario de Cirsa, de la que se desprendió por un importe bruto superior a los 2.000 millones de euros. Lao ya es uno de los primeros accionistas de la constructora Sacyr y también participa en cadenas hoteleras e inmobiliarias como Merlin, la promotora de la megaoperación Distrito Castellana Norte de Madrid. La sede de su principal vehículo inversor está ahora en Madrid, tras el traslado que realizó bastante después del 1 de octubre.

Las hermanas Carmen y Liliana Godia, hijas de Francisco Godia, un empresario franquista que construyó un emporio de autopistas e invirtió en el sector químico. Las hermanas han creado una diversificada cartera de acciones, en parte a la sombra de La Caixa. Liliana se llevó la sede a Madrid tras el 1 de octubre, aunque tiempo después la trajo de vuelta a Barcelona. Alberto Palatchi, abierto anti-*procés*, tras vender Pronovias, líder de vestidos de novia, amasaba un patrimonio de unos 1.200 millones que invierte sobre todo en bolsa. El cabeza de familia Albert Costafreda, antiguo propietario de la alimentaria Panrico, es próximo al soberanismo. Los Fradera, históricos accionistas de la cementera Uniland. La saga de los Bernat, discretos inversores de los regulares y abultados beneficios generados por los turistas que visitan y admiran la gaudiniana Casa Batlló. O los Espona, tras desprenderse de Pastas Gallo. También es significativo el tridente Botet, Carbó, Elías, las tres sagas que controlaban la que fue primera cadena catalana de supermercados, Caprabo, activos inversores en áreas *prime* del inmobiliario barcelonés, con manifiesta debilidad por el passeig de Gràcia. Los Hevia, impulsores destacados de la venta de la cavista Freixenet. Carles Colomer, expropietario de la empresa de cosmética y perfumería del mismo nombre, conocido por sus posiciones nacionalistas, tío de David Madí, un personaje central del núcleo político del procesismo desde los tiempos de Mas hasta los del exilio de Puigdemont. Colomer mantiene al mismo tiempo buenas relaciones con personalidades de sectores no nacionalistas, como el presidente de La Caixa, Isidre Fainé, o César Alierta, el expresidente de Telefónica, empresa de cuyo consejo en Cataluña formó parte durante muchos años. Otro ejemplo de desinversión empresarial es Ricardo Urgell, expropietario del grupo de ocio Pachá, también inversor en sociedades de capital riesgo gestionadas por terceros.

Un ejemplo conocido de estos nuevos desarrollos es el caso de Wallbox, la empresa de cargadores para vehículos eléctricos que ha protagonizado un exitoso desembarco bursátil en Estados Unidos. Con una muy rentable operación han ganado mucho dinero los dos fundadores, Enric Asunción y Eduard Castañeda, así como los inversores capitalistas, las familias propietarias de Eurofred (Santacana) o de los concesionarios Quadis (Soler).

En el sector el turístico, con largas décadas de actividad disparada con el despegue de Barcelona tras los Juegos Olímpicos del 92, el empresariado catalán parece no haber sido capaz o no ha intentado crear grandes corporaciones al estilo, por ejemplo, de las mallorquinas, pese a ser el primer destino turístico español. La atomización de las empresas no ha dado nacimiento a líderes destacados o con proyección internacional. Pese a ello, es un influyente *lobby* local capaz de mantener un *tour de force* constante con la alcaldesa Ada Colau. El primer grupo del sector, Eurostars-Hotusa, pertenece al gallego residente en Barcelona Amancio López, hombre próximo al PP, especialmente al de Mariano Rajoy y que en octubre del 2017 trasladó su sede fuera de Barcelona. También destacan los grupos H10, de la familia Espelt, y Catalonia, de los hermanos Vallet, quienes por cierto tuvieron la sede de su *holding* hasta el 2017 en Luxemburgo. La empresa se dio de baja de la Cambra de Barcelona tras la victoria en el 2019 de la candidatura independentista encabezada por Joan Canadell. Jordi Clos, propietario de Derby Hotels, preside el gremio del sector, pese a que trasladó a Madrid la sede de su *holding*. En el ámbito de la inversión inmobiliaria, en parte vinculada a la hotelera, también cabe mencionar a Javier Faus, presidente del Cercle d'Economia, a través de su fondo de capital Meridia, un caso genuino de gestión inmobiliaria marcadamente financiera.

Comienzan a emerger, también, nombres que han dado el salto tras el crecimiento o la venta de nuevas *start-up* al calor del atractivo de la capital catalana para el sector tecnológico. Es el caso de Lucas Carné y José Manuel Villanueva. Tras desprenderse de sus participaciones en Privalia, se han convertido en activos inversores inmobiliarios. Igual que Manel Adell, antiguo consejero delegado de Desigual. Aún anterior es el perfil de ejecutivos como Ferran Soriano, Marc Ingla o Víctor Font, los dos primeros compañeros de junta en el primer mandato de Joan Laporta en el Barça, y procedentes de la firma asesora de telecomunicaciones Cluster vendida en el 2000 por 1.000 millones de euros en acciones de la compradora. El primero de ellos es desde el 2012 director ejecutivo del Manchester City. Ingla, hijo de un exdirectivo de Banca Catalana, dirigió durante tres años el Lille francés. Font, candidato fallido en las últimas elecciones presidenciales del Barça, es socio de Delta Partners, asesora con sede en Dubái y es accionista del diario *Ara*. La familia Pierre, vinculada a la empresa de *delivery* Glovo, ha sido recientemente adquirida por una multinacional alemana del sector. Los Pierre, próximos a la antigua CiU y vinculados familiarmente con los Miquel propietarios de Miquel Alimentació, son una de las grandes catalanas del sector de la distribución, vendida en el 2014 por 900 millones.

Esa nueva economía barcelonesa —combinación de ricos empresarios y gestores de fortunas con pasado industrial, inversores en nuevas tecnologías y sector servicios e impulsores de actividades de capital riesgo— tiene a la asociación Barcelona Global como uno de sus órganos de expresión organizada y políticamente transversal. Un *lobby* con enfoque local, a través del que manifiestan sus preocupaciones, vinculadas a la definición del modelo de Barcelona en el ámbito de los negocios y la promoción internacional.

Estos tres grandes ejes del poder económico de origen catalán, el financiero —sobre todo con La Caixa y en menor medida el Sabadell—, el de las grandes familias y el de los gestores de patrimonios familiares forman parte integral del sistema económico español, con Madrid en el centro, pero con conexiones también globales, no existen de manera autónoma. Y operan en un entorno dominado por las grandes empresas españolas y las multinacionales, de enorme importancia ambas en la economía catalana, superior incluso a la de las propias empresas locales.

En el ámbito institucional, el *procés* arrancó con un catalán, Juan Rosell, estrenando la presidencia de la CEOE, patronal creada cuarenta años atrás por otro catalán, Carlos Ferrer Salat. Es una organización profundamente irritada con lo que estaba pasando en Cataluña y crítica con sus colegas por lo que juzgaban su debilidad frente a la deriva de Mas. Rosell tampoco era un procesista, pero durante su presidencia intentó evitar pronunciamientos duros sobre lo que sucedía en Cataluña. Al mismo tiempo, con ánimo que él mismo ha llegado a calificar de quijotesco, exploró con Mariano Rajoy y el entonces líder del Partido Socialista Obrero Español (PSOE), Alfredo Pérez Rubalcaba, las posibilidades de convertir una propuesta de interpretación de la Constitución de Miguel Herrero y Rodríguez de Miñón en punto de partida para una recomposición de las relaciones políticas entre Cataluña y el Estado. Una singular tercera vía, cuyo recorrido está a la vista de todos.

Buena parte de esa lista de grandes empresarios participa en organismos, entidades e instituciones muy simbólicas del Estado, como la Fundación Princesa de Girona, creada justo un año antes de la sentencia del Constitucional sobre el Estatut, con el objetivo de prestigiar la Corona en Cataluña. Sin embargo, este movimiento se vio frustrado tras lo sucedido con los oscuros episodios financieros de Juan Carlos I y el discurso de su hijo, Felipe VI, el 3 de octubre de 2017. También en la del Príncipe de Asturias. En ambas aparecen apellidos destacados, como Fainé, Oliu, Ferrer Salat, Puig, Agenjo, Bertrán de Caralt, Brufau, Brugera, Creuheras, Esteve, Daurella, Gallardo, Godó, Mateu, Mercader, Renart, Reynés, Rodés, Simón o Suqué.

Muchos de ellos forman parte de relevantes consejos de empresas españolas, con las que comparten intereses y proyectos. Sol Daurella está en el del Santander, que eligió frente a la opción del Sabadell; Ferran Rodés estuvo en el de Acciona, de la familia Entrecanales, cuyo presidente, José Manuel Entrecanales, acabaría siendo un acérrimo opositor de la línea política de Artur Mas. Miquel Roca, abogado y hombre de confianza de buena parte de esa gran burguesía, es secretario del consejo de ACS, la constructora de su amigo Florentino Pérez, presidente del Real Madrid.

Para acabar de componer este cuadro debe tenerse en cuenta que menos de una de cada cinco grandes compañías catalanas pertenece a accionistas locales; más del 80 % restante está en manos de multinacionales o sociedades españolas del resto del Estado. El presidente de un gran banco español, o de una empresa española de cabecera en el sector de servicios, o una multinacional pueden ejercer en un momento dado una presión que no está al alcance de la mayoría de las empresas familiares o de los nuevos inversores catalanes. Este es un dato que conviene considerar cuando se ponderen sus responsabilidades y su margen de maniobra; también su importancia real y su capacidad de acción en la evolución de los acontecimientos políticos durante la vertiginosa década del *procés*.

En general apenas actúan en clave política. Su organización más relevante, más allá de Foment, el gran portavoz gremial del conjunto, ha sido el IEF, que ahora agrupa a todas las grandes españolas, no se ha manifestado sobre el *procés*. Y la vez que lo intentó, acabó profundamente dividida.

Los empresarios pujolistas

Uno de los objetivos estratégicos de Pujol fue recrear, generar una burguesía genuinamente catalana, es decir, primero comprometida con un proyecto de salvación y reconstrucción y, después, de engrandecimiento de la nación catalana. Por su concepción de la sociedad, esta era una tarea que solo la élite económica, en su sentido más amplio, podía acometer. Banca Catalana intentó inyectar sangre nueva a esta élite, promoviendo ese tipo de empresas y empresarios, extendiendo su radio de acción al ámbito cultural para crear un entramado de sociedad civil. En la escasa o negativa rentabilidad de muchos de esos proyectos empresariales financiados por el banco residió una de las principales causas —además de su peculiar gestión— del hundimiento del gran proyecto financiero de Pujol a principios de los ochenta del siglo pasado.

En sus memorias, Vilarasau explica por qué rehusó en aquel momento hacerse con el control de Catalana: «El estudio profundo de las interioridades de Banca Catalana [...] arrojó enseguida las causas de la crisis. Aparte de la integración y absorción de numerosos bancos, muchos de ellos deficitarios y bastante mal llevados, regía una filosofía impulsada personalmente por Jordi Pujol de ayudar a la empresa catalana».

Por otra parte, el hecho de construir de nueva planta una Administración autonómica de proporciones estatales otorgó a Pujol una gran capacidad de contratación y de gestión de subvenciones que, sin llegar al nivel de las del Estado central, fue fuente de un poder e influencia a las élites políticas catalanas desconocido hasta entonces. Y con una gran capacidad tractora. Esto fue especialmente visible en ámbitos como la construcción, los servicios conectados a la sanidad o la enseñanza, donde las competencias de la Administración catalana son completas; o el audiovisual, a través de TV3 y el resto de los medios públicos. En su versión más funesta, las hemerotecas son testigos silentes de los millones perdidos por el Institut Català de Finances (ICF) de los primeros años o la CARIC. El objetivo fue siempre ampliar la base de una élite económica nacionalista.

Los sectores más vinculados a ese proyecto recibieron con rechazo la llegada del tripartito de Pasqual Maragall y se mostraron especialmente críticos con la nueva Administración. El colapso financiero definitivo de la Generalitat, en el 2009, ya en la última fase del segundo tripartito de José Montilla, que llevó a la práctica congelación de la inversión pública, le complicó enormemente su situación y contribuyó a su desplazamiento político hacia el soberanismo, una muestra de descontento con el estado de cosas. Estos grupos acogieron con esperanza la vuelta de Mas al Govern.

En el 2004, un año después de la salida de Pujol del Govern, se constituyó FemCAT: fent Catalunya. Se trata de una asociación de propietarios y ejecutivos de empresas de dimensión media, próximos al pujolismo, en algún caso desde los tiempos de Banca Catalana y la fundación de CDC.

«Nacimos porque considerábamos que la sociedad civil catalana estaba apagada y se debía ocupar un espacio que ya no ocupaba nadie», declaraba la entonces presidenta de FemCAT, Elena Massot, en el *Ara*, en la primavera del 2021. Su sucesor en el cargo es David Marín, consejero delegado de Inaccés Geotècnica.

FemCAT constituye una buena muestra sociológica de esa burguesía que Pujol consideraba la más dinámica del país y que se consolidó durante su larga época en el Govern. No hay que pensar en una adscripción simplemente ideológica, sino que también encarnan sectores nuevos surgidos con la evolución de una economía en crecimiento y al amparo de los sucesivos ejecutivos de CiU, con una Administración naciente y en expansión, en pugna constante con el Estado para mejorar su financiación. La taxonomía, esquemática, de estas empresas, las dibuja como de dimensión media, poco dependientes del mercado interno español, muy volcadas en el ámbito catalán o muy activas en los mercados internacionales.

Entre los más próximos personalmente a Pujol destacan los Sumarroca, propietarios de la antigua Emte, empresa de servicios de ingeniería y conocidos bodegueros. Se encuentran en horas bajas tras la instrucción de varias causas judiciales por supuesta financiación irregular de CDC, ya que sus negocios se expandieron durante los largos años de su Gobierno. El socio de Sumarroca en Emte fue Jaume Rosell, padre del que después sería presidente del Barça, Sandro Rosell. Para hacer frente al desplome de la obra pública se fusionaron con la constructora Comsa, de los Miarnau, uno de los más importantes patrimonios catalanes, para crear una grande del sector. Sumarroca también fue presidente de Petita i mitjana empresa (Pime), antecesora de la actual PIMEC, ambas siempre vinculadas al nacionalismo pujolista.

O los Massot, propietarios de la inmobiliaria Vertix, empresa vinculada en los años ochenta con una polémica ampliación de la Fira de Barcelona, en la que los convergentes apostaron por hacerlo en terrenos propiedad de esa empresa en El Prat, lo que mantuvo bloqueado el proyecto durante años. La penúltima presidenta de FemCAT forma parte de la segunda generación de la familia. De la misma tipología encontramos a Copisa, de Jordi Cornadó, otra de las constructoras investigadas en el caso del 3 %.

Pero también hombres de negocios de más reciente trayectoria, una nueva burguesía pujolista desarrollada a la sombra de la Administración catalana que políticamente ya no se identifica con la línea tradicional del patriarca y ha evolucionado, como el propio Mas o el núcleo duro de CDC, hacia posiciones más próximas al independentismo.

Son casos como el de Tatxo Benet y Jaume Roures, fundadores junto con Gerard Romy del grupo Mediapro, todos procedentes de TV3, con la que han seguido manteniendo estrechos lazos económicos. Su vertiginoso crecimiento ha estado vinculado al aumento de la cotización de los derechos televisivos del fútbol profesional, que primero explotó la cadena pública catalana. La compra de esos derechos internacionales está en el origen de una investigación de la justicia de Estados Unidos sobre el pago de sobornos a dirigentes deportivos. Al final, la mayoría del capital de Mediapro ha acabado en manos del fondo chino Orient Hontai.

En FemCAT participan desde los Nogareda, de laboratorios Hipra, líder en farmacia veterinaria y primera empresa española en producir vacunas contra la COVID; pasando por Pau Relat, presidente de la Fira de Barcelona y consejero delegado de MAT Holding, empresa de productos fitosanitarios y válvulas hidráulicas propiedad de la familia Matosas, del sector químico vallesano; hasta Josep Mateu, presidente del RACC. Del ámbito de la distribución comercial, destaca Joan Font, propietario del primer grupo local del sector, Bon Preu; Jordi Cuixart, hasta hace poco presidente de Òmnium Cultural y condenado en la causa del *procés*; Jordi Bagó, del grupo Serhs, primera empresa de servicios para la restauración y la hostelería, y Albert Esteve, presidente del consejo de los laboratorios familiares del mismo nombre. Asimismo, Miquel Martí, de la firma de transporte de pasajeros Moventia; Eloi Planes, con idéntico cargo en la firma de material para piscinas Fluidra, integrante del IBEX 35; o Joan Carles Ollé, presidente del Colegio Notarial de Cataluña durante doce años y hasta finales del 2020.

Su primer presidente fue Joaquim Boixareu, de la familia propietaria del grupo Irestal, dedicado al acero inoxidable, quien en el 2010 presentó sin éxito su candidatura para presidir Foment del Treball, alternativa a la de Juan Rosell y en la que también figuraba un Sumarroca. Este fue un temprano indicio de la pugna por la representación en el mundo empresarial entre los sectores nacionalistas y soberanistas y los más tradicionales, que se agravaría después del referéndum del 1 de octubre del 2017. Boixareu había participado en la creación de una fundación con Iñaki Urdangarin, el marido de la infanta Cristina, condenado por corrupción.

La apoteosis de la sociedad civil... con el permiso de Pujol

Con la llegada de la transición política y la democracia, la plana mayor de los patricios de la economía catalana apostó por Adolfo Suárez, el reformador del franquismo en España, y por su versión preautonomista de Cataluña. Su objetivo convergía con el del presidente del Gobierno español: asegurar al franquismo una salida airosa y no traumática y un régimen democrático ordenado y sin sobresaltos. Esto es algo en lo que la élite, en esencia, coincidía también con el pujolismo.

En aquellos años, el Cercle se transformó de grupo de presión en expresión política de esa opción. Sus socios más influyentes estaban alejados del nacionalismo catalán, encarnado en aquellos momentos por el emergente pujolismo que, pese a ello, contó siempre con muchos y firmes partidarios en el seno de la asociación. Pujol era socio de la entidad desde el primer momento. Su activismo dejaba pocos espacios sin explorar, e incluso formó parte de dos juntas directivas, hasta que tuvo que dejarlo para volcarse exclusivamente en las primeras elecciones generales de 1977.

Sin embargo, pocos de los hombres fuertes o más representativos del Cercle le habían acompañado en su proyecto emblemático, Banca Catalana. El más influyente de todos, Ferrer Salat, coqueteó con el proyecto, entró discretamente en el capital del grupo y salió del mismo modo cuatro años después, tras una permanencia pasiva. Acabó creando su propio banco, el Banco de Europa, que, como el de Pujol, también resultó rescatado, aunque con menos estruendo y estragos que en el caso del *president* de la Generalitat. Gracias a su pequeña dimensión y a la generosa intervención de su primo, Josep Vilarasau Salat, otro significativo socio del Cercle, que organizó en 1994 una discreta absorción por La Caixa, de la que este último era todopoderoso director general.

Pujol se lanzó a la arena electoral con un programa y un discurso propios, nacionalista con toques socialdemócratas, acorde con las tendencias políticas dominantes en aquel momento, entre finales de los setenta y primeros ochenta del siglo pasado, y con un marcado carácter católico, al que fueron muy sensibles amplias capas de clases medias del país. Su partido contaba con un nutrido y visible grupo de profesionales, como el abogado Miquel Roca i Junyent o el economista Ramon Trias Fargas, generadores de confianza entre amplias capas de la sociedad de clases medias y de servicios que ya eran la realidad del país. Y su coalición logró once diputados. Después de eso, los prohombres de la burguesía comenzaron a llamar a la puerta de Pujol para encontrar su lugar al sol.

Pujol se impuso como líder político de la burguesía catalana gracias a su capacidad para arrastrar al grueso de las clases medias, empresarios pequeños y medianos, comerciantes, profesionales y los núcleos dirigentes de las ciudades intermedias y el campo. Y en 1980 se hizo con la Generalitat, arrebatándole la victoria a una izquierda que ni se lo había imaginado. Contó ya con el apoyo financiero directo de los centros de poder económico del país. La demostración de que era el instrumento imprescindible para frenar el acceso de la izquierda al poder fue inapelable. Aceptó entregar el testigo político al nacionalismo pujolista y pactar con él la dirección de la sociedad. No fue una fusión ni una mezcla, más bien un recurso improvisado ante la nueva constatación de que su histórica pérdida de influencia política no solo se mantenía, sino que se había agravado.

Pujol puso en valor la fuerza incontestable del voto popular y comenzó así un largo periodo de hegemonía política, discursiva, electoral, social y cultural. Galvanizó a los pequeños empresarios del país, los profesionales e incluso sectores de trabajadores con aspiraciones, en torno a un programa que postulaba priorizar los intereses de Cataluña a través de la defensa de sus singularidades. Como sintetizaba Jordi Amat en *El llarg procés*:

> El acierto de Pujol fue su capacidad para mimetizarse con las clases medias del país, presentarse como el defensor de un mo-

delo de sociedad en el que nunca llegó a capilarizarse el discurso de ruptura. Con el soporte del mundo empresarial catalán [...] era el que tenía un discurso más acotado a la Cataluña real. Soberanista de puertas adentro, regionalista de puertas afuera.

A ese proyecto, Pujol subordinó incluso su banco, Catalana. Sin embargo, al final de su carrera política, poco antes de cruzar el umbral de salida del Palau de la Generalitat, quiso pasar la factura de esa trayectoria, recaudando dinero que puso a buen recaudo de la opinión pública y de Hacienda en Andorra. O al menos eso pensaba.

Pujol se erigió en la referencia política de esas burguesías con el inapelable argumento de que ganaba las elecciones. La visión pujoliana de la sociedad y la economía implicaba la existencia de una élite económica, la burguesía, hacedora de la vitalidad económica del país y elemento central de su cohesión social, siguiendo la interpretación formulada por Vicens Vives. El propio Pujol formaba parte de esa clase. En el arranque de la democracia, quien acabaría siendo presidente de la Generalitat ocupaba una de las primeras posiciones en la lista de las declaraciones de patrimonio y renta, sobre todo gracias a su paquete de acciones de Banca Catalana.

El pujolismo y los patricios de la economía coincidían en situar a su clase en el eje de la vida social, elemento básico, distintivo y orgulloso, uno de los «hechos diferenciales» de la sociedad catalana, en contraste con la mezcla de altos funcionarios y capitalismo de amiguetes dependientes del BOE y del Gobierno que consideraban dominaba en el Estado y dejaba sin espacio a la sociedad civil. Esa alianza cuajó durante los más de treinta años que precedieron a la eclosión del *procés*. Gozó de autoridad indiscutida, tanto entre la intelectualidad como entre las clases medias, las mismas que unos años después aspirarán a ocupar la posición de sus superiores en la escala económica. También entre sectores de trabajadores, como demostró el entendimiento con parte del movimiento sindical, ejemplificado en José María Álvarez, el secretario general de la Unión General de Trabajadores (UGT) de Cataluña durante muchos años.

A cambio, también hubo renuncias. Entre las más destacadas, el Cercle se tragó el sapo de encajar sin rechistar que Pujol se cargara de un plumazo la Corporación Metropolitana de Barcelona (CMB), que había defendido como la mejor herramienta para que la capital catalana mantuviera el pulso con Madrid y conservara posibilidades de competir en la liga de las grandes ciudades. El Cercle dedicó muchos esfuerzos intelectuales a la formulación de proyectos de ordenación de esa área y llegó a publicar un libro cuyas esencias analíticas siguen teniendo hoy la máxima actualidad.

Hasta el *procés*, los socios del Cercle aportaron dieciséis consejeros a los Gobiernos de Jordi Pujol; diez ministros y *consellers* a los Gobiernos socialistas de Felipe González y los Governs de la Generalitat de Pasqual Maragall y José Montilla. Entre ellos hubo un vicepresidente del Gobierno central, Narcís Serra y el ministro Josep Borrell, fallido candidato del PSOE a la presidencia del Gobierno y actualmente responsable de la diplomacia europea. Mucho menor fue la participación en los Ejecutivos de la derecha española, seis, concentrados además en la época de José María Aznar: Josep Piqué, Anna Birulés, Manuel Pimentel y José María Michavila, los dos últimos no catalanes. Eso sí, un presidente de Gobierno, Leopoldo Calvo-Sotelo, que sucedió a Adolfo Suárez tras el intento de golpe de Estado de febrero de 1981; un socio poco representativo del perfil de la entidad. Aunque el pujolismo nunca fue la doctrina oficial del Cercle, la entidad mantuvo excelentes relaciones con el inquilino del Palau durante su largo mandato. La convergencia de líneas, en política económica y de exigencia dineraria a Madrid, se conservó siempre. La pragmática burguesa impregnaba la política de los Gobiernos de Pujol a través de esa representación orgánica en sus Ejecutivos.

Con el *procés*, la influencia por esa vía decayó totalmente. En los Gobiernos de Artur Mas solo se produjo la derivada de un nombramiento anterior en el último Ejecutivo de Jordi Pujol, Andreu Mas-Colell, *conseller* de Universidades, que asumiría con el sucesor la relevante cartera de Economía. En los de Quim Torra y Puigdemont, ese camino fue completamente inexistente: no hubo ni un solo socio. En los gobiernos de Madrid posteriores a las dos legislaturas del PP, la vasca Cristina Garmendia fue la única ministra socia del Cercle, en este caso con el presidente José Luis Rodríguez Zapatero.

El propio Mas nunca fue socio, pese a mantener una buena sintonía con la entidad. El círculo de confianza del nuevo *president*, el llamado *pinyol*, era completamente ajeno en general a los ámbitos vinculados a la economía. Este grupo lo formaban Francesc Homs, secretario general de Presidencia y después *conseller* de ese departamento, abogado nacido en Vic, y Germà Gordó, un abogado originario de la Pobla de Segur de perfil similar a Homs y que fue secretario del primer Govern del sucesor de Pujol y, luego, *conseller* de Justicia. Tan solo uno de los miembros del *pinyol*, aunque tal vez el más destacado, David Madí, estaba vinculado a dos destacadas sagas burguesas. Era nieto del fundador de los masajes Floïd, Joan Baptista Cendrós, y sobrino del propietario de los productos de perfumería Henry Colomer, Carles Colomer; ambos destacados nacionalistas. Madí, de posiciones muy liberales en lo económico, no se prodigó nunca en ámbitos como el Cercle u otros foros y asociaciones empresariales. Esta situación cambió parcialmente al ser nombrado responsable del consejo catalán de la eléctrica Endesa, en 2011, por el presidente de la compañía,

Borja Prado, un conspicuo integrante del núcleo más exclusivo y endógeno del *establishment* de la capital de España y representante de los intereses italianos en Madrid. Madí sí estableció relaciones económicas con empresas relevantes una vez dejó la actividad política institucional, tras la victoria electoral de Mas en el 2010. Consejero y asesor de varias de ellas, catalanas y españolas, en algunos casos para facilitar el acceso a la Generalitat, en otros para evitarse problemas con ella, ha seguido activo en primera línea del *procés* y después, con Carles Puigdemont, mientras este ha estado refugiado en Waterloo. Madí participa de forma destacada en los movimientos de recomposición política de los sectores empresariales vinculados al soberanismo.

El éxtasis de los Juegos Olímpicos

A la flor y nata de la economía catalana aún le esperaban más episodios de gloria. Coincidiendo con la primera victoria electoral de Pujol, estaba entrelazando los mimbres de una alianza complementaria, en este caso, con los socialistas catalanes gobernantes en el ayuntamiento de la capital catalana, en torno al proyecto de los Juegos Olímpicos. La elección de Juan Antonio Samaranch, en julio de ese 1980, como presidente del Comité Olímpico Internacional (COI), fue el pistoletazo de salida de esa confluencia entre los hombres fuertes de la economía catalana, empezando por Ferrer Salat, su primo Josep Vilarasau y Leopoldo Rodés, con el ya entonces alcalde de Barcelona, Narcís Serra, también socio y miembro de tres juntas directivas consecutivas del Cercle d'Economia, de 1969 a finales de 1977, a las puertas de las elecciones municipales. En octubre de 1986, Samaranch leyó al mundo el nombre de Barcelona como la ciudad designada para albergar las Olimpiadas de 1992. La operación culminó en 1987 con el ascenso de Samaranch a la presidencia de La Caixa a propuesta de su director general, Vilarasau. Ese mismo año se constituyó un comité organizador de los Juegos, con doce miembros en representación del ayuntamiento, la Generalitat, el Estado y el sector privado. En nombre de este último participarían los significados Ferrer y Rodés, el primero de ellos en calidad de vicepresidente. Pedro Fontana, destacado socio del Cercle y hombre del Banco de Bilbao en Cataluña, fue nombrado director general de operaciones por el alcalde Pasqual Maragall, sustituto de Serra cuando este pasó a formar parte del Gobierno de Felipe González.

Fueron momentos de brillo social que sirvieron para vivificar su posición, renombre e influencia y para transformar la ciudad. Al calor de las obras olímpicas, Barcelona mudó su semblante. En el centro de aquel cambio había un selecto grupo de protagonistas con autoridad absoluta, influencia social y patrocinio cultural. Pese a las reticencias del nacionalismo de Pujol hacia el crecimiento de la capital catalana —considerado peligroso para la cohesión territorial y cultural de la nación— la burguesía participó, organizó y se zambulló con entusiasmo en el magno acontecimiento, hizo negocios, remodeló la ciudad y modeló la definición de la visión del futuro de la capital catalana, jugando de nuevo con la idea metropolitana. Contó con la complicidad política del PSC de Maragall, que desarrolló ambiciosas e innovadoras propuestas para la transformación de la urbe de la mano de personajes como Oriol Bohigas, Antoni Santiburcio y Josep Antoni Acebillo. Todo sobre un fondo de displicente distancia pujolista.

Los Juegos fueron la partera del tránsito desde un modelo industrial desgastado y en vías de desintegración, del que las naves abandonadas de El Poblenou eran la prueba de cargo, hacia una nueva plataforma urbana teóricamente centrada en las finanzas y la sociedad de servicios. En 1990 La Caixa, que dirigía Josep Vilarasau, uno de los hombres fuertes de la élite, absorbió la Caja de Barcelona, conocida como la de los marqueses, uno de los últimos refugios de los sucesores de la aristocracia franquista en el universo económico catalán. Esta operación fue fundamental para mantenerse en la gran liga bancaria. La nueva generación de gestores financieros seguía avanzando hacia un estatus de preeminencia. Para La Caixa aquella operación supuso entrar de pleno en la carrera del tamaño en la que ya estaba embarcada la gran banca; una competición sin fin que treinta años después continuaría con la absorción de Bankia. En aquellos años burbujeantes, el poder político catalán, encabezado por el hombre de Pujol más vinculado a los negocios, a veces de manera harto sospechosa para un político, Macià Alavedra, *conseller* de Economía, hacía campaña para que Barcelona fuera candidata a albergar el Banco Central Europeo (BCE), en fase de diseño inicial. Se trataba de una ensoñación sin posibilidades pero reveladora del bullicioso momento que vivía la ciudad.

También en 1992 se constituyó el Instituto de la Empresa Familiar (IEF). Una idea de Alavedra, a quien Pujol había encomendado pilotar la relación con ese mundo a fin de crear un espacio confortable para que no vieran con aprensión los cambios políticos en Cataluña. El principal impulsor y ejecutor fue Leopoldo Rodés, acompañado por Mariano Puig, el patriarca del grupo perfumero. El economista Alfredo Pastor fue su primer director.

El IEF nació del anhelo de las grandes empresas familiares catalanas por vindicarse como modelo económico viable y generador de beneficios para el conjunto de la economía y pronto se volcó en conseguir un régimen fiscal que les asegurase un trato benévolo y facilitase el cambio generacional sin poner en riesgo la continuidad del negocio. Una especie de *alla nobile* de la empresa familiar catalana, diferenciada de su capa más mesocrática y menestral, con aspiraciones a lo Agnelli o Pirelli y con el objetivo de influir sobre los Gobiernos de turno. Se puso en marcha con Felipe González y culminó la consecución de sus principales propósitos con el primer Gobierno de Aznar. Desde el primer momento atrajo también a las grandes del resto de España de idénticas características.

El IEF era un club muy restringido que solo admitía presidentes o consejeros delegados, no podían delegar en otras personas y ofrecía una participación activa a sus socios en igualdad de condiciones. Hasta el punto de que organizaba comidas con ministros en las que estos comían cada plato, desde el primero hasta el café, en mesas diferentes, para poder departir cara a cara con todos los presentes.

Leopoldo Rodés, el hombre que ejecutó el proyecto de principio a fin, fue un personaje singular, al tiempo que paradigmático de una manera de proceder muy arraigada entre las élites catalanas. Combinaba la discreción pública con una encantadora perseverancia en las distancias cortas; fraguaba alianzas y complicidades en pos de ambiciosos objetivos que buscaba con una férrea disciplina, que proyectaba sobre sus colaboradores de forma que en ocasiones parecía despótica. Procedía del mundo de la distribución cinematográfica, su familia era propietaria de los cines Astoria y Alexandra en Barcelona, cuya gestión acabó generando un lucrativo negocio publicitario. En 1960 creó con un socio la empresa Tiempo Publicidad. Por vía matrimonial, se incardinó con una adinerada familia textil, lo que acabó de darle la plataforma para convertirse en uno de los hombres más destacados en las esferas de poder. Rodés tejió una de las más completas y complejas redes de relaciones e influencia social del mundo económico y social español de finales del siglo pasado y los primeros lustros del actual.

Tras despuntar en el negocio publicitario, estableció relaciones con la familia March, la del mallorquín conocido como El último pirata del Mediterráneo, financiador destacado de la rebelión franquista y cuya siguiente generación se estableció en Madrid como una discreta y adinerada saga de banqueros. Rodés estaba bien relacionado también con los Botín, con quienes pasaba todos los Fines de Año en la localidad suiza de Gstaad, costumbre que ha mantenido alguno de sus descendientes. También fue persona de confianza del rey emérito, Juan Carlos I, con quien inició algunas conversaciones sobre el proceso de abdicación. Tanto en Madrid como en la Barcelona de los ochenta en adelante era muy difícil moverse en los pasillos del poder sin tener en cuenta el punto de vista de Rodés.

En los últimos años, antes de su fallecimiento en accidente de automóvil en el 2015, cuando contaba ochenta años, también se integró en la galaxia de La Caixa, para la que actuaba de nexo con el multimillonario mexicano Carlos Slim. Rodés estaba alejado del nacionalismo de Pujol, pese a lo cual este le concedió la Creu de Sant Jordi, y siempre fue una elegante correa de transmisión de los puntos de vista de los poderes económicos de Madrid en Cataluña. Fue, junto con Antonio Garrigues Walker y Florentino Pérez, entre otros, uno de los soportes políticos y económicos del fallido desembarco de Miquel Roca en la política española, cuando en 1984 encabezó el Partido Reformista Democrático (PRD).

El plan olímpico embelesó a prácticamente todos los sectores sociales de la capital catalana. Muy singularmente a las clases medias, exaltando su orgullo barcelonés, alimentado por la profunda transformación urbana, encarnada en la recuperación del frente marítimo, que enfatizó la trascendencia de la reforma urbanística, la apertura de nuevos espacios y la mejora de las infraestructuras de transporte y comunicación, largamente postergadas.

La burguesía tuvo un altísimo protagonismo y, en colaboración con la Administración socialista en el Ayuntamiento de Barcelona, transformó la ciudad, dejando constancia así de su fuerza y autoridad. La hizo interesante globalmente, cómoda y agradable para vivir y modernizó sus infraestructuras esenciales hasta el punto de que esos atractivos pervivieron hasta el boom de las nuevas actividades tecnológicas y las redes de comunicación, ahora una de las plataformas de su futuro.

Pero en términos de cambio de modelo económico hacia una ciudad de elevado capital tecnológico o de concentración de una masa crítica de grandes empresas, quedó por debajo de las expectativas. El mundo empresarial seguiría orbitando cada vez más en torno a Madrid, mientras el sector financiero no situó a Barcelona en su zona de prioridad y poco a poco el turismo emergió como el principal vector de crecimiento, gracias al que se hacían realidad las plusvalías inmobiliarias y las rentas de situación. Una dinámica que arrebató la voluntad de las clases distinguidas de la ciudad durante los últimos años del siglo pasado y las primeras décadas del actual.

Los Juegos impulsaron la proyección internacional de Barcelona de manera extraordinaria, de hecho, fue una de sus principales consecuencias. A sus lomos llegó el turismo, primero integrado en la ciudad, después haciendo crujir sus cuadernas. Muchos acaudalados empresarios dirigieron sus capitales y los ingresos de las nuevas oleadas de ventas de sus empresas hacia la compra de locales comerciales ubicados en las zonas *prime* de la ciudad que el aluvión turístico hacía irresistiblemente rentables. El alquiler de pisos por días a los turistas; supertiendas de las multinacionales del lujo y el comercio global y los edificios para los hoteles cuatriestrellados cimentaron una coalición de intereses que acabó marcando y diseñando la política urbanística municipal. Ramon Aymerich, en su atinado libro sobre el asunto *La fàbrica de turistes*, vincula ese proceso con la creación, en 1993, de la sociedad Turisme de Barcelona, que dejó en manos de hoteleros y constructores la promoción exterior de la ciudad y, con ella, gran parte de su modelo futuro.

Desde un punto de vista social y simbólico, hubo otras consecuencias que, años después, aflorarían con el *procés*. Barcelona deslumbró al mundo y alimentó el orgullo de sus clases medias, entusiasmadas al ver el gran recorrido global de la ciudad, que concebían independiente del Gobierno de Madrid y los poderes del Estado. Esta proyección propia se comparaba favorablemente con la relativa decadencia durante los años de la Gran Recesión de la capital del Estado y reforzaba la seguridad y la autoestima de amplias capas de barceloneses. El independentismo acabaría dando en parte expresión política a ese sentimiento. Lo haría parcialmente, porque también acabaría generando una sólida conciencia específicamente local, alternativa al nacionalismo catalán y al español, que explicaría las dificultades de los independentistas para conquistar electoralmente la capital catalana. El orgullo barcelonés acabó siendo una alternativa a las imposiciones de Madrid y a la tristeza y el miedo de la austeridad vigente en España y también en Cataluña. Se trataba, pues, de un modelo que sus habitantes consideraron ratificado por el mundo, un espejo que les devolvía una imagen de éxito y posibilidades ilimitadas. De este modo se habituaron a juzgarse a sí mismos según el halagador dictamen exterior.

La evolución después de los Juegos también provocó insatisfacciones, incluso entre los mismos miembros de las élites que los habían protagonizado. Por un lado, mostraron su empuje, su capacidad para transformar y definir de manera audaz el futuro de la ciudad y su proyección internacional, pasando incluso por encima de sus propias deficiencias institucionales, puestas de manifiesto en cuanto los Juegos bajaron la persiana y se destaparon gravísimos escándalos económicos con graves implicaciones políticas e institucionales. Por otro, puso de manifiesto los límites de su poder, pues no logró superar, salvo contadas excepciones, su minifundismo empresarial, su escaso peso financiero y político más allá de su entorno más próximo, sus dificultades para desenvolverse en la globalización. El espacio que el mundo reservaba a Barcelona parecía estar por encima de las posibilidades de sus élites.

A modo de resumen, entre las primeras elecciones que dan la victoria a Pujol, con un nuevo impulso intermedio con los Juegos y hasta la crisis financiera del 2008, el poder económico estableció un doble pacto de convivencia. A nivel político, definía los contornos de su política económica y del marco de las relaciones con Madrid. Y a nivel de modelo urbano y planificación territorial, pactaban con los socialistas barceloneses y, a través de estos, con sus compañeros gobernantes en Madrid, para la transformación de Barcelona acorde con su visión. Se trató de una perfecta simbiosis de capital económico y simbólico que, años después, el *procés* escindiría: se conservaría el primero en gran medida, pero el segundo sufriría un desgaste inaudito.

La élite desborda a Pujol y cuestiona el orden establecido

Pese al éxito de la reconversión olímpica, destacados miembros de la élite comenzaron pronto a lanzar mensajes advirtiendo, ya desde el cambio de siglo, de que esas luces cegadoras de la Barcelona posolímpica eran también señales de agotamiento y decadencia. Este fue el caso de Rodés, impulsor del proyecto pero crítico en su balance, quien se lamentaba en las páginas de *La Vanguardia*: «Corremos el peligro de ser como Niza, bonita pero aburrida, anodina, sin influencia».

Y desde ese preciso ámbito social le vinieron las primeras alertas de envergadura al nacionalismo instalado en la Generalitat. En octubre del 2001, el Cercle lanzó un mensaje que descolocó a Pujol, que se sintió desautorizado y cuestionado. Se trataba de una visión crítica que llegaba desde el núcleo más ilustrado de la burguesía catalana. Su conclusión era que la idea de que Cataluña progresaba en el marco de las relaciones políticas reguladas por el Estatut y la Constitución, según las modulaba Pujol, no coincidía con la realidad.

El Cercle puso en cuestión el modelo económico de subordinación de todo el territorio español y especialmente de Cataluña a Madrid. La opinión, titulada «El papel del Estado en el mantenimiento del equilibrio económico territorial en España», se aprobó siendo presidente Salvador Gabarró, responsable de la empresa Roca, multinacional de instalaciones para baño.

Constataba que «desde hace más de una década se está produciendo un fuerte proceso de concentración de los centros de decisión económica». También apuntaba que «en el caso de nuestro país, las políticas estatales están siendo un factor determinante de esa tendencia a la centralización». A ella se le atribuía la ubicación en Madrid de «todos los nuevos organismos públicos reguladores de la economía». También que «las privatizaciones y las fusiones en que han intervenido empresas anteriormente públicas han provocado el traslado de sedes de empresas que habían contribuido al dinamismo económico territorial y a consolidar un sistema multipolar de poder económico y empresarial en España». Se refería asimismo a la instalación constante de los centros públicos de I+D en la capital del Estado. Punto especial merecía el «diseño radial de las infraestructuras de transportes y comunicaciones [que] acentúa las tendencias centralizadoras», todo al servicio de la «potenciación de una gran megalópolis central», como ponían de manifiesto las inversiones multimillonarias en el AVE con el objetivo de colocar a Madrid a poco más de dos horas de cualquier punto extremo del país. O la política de Aena, el gestor de los aeropuertos, obsesionado con potenciar Barajas, al que se subordinaban el resto de las instalaciones aeroportuarias, en primer lugar, la barcelonesa de El Prat.

El análisis incluía una advertencia sobre el futuro que acabaría siendo premonitoria: «Un proceso de este tipo, de mantenerse en el tiempo, acabará generando desequilibrios económicos territoriales y pérdidas de capacidad de crecimiento de la economía en su conjunto», algo que luego tomaría carta de naturaleza con la protesta de la España vaciada.

Gabarró, que años después sería presidente de Gas Natural, recordaba al industrial más clásico. Discreto y atento a no hacer ostentación de su riqueza. El día que le hicieron gerente de la empresa familiar, le dijo a su esposa que tenía dos noticias, una buena y otra mala: «La primera, me han ascendido; la segunda, que, por lo tanto, no podremos cambiar la cocina», atendiendo a su condición de *político* en Roca.

La junta del Cercle d'Economia mantenía un elevado perfil industrial. Los vicepresidentes eran Antoni Brufau, responsable de la corporación empresarial de La Caixa y presidente entonces de Gas Natural, y José Manuel Lara, el ambicioso propietario de Grupo Planeta, primer grupo editorial español y accionista significado del Banc Sabadell, profundamente contrario al nacionalismo catalán, pero, al tiempo, un inveterado implicado en las tortuosas relaciones económicas y políticas entre las élites de Madrid y Barcelona, siempre en descarnados términos de poder. También formaban parte de la junta Jordi Mercader, expresidente del INI durante el mandato de Felipe González y de la papelera Miquel y Costas & Miquel; Anna Birulés, directora general de Retevisión, contraria también al nacionalismo, tras haber sido ministra de Aznar; Josep

Maria Vallés, catedrático de Ciencia Política de la Universidad Autónoma de Barcelona y presidente de Ciutadans pel Canvi (un grupo que se coaligaría con el PSC de Maragall en su candidatura a la presidencia de la Generalitat); Joan Molins (Cementos Molins); Enric Crous (Damm); Rafael Villaseca (Panrico); Joan Corominas (Grupo Corominas); Carles Tusquets (Fibanc); Albert Esteve (Laboratorios Esteve); Antón Costas (catedrático de la Universidad de Barcelona y durante muchos años director general del Foro Económico); Borja García-Nieto (Riva y García); Teresa Garcia-Milà (entonces decana de la Universitat Pompeu Fabra) o Alfredo Pastor (el ex director general del IEF). El director general del Cercle era Jordi Alberich. Muchos de ellos tenían en común ser propietarios o ejecutivos de empresas volcadas en el mercado español, aunque alguna ya despuntaba como gran multinacional, como en los casos de Roca y Gas Natural. Se mantenía el rasgo estructural de la burguesía catalana: industrias de consumo y de bienes intermedios con ventas mayoritarias al resto de España.

Políticamente, lo relevante del documento del Cercle no era solo, o principalmente, el cuestionamiento explícito de la política centralista en el terreno económico del Gobierno de José María Aznar. También y de igual transcendencia lo era la implícita impugnación del relato que había construido Pujol. Su defensa de que su gestión de las relaciones con el Estado y el llamado Pacto del Majestic —el firmado en 1996 entre él y Aznar y que daría a este último la presidencia del Gobierno gracias a los votos de los diputados nacionalistas— habían sido buenos para la economía catalana y para sus empresas, a las que nunca les había ido tan bien como en aquellos años dorados, según el punto de vista del político nacionalista. El reproche del Cercle implicaba que mientras Aznar tenía un plan estratégico claro, Pujol jugaba a la caza menor.

Lo significativo de aquel documento era que no respondía a una mala marcha en los negocios. El 2001 fue un buen año para hacer *business*, como lo habían sido los anteriores y lo serían los siguientes; desde 1996 y hasta ese momento, la industria catalana vivió un momento de espectacular crecimiento, que justo a partir de esa fecha se revertiría dramáticamente. Era obvio, además, que no recogía solo el sentimiento de la alta burguesía; también reflejaba el de las clases medias barcelonesas, sus sectores profesionales y gran parte de sus referentes intelectuales y culturales.

Como le sucedía a buena parte del núcleo central de la sociedad catalana, aspiraba a más poder ya que los tiempos requerían acometer nuevos proyectos. A su juicio, el bloqueo de Madrid y las cuitas de los políticos frenaban el despegue. Y la consecuencia era una pérdida de poder relativo, de influencia. El documento constataba su frustración por no poder acometer nuevos retos. En el fondo, enfrentaba la proyección olímpica de la capital catalana con la mediocre realidad de lo conseguido y las trabas de la política del Estado, lo que estaba consolidando un profundo resentimiento en esa burguesía y en las clases medias y profesionales.

También subyacía la angustia derivada de la presión creciente de la globalización y la perentoria necesidad de pensar un nuevo modelo para una economía que tenía que dejar atrás la ventaja del bajo coste de la mano de obra para atraer nuevas inversiones.

Pujol fue inmediatamente consciente de la profunda carga crítica que impregnaba el discurso del Cercle y la encajó muy mal. El cuestionamiento de su proceder provenía de un sector esencial en su cosmovisión de Cataluña, la burguesía, motor del renacimiento del país.

Además, le llegaba en un mal momento político, con la recién estrenada mayoría absoluta del PP que desvaneció sus sueños de reeditar un nuevo Pacto del Majestic. Y con los populares en plena ofensiva en Cataluña para ocupar el espacio convergente en el ámbito de las élites económicas y las clases medias conservadoras. En aquellos años, Aznar patrocinó una opa para integrar a CDC y UDC en una gran alianza o coalición con la derecha española. A su juicio, era innecesaria una representación política independiente de la derecha catalana a la vista de las bondades del milagro económico de Aznar y su vicepresidente económico, Rodrigo Rato. El portavoz local de esa pretensión fue Josep Piqué, que en 1996 había pasado de ser un joven valor de la élite barcelonesa a dejar a medio mandato la presidencia del Cercle para ser ministro de Industria. Piqué se convirtió en postulante del fin de la burguesía catalana y en propagandista de un programa de anorexia fiscal del Estado y beneficios crecientes para las empresas. Como explicó Mas en sus memorias, él era el destinatario político de esa estrategia: la propuesta era «unirnos al PP, de tal modo que su partido desapareciese de Cataluña y nosotros ocupásemos todo el espacio del centroderecha». El documento del Cercle, cargando contra la política recentralizadora de la nueva mayoría absoluta, puso punto final a ese delirio aznarista.

La opinión del foro revelaba su decepción con el centralismo gubernamental, que tomaba sus decisiones pensando exclusivamente en la mayor gloria de la gran metrópoli madrileña, cuando Barcelona ya había demostrado, los Juegos eran la prueba aún palpitante, que era una capital de envergadura europea, con amplia influencia cultural y económica sobre un amplio territorio del sur del continente y debía tener el soporte del Estado.

No suponía un giro hacia posiciones nacionalistas, no incluía propuestas políticas ni de reformas en ese terreno, pero sí planteaba revisar la base de las relaciones económicas de la capital catalana con Madrid y el Estado. De hecho, la junta que lo había elaborado estaba dominada ampliamente por votantes convergentes y populares, destino ahora de sus críticas políticas.

Aznar, soberbio conductor de la apisonadora que marcó su segunda legislatura, se lo tomó muy mal, pero no hizo nada para cambiar la visión de sus críticos. Unos meses después, el nuevo presidente del Cercle, Antoni Brufau, defendió las conclusiones del documento ante el presidente del Gobierno y su ministro de Economía, Rodrigo Rato, en las jornadas del foro en Sitges. Estos apenas se tomaron la molestia de replicar.

Pujol, en cambio, reaccionó airado y transformó la protocolaria presentación del documento en una cena en el Palau de la Generalitat con la cúpula del Cercle. Al *president* lo acompañaron varios *consellers*. Uno de estos era el entonces responsable de Economía, Francesc Homs, sustituto de un Artur Mas aupado ya a la *conselleria* de Presidencia, en su condición de sucesor del líder y ahora patrono de la Fundación Bancaria La Caixa.

Homs arrancó con una disertación sobre las grandes magnitudes de la economía catalana, su crecimiento, el aumento de las exportaciones y otros guarismos positivos, con los que intentaba convencer a su auditorio de que ni ellos mismos sabían lo bien que les iban las cosas. No pudo acabar, Pujol le interrumpió: «Déjelo, Homs, estos señores no vienen a hablar de PIB; vienen a hablar de poder». Ese, efectivamente, era el verdadero núcleo del debate. El poder para dirigir la economía e influir en la política del Estado, para participar en el diseño del futuro, como líderes que se sentían de Cataluña.

Esa era la pulsión que latía tras el documento, a la vista de que el poder económico se estaba concentrando como nunca en torno a la alianza reforzada de la élite económica de la capital y el Gobierno del Estado, con su tecnocracia al frente, a su servicio. Y era esa burguesía la que imputaba a Pujol, a la clase política catalana, falta de ambición. Todos los presentes en aquel encuentro eran personas de orden, conservadores, defensores de la estabilidad política y del mantenimiento del *statu quo* y la autoridad del Estado como condiciones esenciales, imprescindibles, para seguir haciendo negocios y obtener beneficios. Estos fueron los autores del primer desafío profundo al pujolismo.

Tras una larga discusión, en la que Salvador Gabarró (que se autodefinió como fabricante de «sanitarios», lo que Pujol aprovechó para reprenderle bromeando, «Gabarró, si toda la vida ha dicho váteres, diga váteres») defendió sin arredrarse las conclusiones de su junta. El *president*, demostrando su astucia política, pasó del rechazo inicial a las nuevas ideas del Cercle, a asumirlas como propias y exhibirlas en Madrid como demostración del acendrado centralismo del Estado. Buscando, en suma, reeditar la alianza con la burguesía, algo a lo que, por otra parte, le obligaba la acción política de Aznar, que cuestionaba abiertamente el pacto de la transición y la Constitución y el papel de los nacionalistas en la política del Estado, ejecutando su agenda de recentralización.

El documento tuvo un enorme impacto en la opinión pública, especialmente en el mundo económico. Sus consecuencias son difíciles de exagerar. Derribó los presupuestos básicos del pujolismo, cuestionó sus logros, puso de manifiesto la decadencia relativa de la economía catalana en relación con el empuje dopado de la capital del Estado y dio credibilidad a los análisis críticos de académicos y teóricos sobre la desigualdad básica, el desequilibrio endémico en las relaciones económicas entre los diferentes territorios del Estado y el centro aspirador.

El texto entroncó, además, con el inicio del proceso de reforma del Estatut, que Pasqual Maragall planteó, primero como una simple revisión, después, con más profundidad, como una salida al bloqueo político, justamente en el 2000. El socialista dejó constancia de su idea sobre el desequilibrio territorial en un artículo publicado a principios del 2001 en el diario *El País* con el explícito título de «Madrid se va». Fuera de Cataluña, fue el año del Plan Ibarretxe, el proyecto de cambio de Estatuto vasco, que sufrió una severa derrota. Muchas coincidencias políticas de calado en un periodo de tiempo muy corto. Aquel era un síntoma de que la estabilidad política de los últimos años comenzaba a estar en cuestión. La propuesta de nuevo Estatut pretendía solucionar un problema real. La batalla política la acabaría convirtiendo, una década después, con la sentencia del Constitucional, en el arranque de una fenomenal crisis política.

Tras el análisis del Cercle proliferaron las críticas a la política inversora de los Gobiernos centrales y se revitalizaron las publicaciones sobre las balanzas fiscales. Así se activaron sectores de la intelectualidad y profesionales, incesantes emisores de mensajes sobre las dificultades de progresar en el vigente marco político. Comenzaron a sentarse las bases del que luego se denominaría independentismo económico, el del sector de la ciudadanía que, sin compartir los argumentos culturales o identitarios clásicos del nacionalismo, comenzó a considerar que su bienestar presente y futuro pasaba por romper, o por lo menos reformular profundamente, las relaciones económicas y políticas con el resto de España.

La burguesía había lanzado su desafío, en forma de balance desencantado. El manifiesto del Cercle rebosaba autoconfianza y contenía un deseo de tomar las riendas de las negociaciones con Madrid. Denunciaba las arbitrariedades del poder central, pero también ponía en evidencia las limitaciones insuperables del *peix al cove* de Pujol. La elevación del tacticismo a la condición de práctica permanente. Resaltaba que Pujol no tenía una estrategia para defender la potencia económica de Cataluña en los duros y complejos tiempos de la globalización. Aznar sí.

Desde la anterior crisis de 1995 hasta el momento de su elaboración, la industria catalana había registrado un extraordinario crecimiento, único en Europa, y había sido destino preferente de la inversión multinacional. Los empresarios se sentían suficientemente fuertes para ser protagonistas y a ello se aplicaron en los años siguientes, con suerte desigual y dejando al descubierto limitaciones insuperables. Buscaron alianzas con las élites económicas de otros territorios, un frente económico periférico, con el Círculo de empresarios vascos, la Asociación de Empresarios Valencianos (AEV), el Club financiero gallego, el Observatorio Económico de Andalucía y el Círculo de Economía de Mallorca.

Aquellos primeros años del siglo XXI presenciaron el despliegue de un rosario de ambiciosas operaciones, en las que se sometieron a prueba las costuras de la estructura política y económica española y de las relaciones entre las élites del dinero de Barcelona y Madrid. Una buena parte de las que se activaron en aquellos años estuvo vinculada al entorno de La Caixa, cabeza del primer grupo empresarial español. Inmobiliaria Colonial intentó convertirse en la primera del país y se planteó en el 2002 hacerse con Metrovacesa, una de las grandes del sector. En el 2003, Gas Natural, que presidía Brufau, fue a por Iberdrola, sobre la que lanzó una oferta de adquisición de acciones (opa), que al final tuvo que retirar por la oposición cerrada del Gobierno encabezado por Aznar y Rato.

El momento de máxima intensidad de esa ofensiva arrancó con la llegada del socialista José Luis Rodríguez Zapatero al Gobierno, en el 2004, y con José Montilla, futuro *president* de la Generalitat, como ministro de Industria. El socialista tomó posesión prometiendo atención y soluciones para los anhelos de Cataluña, además de la reforma del Estatut, los deseos económicos, en forma de descentralización y apoyo a las zonas económicas periféricas.

La batalla más cruenta se desplegó en el sector de la energía. La cúpula de La Caixa —Isidre Fainé, Ricardo Fornesa y Antoni Brufau— se animó a dar el salto y tomar el control de la petrolera Repsol, en el corazón del *establishment* español, una de sus columnas económicas y de su proyección internacional. Desalojaron a Alfonso Cortina, uno de los amigos de Aznar, de la presidencia y Brufau le sustituyó.

Conquistada esa posición, el siguiente paso fue la oferta pública de compra (opa) de Gas Natural sobre Endesa, primera eléctrica española, en el 2005. La misma constitución de esa compañía constituye un caso emblemático de los procedimientos que rigen en el capitalismo centralizado español. La moderna Endesa es el resultado de la absorción de un rosario de compañías eléctricas de la periferia española, entre ellas las catalanas Fecsa y Enher y la andaluza Sevillana, los dos territorios donde concentraba la mayor parte de su negocio, privatizada parcialmente por Felipe González y totalmente por José María Aznar y que acabó ubicando su sede social en Madrid, pese a que no tenía ni un cliente en la capital.

La opa de Gas Natural fue un ambicioso movimiento que tropezó contra una gran alianza, liderada por Manuel Pizarro, el presidente de la eléctrica, e integrada por las grandes empresas de la capital, el núcleo dirigente del PP y una parte de los poderes del Estado, entre ellos el judicial. La operación fracasó y, al final, Endesa acabó en manos de la italiana Enel, a la que le faltó tiempo para descapitalizarla, traspasar a la matriz en Roma el negocio latinoamericano construido durante décadas con los beneficios generados en España gracias a su posición oligopolista y reducirla a la modesta condición de operadora doméstica sin aspiraciones internacionales. La burguesía catalana encajó aquella reacción furibunda en su contra como una nueva prueba de la imposibilidad de hacer negocios en igualdad de condiciones con sus pares de Madrid. Pizarro, por cierto, acabó siendo destacado diputado del PP.

En esa ola se inscribió también la salida a bolsa del Banc Sabadell en ese mismo año 2001, una operación dirigida por Josep Oliu, recién elegido en la presidencia, tras ser durante una década director general, cargo en el que sustituyó a su padre. Para evitar que el banco recién salido al mercado bursátil fuera engullido por algún tiburón financiero, La Caixa asumió el papel de accionista de referencia y tomó el 15 %, suficiente para disuadir cualquier oferta de compra no deseada. La entidad de la estrella mantuvo ese paquete hasta el 2006, cuando lo vendió por el doble de lo que le había costado. En ese momento, tomó el relevo como núcleo de referencia accionarial un grupo de empresarios, encabezados por José Manuel Lara, Isak Andic y Joaquim Folch-Rusiñol, que alcanzaron el 12,5 % de su capital. Después, el Sabadell intentaría engullir el Banco Popular. Esta fue la primera de varias intentonas, sin éxito. Sí logró hacerse con el Banco Atlántico, en el 2003.

Hubo asimismo otras operaciones relevantes. De nuevo, José Manuel Lara fue protagonista de alguna de ellas. Tras vender una participación anterior en Telecinco, Planeta compró Antena 3, a la que le sumaría más adelante La Sexta, consiguiendo una posición de liderazgo en el duopolio que controla el sector. Se trata de la actual Atresmedia, que además de las dos cadenas de televisión también incluye emisoras de radio como Onda Cero y medios de prensa como *La Razón*.

Como recuerdo de aquel periodo expansivo, algunos edificios emblemáticos en Barcelona, referentes de esas empresas, sólidos manifiestos de acero, cristal y hormigón de ese poder corporativo y personal en aquellos momentos de auge y aspiraciones a ganar influencia política. De esos días son las sedes de Agbar, la torre del arquitecto francés Jean Nouvel, durante la presidencia de Ricardo Fornesa; la de Gas Natural, del 2005, obra de Enric Miralles, durante la presidencia de Salvador Gabarró; la de Abertis, en terrenos del Consorcio de la Zona Franca, en el 2006, siendo presidente Salvador Alemany, quien después sería también presidente del Cercle. O las más tardías, en la nueva Diagonal que avanzaba hacia el mar, de la editora RBA, propiedad de Ricardo Rodrigo; y la de Mediapro, la productora audiovisual de Jaume Roures y Tatxo Benet, inaugurada ya en el 2008.

Esa fase de crítica y presión se mantuvo durante más de un lustro largo y alcanzó su punto culminante en marzo del 2007, en el marco de un acto en la escuela de negocios IESE, en el que las fuerzas económicas barcelonesas, su burguesía en primer lugar, pidieron la descentralización de la gestión del aeropuerto de El Prat, estratégico para atajar la asfixiante centralización en Madrid que los empresarios ya venían denunciando. Los convocantes, la Cambra, Foment y el RACC, aglutinaron a todos los grupos organizados del mundo económico catalán, desde patronales hasta grupos de opinión, colegios profesionales, centros de estudios y empresas reunieron a más de mil empresarios, entre ellos la flor y nata de la aristocracia del dinero.

En aquel acto se vetó la presencia de políticos, a los que se pidió explícitamente que no asistieran. En este caso el revés ya fue para Artur Mas, que ocupaba la posición política de Pujol, aunque no la institucional, pues el *president* de la Generalitat del segundo tripartito era el socialista José Montilla. Aquel fue el primer cuestionamiento relevante del sistema de partidos vigente en aquel momento y anticipo de su futuro revolcón, impulsado por las fuerzas vivas de la economía catalana. Pese a ello, respetuosamente, todos los grupos del Parlament expresaron su apoyo al acto y a las reivindicaciones que en él se plantearon.

La exhibición de fuerza y autoridad del mundo económico en torno a El Prat no logró su objetivo y aunque después este consignó un despegue de actividad sin precedentes, no lo fue por la eficacia política de su reclamación. Se debió al *boom* turístico de la capital catalana, sin que mediara un cambio en el modelo de gestión ni a una planificación pensada en función de los planteamientos del mundo económico. Lo que sí logró esa protesta de los poderosos fue elevar el asunto aeroportuario, y en general el de la inversión en infraestructuras, a elemento prioritario de la agenda política catalana.

Al calor de la larga gestación de ese acto, la sociedad catalana se fue involucrando en un largo debate sobre la conexión entre las inversiones públicas y las relaciones de Cataluña con el Estado. Eclosionó de nuevo el análisis sobre las balanzas fiscales. Fueron momentos de intensa discusión y debate político, con tintes desarrollistas.

Aunque no hay por qué establecer una relación de causa efecto, es difícil imaginar que Mas, en aquellos momentos jefe de la oposición en Cataluña, no tuviera esa realidad presente cuando pocos meses después, en noviembre, dio a conocer su nueva orientación política en su conferencia «El catalanismo, energía y esperanza para un país mejor», en la que defendió ya el derecho a decidir y en la que presentó su propuesta de refundación del catalanismo, convirtiendo a CDC en su referencia. Mas dedicó bastante atención a la economía y al «tema de las infraestructuras porque se está convirtiendo en un auténtico cuello de botella que estrangula nuestro progreso como país y sociedad. Un planteamiento que no puede ser otro que reclamar, exigir y ejercer el derecho a decidir sobre las infraestructuras y equipamientos de nuestro país». Unos días después, la nueva Plataforma por el Derecho a Decidir convocó una masiva manifestación reclamando la vigencia de ese principio precisamente en ese ámbito de la inversión pública.

Hasta esa reunión asamblearia del IESE y durante el largo periodo iniciado con los Gobiernos de Jordi Pujol, en 1980, la flor y nata de la economía catalana había ejercido como referente social. Sus propuestas fueron asumidas siempre sin oposición, casi con respeto sacramental, por el conjunto amplio del arco político y social catalán. Su aval a las grandes decisiones de política económica era imprescindible para que se pusieran en marcha.

Pero, mientras las portadas de la prensa dando cuenta de la reunión del IESE se estaban imprimiendo, la semilla de la crisis financiera enviaba las primeras señales de un próximo terremoto que abriría una crisis política desconocida en Cataluña. Las fichas de dominó infernal acabarían cayendo, una tras otra. Primero, la debacle financiera, después, la sentencia del Estatut, y alimentado por ambas, el *procés*. Aquella fue la suma de elementos que debilitó un poder económico tradicional, que ya era mucho más frágil de lo que él mismo se había imaginado, y que acabaría por desalojarlo de la escena pública.

La burguesía se queda sin fuerzas

¿Qué fue de aquella ofensiva? Económicamente, la primera década del nuevo siglo fue radicalmente negativa para la economía catalana. La actividad industrial cayó año tras año, así como la inversión. Las deslocalizaciones se mantuvieron, mientras las exportaciones en todos sus mercados, el catalán, el español y el internacional, crecían mucho más modestamente que las importaciones. Aquello era una autovía hacia la debacle que sobrevendría con la crisis financiera.

Pocos meses después de la gran movilización en el IESE, en noviembre del 2007, la junta del Cercle que entonces presidía José Manuel Lara lanzó una demoledora crítica de la clase a la que representaba. El documento, titulado «La responsabilidad del empresariado catalán», comenzaba diagnosticando que este «parece desorientado ante la globalización económica» y le reprochaba «falta de ambición y liderazgo económico». Los síntomas de esa situación eran «la falta de nuevas iniciativas empresariales de envergadura; la escasa influencia del empresariado catalán en los mecanismos de poder económico español; o el reducido número de grandes sedes corporativas». La junta pedía a los empresarios «arriesgar más», «abandonar el individualismo», «priorizar la empresa por delante de los intereses inmediatos del accionista» y «profesionalizar» la gestión. Todo ello era crucial para «decidir si definitivamente nos incorporamos a las dinámicas que exige una economía globalizada, o bien se consolida una inercia que nos coloca en la periferia del poder económico».

Aunque este nuevo análisis no lo expresaba explícitamente, reflejaba que la advertencia del documento del 2001 de que Madrid se iba a convertir en el centro imbatible y concentrado del capitalismo español, casi en el único relevante, ya se había convertido en realidad incuestionable. Maragall ya lo había dicho cuatro años antes.

Y en la actualidad, dos décadas después del primer texto del Cercle, pocas de aquellas ambiciosas empresas mantenían su sede en Barcelona o eran propietarias de los edificios que mandaron construir. Muchas de las empresas que aspiraban a jugar un papel relevante en esa aventura acabaron engullidas o compradas por grandes multinacionales.

Este fue el caso de buen número de firmas emblemáticas del empresariado local: Chupa Chups (2006), la cementera Uniland, de los Fradera (2006) y Panrico (2005). Tuvo lugar una nueva ola de ventas que se reproduciría casi una década más tarde, en el éxtasis del *procés*, cuando le llegó el turno a Cirsa, Freixenet y Codorníu; Pronovias; Titanlux; Pastas Gallo, y Miquel Alimentació.

Con el paso del tiempo, la dirección de las fuerzas en presencia se invertiría y, en el fragor del *procés*, serían los líderes soberanistas los que acabarían reprochando a los patricios barceloneses su falta de firmeza en el apoyo al cambio político, primero; su supuesta cobardía por el temor a afectar la buena marcha de sus negocios, a medida que se acercaba el choque, después; y la traición, cuando se desencadenaron los cambios de sede tras el referéndum del 1 de octubre del 2017. La paradoja es que, finalmente, algunos de ellos también podrían decir que fueron los primeros en activar las señales de alarma.

La gran crisis financiera del 2008 supuso un golpe tremendo para las empresas y los centros de poder económico en todo el mundo capitalista. A España y Cataluña, sus efectos más dramáticos tardaron casi un año en llegar. Lo sucedido en aquellos años críticos es sobradamente conocido. Basta recordar que España, junto con Irlanda y Estados Unidos, encabezaron la burbuja inmobiliaria en el mundo y, en consecuencia, de la misma proporción fue la caída cuando esta estalló. El empresariado catalán, en sintonía con el del resto del país, se sintió desamparado por el Gobierno de Zapatero, quien, hasta el mismo momento en que se vio forzado a aplicar los primeros recortes, jugó con la idea de negar que la crisis fuera tal. Hasta mayo del 2010, cuando el presidente del Gobierno presentó en el Congreso sus impopulares medidas, un ajuste de 15.000 millones, que afectó a pensionistas, funcionarios y empresas dependientes de la inversión pública.

Como ya se ha señalado, los empresarios catalanes compartían la necesidad de esas medidas y por eso aplaudieron la decisión de Mas de salvar el paquete de recortes de Zapatero. Pero el clima estaba marcado por el pesimismo. En Cataluña la crisis, que tuvo un enorme impacto industrial, estaba siendo especialmente aguda.

En lo referente al debate sobre las relaciones económicas entre España y Cataluña, el déficit fiscal se convirtió en la estrella. También entre las élites comenzó a ser un concepto que, para una amplia mayoría, enlazaba el descontento económico con un proyecto político. A caballo de este giro, se incorporaron amplios sectores de las clases medias, que siempre habían visto al Estado español como un malgastador compulsivo al servicio de las élites, de los grandes bancos y de las multinacionales madrileñas, concesionarias del sector público, concepto que la publicidad crítica encarnó en el IBEX.

Ya no se trataba solo, desde la óptica independentista, de una situación económicamente injusta que perjudicaba el desarrollo de Cataluña y la dejaba en peores condiciones que las comunidades autónomas beneficiarias de su déficit fiscal, sino que políticamente implicaba un expolio de recursos sobre el que los catalanes no tenían ninguna capacidad de decisión, influencia o derecho a opinar. El independentismo logró convertir el déficit fiscal en la encarnación del Estado expoliador. La idea era que si ese dinero no marchaba de Cataluña, las posibilidades de mejora económica serían exponenciales: más gasto social, mejores servicios públicos, más infraestructuras modernas y competitivas, con la enorme ventaja de que se pagarían muchos menos impuestos. Aunque ese paraíso en la tierra ciertamente no existe, por lo menos en la Europa de la UE, el déficit fiscal se convirtió en la mejor prueba del maltrato del Estado hacia los catalanes, del parasitismo del primero a costa del esfuerzo de los segundos. Esta es una idea que recoge tanto la realidad de una política económica general que permite que la región más rica, primada por su condición de capital del Estado, Madrid, apruebe bajadas de impuestos a mansalva en plena crisis, cuando el Gobierno central los estaba subiendo al resto, combinada con una idea bastante desfasada de una España atrasada, también presente entre algunos de los sectores de opinión en Cataluña. Madrid ya no era la villa y corte histórica; se había convertido en el centro más avanzado del capitalismo español y el poder e influencia que irradiaba era muy superior al de la

Cataluña irritada, lo que se estaba traduciendo en mejoras y privilegios económicos para las élites de la capital del Estado.

Pese al discurso de los grandes partidos asegurando que los impuestos los pagan los ciudadanos y no los territorios, la realidad de la fiscalidad, año tras año, lo desmentía. Ya antes de la crisis, en el 2005, con la llegada de Esperanza Aguirre a la presidencia de la Comunidad, y con Madrid plenamente consolidada como gran metrópoli española, inició una victoriosa carrera fiscal a la baja, que ningún otro Gobierno autonómico pudo resistir. Pero, una vez llegó la crisis, Aguirre metió la sexta marcha para compensar las subidas que el Estado aprobaba de la mano de sus compañeros de partido, Mariano Rajoy y Cristóbal Montoro. Los grandes patrimonios del resto de España comenzaron a emigrar masivamente para refugiarse en el paraíso fiscal madrileño.

Con los compases iniciales del *procés* aparecieron las primeras grietas internas en una burguesía catalana que tenía que empezar a repensar sus posiciones ante la doble crisis, económica y política. El episodio inicial tuvo que ver con la sentencia del Tribunal Constitucional recortando el Estatut, en el verano del 2010. El fallo se conoció la noche del 28 de junio y el *president* de la Generalitat, José Montilla, lo explicó a los catalanes en una comparecencia televisiva al filo de las nueve de la noche. En el comedor de la Casa dels Canonges, el edificio gótico anexo al Palau de la Generalitat originario del siglo XII y tradicional residencia privada de los *presidents*, le esperaban para cenar buena parte de los más importantes empresarios y ejecutivos de las grandes empresas catalanas.

Allí estaban, siguiendo por televisión lo que Montilla decía a pocos pasos, Isidre Fainé, presidente de La Caixa; Salvador Alemany (presidente del Cercle y de la empresa de autopistas Abertis); Fernando Casado, director del influyente IEF y después del Consejo Empresarial para la Competitividad (CEC), un potente *lobby* de las grandes empresas españolas; Salvador Gabarró, presidente ya de Gas Natural; José Manuel Lara (Planeta); Juan Rosell, presidente de la gran patronal Foment y futuro presidente de CEOE; Ángel Simón, presidente de Agbar, el *holding* de servicios vinculados a la gestión del agua y hombre fuerte de sus propietarios franceses, primero Suez, luego Veolia; Javier Ventura (Nutrexpa) y Miquel Roca, expolítico y abogado de confianza de grandes empresas.

Montilla los había convocado para hablar de la crisis económica, pero la noticia del día monopolizó la conversación. El *president* quería conocer cuál era su idea de lo que convenía hacer a la vista del sentido del fallo del Constitucional. A casi todos ellos, las palabras que escucharon durante la intervención televisiva del *president* les generaron inquietud, pues temían la vuelta de los turbulentos tiempos de la reforma del Estatut, con el anticatalanismo sublevado en España, enfrentamientos territoriales y campañas de boicot.

Su propuesta fue sosiego para volver a poner sobre la mesa propuestas de mejoras en la financiación de la Generalitat y, al final, un nuevo pacto con el Estado. Era una versión actualizada del punto de vista que habían mantenido cuando se elaboró el Estatut que acababa de guillotinar el Constitucional. Menos reclamaciones simbólicas, que caldeaban los ánimos en el resto de España, más interés por los acuerdos de índole económica, especialmente la defensa de los puntos clave del Estatut referidos a las inversiones en infraestructuras. Y, sobre todo, evitar el protagonismo de la calle.

En ese encuentro ya se definieron los ejes de la posición mayoritaria del mundo de la gran empresa ante la crisis política que se abría bajo sus pies y que nadie intuía que llegaría tan lejos como lo hizo.

Montilla buscaba el apoyo de sus comensales para una reacción dura. Contó con el respaldo de Roca, que defendió que la política no podía desentenderse del asunto si no quería acabar alejada de la ciudadanía y rebajar su propio papel. El *president*, que nunca ha sido muy hablador, escuchó lo que le dijeron sin avanzar su posición, pero al día siguiente fijó la fecha de la gran manifestación contra la sentencia. La calle no estaba para atender los mensajes de *seny* (sensatez) de los patronos.

Y esa protesta ciudadana fue una nueva ocasión para el debate en el seno de la élite económica sobre el camino que había que escoger. Pocos días después, una tarde de primeros de julio del 2010, Alemany convocó una reunión de la ejecutiva del Cercle en la sede de la entidad, en la barcelonesa calle de Provença, frente a la Pedrera de Gaudí. Su propuesta era sumarse oficialmente a la manifestación. La discusión subió de temperatura desde el comienzo. Participaban, además del presidente, Ángel Simón, otro de los presentes en la cena con Montilla; Artur Carulla, propietario de Agrolimen; Antón Costas, el catedrático e histórico referente del foro; Josep Ramoneda, pensador y filósofo, también redactor de bastantes análisis de opinión de la entidad, y Jordi Alberich, su director general, militante de UDC y gestor del día a día de la entidad.

Era una situación extraña, pues el Cercle había lanzado en el 2005, en otra de sus opiniones, una dura carga contra la propuesta de nuevo Estatut enviada desde Barcelona al Congreso. Aquella era una primera prueba irrefutable y temprana del distanciamiento mayoritario de la burguesía de la dinámica política en Cataluña. La junta estaba entonces presidida por Lara, representante de uno de los sectores más duros contra la reforma, y animaba a los diputados del Congreso a podar el texto recibido: «Las carencias y debilidades que pueda tener la propuesta de Estatuto —desde un excesivo intervencionismo político a su escasa calidad jurídica, pasando por la necesidad de aligerar un texto desmesuradamente prolijo— deben ser corregidas en este trámite, de forma que el resultado sea claramente mejor». Formulaba un deseo: «Que el trámite parlamentario reduzca al máximo los artículos que pretenden regular y tutelar opciones económicas y también personales que solo conciernen al ámbito privado, así como las materias que quedan bajo una llamada competencia compartida, que sin duda solo pueden aumentar los requerimientos burocráticos y retrasar la toma de decisiones públicas». Solo se salvaban, en su opinión, los elementos que reforzaban las obligaciones de inversión pública por parte del Estado. La conclusión era descorazonadora, «compartimos la idea de que "un no-Estatuto" sería mejor que un mal Estatuto».

Ahora algunos de los firmantes de esa opinión emitida apenas hacía un lustro discutían acaloradamente si el Cercle debía sumarse o no a la manifestación contra la sentencia del Constitucional que amputaba ese texto que tan poco les había gustado. La división de opiniones se enconó. La tensión estaba presente, como siempre que se debate en ese foro sobre las relaciones de Cataluña con España. De fondo, también estaba la destructiva crisis financiera, la Gran Recesión, que llevaba ya dos años golpeando con dureza la economía y el empleo y que cargaba el ambiente social provocando un descontento crecientemente visible en amplios sectores, entre los que se incluían algunos patricios de la economía.

En el Cercle han convivido muchas sensibilidades, pero claramente no es un foro independentista, ni tan siquiera nacionalista de la primera fase pujoliana. Su núcleo central está cómodo con la sociovergencia, un concepto de apariencia sociológica, pero que es sobre todo descriptivo del espacio político en el que se mueven la mayoría de sus socios, convergentes, socialistas y populares moderados. Ordenados aquí por importancia numérica.

La crisis económica estaba laminando las cuentas de resultados de sus empresas, los beneficios de los días de vino y rosas de la burbuja se habían evaporado y las quiebras amenazaban por todas partes. A sus ojos, en Madrid las cosas eran menos dramáticas, la proximidad del Estado era un pararrayos. La sociedad estaba en ebullición. Los empresarios se sentían aún al frente del cuadro de mandos de la sociedad catalana, pero la crisis económica carcomía ya los cimientos de ese modelo de hegemonía y estabilidad política. Todo estaba en cuestión: la autoridad social, su clásico programa de presión gradualista sobre Madrid y su propia hegemonía discursiva y social en Cataluña.

Aquella tarde de julio, la discusión acabó sin acuerdo. Simón, Costas y Alberich, contra la asistencia a la protesta. Alemany, Carulla y Ramoneda, con distintos acentos, a favor. Al final, el presidente Alemany evitó el desagradable recurso al voto y cerró el debate dejando la puerta abierta a que cada cual optase por lo que le pareciera más conveniente individualmente. Él, en parte por convicción y en parte atendiendo una petición personal de Pujol, acudiría a título personal.

En el Cercle, pese al bloqueo con que se saldó la primera discusión, la junta emitirá unos meses más tarde, en octubre del 2010, a las puertas de las elecciones que ganaría CiU, un documento, en el que es visible la impronta del presidente Alemany y en el que se define un programa de acción del futuro Govern. Este coincide con el que acabará desplegando Mas en su primera legislatura y señala que, a cuenta de la aprobación del Estatut y la sentencia del Constitucional, se ha producido «la ruptura de alguna cosa entre Cataluña y España. Y esta percepción afecta al pacto constitucional; dicho de otra manera, a la confianza que había permitido sostener ese pacto a lo largo de más de treinta años». Unos párrafos más adelante, proponía «poner en marcha un diálogo entre todas las fuerzas políticas del Parlament, para configurar una posición lo más amplia posible sobre cuáles han de ser las nuevas pautas que han de definir las relaciones de Cataluña con España». En suma, un nuevo pacto constitucional.

A efectos del Cercle, sería una posición rápidamente cuestionada una vez Alemany dejase la presidencia anticipadamente. Un hombre próximo a las tesis de Mas, tras descartar la entrada en su primer Govern, aceptó presidir una comisión económica de nueva creación, incompatible con su cargo en el foro empresarial. Durante la presidencia de Lara, este había pactado con Alemany y Carulla que los dos últimos, en ese orden, serían sus sucesores. Pero, cuando llegó el momento del empresario alimentario, sus problemas con Hacienda lo llevaron a renunciar a la presidencia, un cambio que tendría cierta importancia en el curso de los acontecimientos, sobre todo desde el punto de vista de la posición que acabaría adoptando el foro durante esa fase del *procés*.

En pleno desconcierto en la entidad sobre el curso que había que tomar, en mayo del 2011, los expresidentes propusieron como sucesor de Alemany, por un estrecho margen y tras una votación entre estos por primera vez en la historia, a Josep Piqué, exministro y portavoz del Gobierno de José María Aznar. La excusa formal era que Piqué había sido presidente durante medio mandato, antes de ser nombrado ministro, y tenía derecho a acabarlo. Pero según algunos de los que participaron en la decisión, también pesó la idea de contar con alguien próximo al futuro Gobierno del PP, que todo el mundo intuía iba a constituirse en cuanto se convocaran las nuevas elecciones generales. Un cálculo de oportunismo político que se sustentaba también sobre la confluencia de criterios en torno a cuál debía ser la prioridad de la política económica, la austeridad. La practicaba Mas desde el Govern; también Zapatero en el Gobierno central, aunque sin convicción, pensaban; seguro que lo haría con más decisión el futuro Gobierno de Rajoy. Finalmente, Piqué resultó no estar en sintonía con el equipo de Rajoy, con lo que la aproximación tanteada desde Barcelona quedó en nada. Como era previsible, el exministro defendió en el foro una posición nítidamente enfrentada al *procés* y al Govern de Mas.

A pesar de ello, la fuerte presión ambiental y el apoyo masivo de las clases medias catalanas a las propuestas nacionalistas y en especial con la adhesión al pacto fiscal de las principales organizaciones empresariales y económicas de Cataluña, complicaban el silencio del Cercle sobre el asunto. Fueron meses de tensión inédita en la entidad. Piqué rechazó cualquier propuesta de apoyo al pacto fiscal, así como la propuesta de reforma de la Constitución, pese a que siempre gozó de amplio y creciente soporte en las sucesivas juntas.

En la primavera del 2012, entre la aprobación en el Parlament de Cataluña del pacto fiscal y la reunión de Mas con Rajoy en la Moncloa, en septiembre de ese año, el Cercle dio a conocer otro análisis en el que intentaba avanzar su posición sobre las relaciones financieras entre Cataluña y el Estado. Un texto complejo, contradictorio, plagado de condicionales, metalecturas, con sintaxis en ocasiones soberanista, por momentos puramente autonomista, concebido para evitar rupturas internas, pero que lo convertirá, a la postre, en completamente intrascendente. Era la constatación de la impotencia política del Cercle y por extensión de la burguesía, a la que al menos parcialmente representaba, y que se mantendría durante la mayor parte del largo *procés*.

El texto constataba que «la financiación de la Generalitat, con el modelo actual, resulta claramente insuficiente para atender sus obligaciones competenciales. Por otro lado, Cataluña soporta un déficit fiscal en su relación con el conjunto del Estado, que reduce su capacidad para seguir siendo motor imprescindible para el crecimiento de toda España». Para ello, reclamaba «sin dilación, la reforma del sistema de financiación territorial», exigencia que hoy, una década después, continúa sin ser atendida. Tras un alambicado razonamiento, señalaba que «la reivindicación de un Pacto fiscal que, en sus inicios, emergía como un "grito de protesta" ha ido avanzando hacia formulaciones concretas que pretenden recaudar el máximo consenso político entre las fuerzas catalanas. Una actitud coherente con la trascendencia de la cuestión que, además, requiere un acuerdo con el Gobierno de España», aunque esto debía hacerse con postulados muy abiertos. Constataba la existencia de excepciones al modelo fiscal uniformista, los casos de Navarra y el País Vasco y llegaba a admitir que en algunos países federales, «el Gobierno federal y los Estados disponen de Hacienda propia», una reclamación soberanista de envergadura. Al final, el apretujado y extenso documento de seis páginas, acababa describiendo, sin tomar partido, los argumentos de los favorables y los contrarios al pacto fiscal. Ya no volvió a referirse oficialmente a ese tema nunca más.

Artur Mas, el héroe del mundo del dinero

Mas inició su presidencia de la Generalitat encarnando la ortodoxia de la austeridad, en línea con lo que el poder económico e institucional, en Cataluña, España y en casi toda Europa —no en Estados Unidos, por cierto— dictaminaban como política económica necesaria, la única posible. Creía que era la receta adecuada para superar la crisis. También para adelgazar el Estado, una de las obsesiones de la derecha económica tanto durante los años de burbuja inmobiliaria y financiera, como especialmente una vez esta estalló. Con el Gobierno de Zapatero calificado de pusilánime por no aplicar recortes más profundos y con mayor decisión, Mas tendió puentes con el primer partido de la oposición, el PP.

El nuevo *conseller* de Economía, Andreu Mas-Colell, encaró con ánimo el encargo y arrancó con paso firme. Nada más llegar, «para y revisa» el decreto de prórroga de los presupuestos del 2010 para el 2011, aprobado por su antecesor en el Govern saliente de Montilla, Antoni Castells, según su relato sobre aquel periodo recogido en el libro *Turbulències i tribulacions*. El nuevo equipo corrige y refuerza el anterior plan. Mas-Colell relata:

> El decreto consolida las medidas de ahorro que ya se habían adoptado durante el ejercicio 2010; limita drásticamente las disposiciones de créditos para el gasto corriente —60 % la de los conciertos educativos y sanitarios, gasto farmacéutico, transferencias a universidades y atención a la Ley de la dependencia, y 30 % para el resto— suspende la disponibilidad de créditos para el gasto de capital; prohíbe a la Generalitat y a todo el sector público operaciones de endeudamiento excepto las que corresponden a amortizaciones o renovaciones de deuda; obliga a compensar los remanentes de crédito con retenciones por el mismo importe y prohíbe cubrir ninguna vacante de personal, excepto el 50 % de las de Ensenyament y Salut y no permite ninguna sustitución. Un panorama muy duro.

Las medidas se complementaban con la prohibición de cubrir vacantes, la reducción del 10 % del gasto de personal y de un 5 % las plantillas. También se redujeron las convocatorias de oposiciones públicas. Y comenzaron los ajustes en Sanidad, el 40 % de los recursos gestionados por la Generalitat.

Apenas cinco meses después de llegar al Govern, el líder convergente pactó sus primeros presupuestos, los del 2011, con el PP. Mas-Colell reconocería después que resultaba paradójico que ese partido, el desencadenante de la polémica sentencia del Constitucional, el que presentó el recurso tras una larga campaña política en contra de un texto que, en buena medida, fue resultado de un pacto entre el presidente Zapatero y el propio Mas, fuera el sostén principal del recién estrenado Govern.

Tal vez por eso, varios años después, el ya *exconseller* se sentía aún en la necesidad de justificar los acuerdos.

> Es sorprendente, visto desde años posteriores, que fuera posible pactar con el PP. Pero hemos de tener presente que el Gobierno central era socialista y que, lógicamente, tanto nosotros como el PP éramos oposición, y que compartíamos algunas cosas, en particular la percepción de que la situación fiscal era insostenible y que se imponía la agenda de la austeridad. Y aunque no teníamos ninguna confianza, ni la más mínima, en las intenciones el PP, si acababa ganado las elecciones por mayoría absoluta, la buena política a menudo recomienda no avanzar conclusiones.

Pero el pacto con el PP tenía mucho más alcance que el de aprobar las cuentas del 2011. Se renovaría para las del año siguiente, cuando el PP ya estaba en el Gobierno y al final implicará asimismo el apoyo convergente a polémicas normas como la ley de estabilidad presupuestaria, que a la postre servirá, con el avance de la crisis económica, para intervenir las cuentas de la Generalitat; y la reforma laboral, entre otras destacadas.

Mientras estos primeros compases de la política económica de Mas eran bien recibidos por las fuerzas económicas y empresariales catalanas, que apostaban por la austeridad y el pacto con la derecha española, el clima en las calles se iba crispando. Las protestas sociales se sucedían y eran cada vez más radicales y organizadas. Pese a ello y los primeros síntomas evidentes de desgaste social, Mas mantuvo el rumbo.

De nuevo, Mas-Colell hará las veces de notario. Antes de las elecciones municipales de mayo del 2011, es decir, apenas un par de meses después de los primeros recortes en la Administración catalana.

> Las encuestas que iban llegando al Govern indicaban que el impacto de las primeras medidas de ajuste, hijas del restrictivo decreto de prórroga y del objetivo común de reducir el gasto para volver a controlar las cuentas públicas, no gustaban al electorado. CiU perdía votos. Las alarmas se dispararon y se pidió, desde el Govern, suspender las medidas que podían ser más impopulares. Esto se hizo especialmente en Salut y produjo unos efectos, a medio plazo, importantes al abortar la toma de decisiones más difíciles y potencialmente impopulares. Salut había diseñado un plan de ajuste que era un gran ejercicio de optimización de recursos, ejemplar en muchos sentidos (La suspensión de medidas fue dolorosa al interrumpir procesos complejos que difícilmente podrían reactivarse).

Antes incluso de que la protesta hubiese tomado cuerpo en las calles, pero al calor de las encuestas, la oposición estaba instalada en el seno mismo del Govern que debía aplicar las duras medidas.

Y, en efecto, una semana antes de los comicios locales de mayo del 2011, el 15M, cuajó un importante movimiento social de protesta, que alcanzó a las grandes ciudades del país y en especial Madrid y Barcelona. De la primera emanaría la savia que alimentaría a Podemos. En la segunda, una versión algo más compleja del mismo fenómeno, incubado en parte en las protestas contra los desahucios por el impago de las hipotecas, que dirigía desde hacía años Ada Colau, quien cuatro años después acabaría ocupando la alcaldía de la capital catalana. La ebullición social estaba ya en las calles y afectaba a todas las clases de la sociedad. El movimiento continuó y alcanzó un momento de máxima tensión cuando se produjo el cerco al Parlament de Cataluña, el 11 de junio, que obligó a Mas y varios miembros del Govern a llegar a la sede parlamentaria en helicóptero. Por las mismas fechas se constituía también la ANC, que en muy poco tiempo llegaría a ser conocida en toda España por su capacidad de movilización, puesta a prueba con cada uno de los sucesivos 11 de septiembre masivos, desde el que convocaron en el 2012. La ANC agrupaba a amplias capas de las clases medias catalanas, golpeadas también por la crisis, especialmente en las zonas geográficas más allá del área metropolitana barcelonesa.

Sin embargo, pese a esa intensa agitación social y los augurios de las encuestas, de los que daba cuenta antes Mas-Colell, CiU no se hundió en las elecciones municipales de mayo del 2011. El resultado no fue malo para Mas y los suyos. Xavier Trias, el candidato en Barcelona, logró hacerse con la alcaldía, aunque por los pelos, con un resultado muy ajustado, poniendo fin a 32 años ininterrumpidos de Gobiernos socialistas. También conquistó Girona, otro feudo del PSC. El número de votos cosechados en el conjunto de Cataluña, 780.000, estaba por encima de los obtenidos cuatro años antes y muy poco por debajo de los 789.000 del 2003, cuando la participación había sido mucho más alta. Era la única fuerza política que subía. Aparentemente, se mantenía la ola ascendente que la había aupado en las autonómicas de hacía unos meses, las que le habían abierto de nuevo las puertas de la Generalitat. El desgaste por los recortes no afloraba.

Eso explica que, tras los comicios municipales y con la economía aparentemente estabilizada, se volviese con decisión a la política de la tijera planteada al comenzar la legislatura, aunque de acuerdo con las reflexiones de Mas-Colell, sin el vigor de aquellos primeros días: «El resultado, bastante aceptable [...]

permitió reactivar los planes preexistentes, pero sin la convicción de que contaban con el inequívoco soporte popular que se tenía después de las elecciones del noviembre» del 2010.

Poco después de los comicios locales, del estallido del 15M, del cerco al Parlament y de la entrada en helicóptero, exactamente el 20 de julio de 2011, y con los votos de los diputados de CiU y Joan Laporta y la abstención del PP, se aprobaron los presupuestos del 2011, los primeros de ajuste de la Administración convergente para un año completo.

Pero ya nada iba a ser lo mismo, según el relato de Mas-Colell, un día antes de ese trascendental voto parlamentario, «el 19 de julio hicimos una presentación interna, a todos los secretarios generales, del marco presupuestario para el 2012. Causó consternación general y la censura radical del secretario del Govern», Germà Gordó.

La oposición se solidificó en el seno del Govern simultáneamente a su eclosión en la calle. La vinculación entre ese rechazo de los responsables de las *conselleries* y la crítica creciente de las bases sociales del voto convergente lo acabaría poniendo de manifiesto el vertiginoso despegue popular de la ANC de Carme Forcadell.

Al mismo tiempo, en España y en el mundo, las cosas se estaban complicando aún más. La segunda recesión, tras la caída del 2008 y el desplome del 2009 y la corta y tímida recuperación del 2010, estaba ya en marcha, a partir justamente del otoño del 2011.

Lo relevante, al efecto de lo que se describe en estas páginas, es que quien esperase en aquel momento que la recuperación se estabilizara, proyectando una cierta tranquilidad social y la esperanza de que las políticas económicas de los Gobiernos podrían ser algo más expansivas, se vio defraudado. La economía española entró en la fase más grave de crisis, en la que encadenó dos años y un trimestre completos con caídas de actividad. Como reconoció el propio Mas en su libro de recuerdos políticos de esos años, *Cabeza fría, corazón caliente*: «Arranqué mi primer mandato con un grave error de percepción. Tanto Andreu Mas-Colell como yo estábamos convencidos de que lo peor de la crisis ya había pasado».

Cuando el *conseller* de Economía explicó a los secretarios generales de los departamentos sus proyectos de recorte presupuestario para el 2012, a las puertas de las vacaciones del verano del 2011, la economía está iniciando a toda velocidad el camino de vuelta al infierno, en el que acabaría instalada desde el último trimestre del año hasta finalizar el primero del 2013. Quedaba por delante más de un año y medio de devastación económica y social, agravada por la dañina política de austeridad dictada por aquel entonces desde los centros de poder de la eurozona, en especial la cancillería de Berlín, y compartida hasta entonces de forma entusiasta por el *president* de la Generalitat.

En este contexto de deterioro económico, social y político, finales del 2011, el PP llegó al Gobierno con una arrolladora mayoría absoluta. El resultado de esas elecciones del 20 de noviembre tampoco fue malo para CiU. Por primera vez, lideró el recuento en unas generales en Cataluña, con 240.000 sufragios más que en las anteriores generales. Es cierto que obtenía casi 200.000 votos menos que en las catalanas de hacía un año, pero siempre se había registrado voto diferencial, según fueran autonómicas o generales y a los nacionalistas siempre les iba mejor en las primeras.

De nuevo, parecía que Mas se inclinaba por una lectura positiva de los resultados. El 22 de febrero del 2012, el Parlament aprobó los presupuestos con idéntica mayoría que los anteriores: CiU, el solitario diputado Laporta y la imprescindible abstención del PP, que en Madrid ya tenía el timón del Gobierno, en el que se había estrenado dos meses antes con un duro ajuste y una histórica subida de impuestos. El Govern ya había concretado, a principios del diciembre anterior, que el recorte salarial de los funcionarios sería un 5 % lineal, más otros ajustes adicionales.

En los primeros compases del Gobierno del PP, que arrancó en un aciago consejo de ministros del 30 de diciembre del 2011, recibió el apoyo contundente de CiU. Los nacionalistas catalanes respaldaron primero la ley de estabilidad presupuestaria (que se complementa con un proyecto propio del Govern) y la reforma laboral, que los convergentes calificaron de tímida.

En las negociaciones sobre la ley de estabilidad presupuestaria, Mas-Colell le llegó a decir a Cristóbal Montoro, ministro de Hacienda de Rajoy y promotor entusiasta de la nueva norma, que con ella «nos vais a intervenir antes de final de año», a lo que Montoro respondió con una taxativa negativa: «No, no lo haré, no gano nada». En realidad, Mas-Colell estaba reconociendo que la Generalitat no podía acudir a los mercados de deuda ni al crédito bancario, algo que en realidad ya era una situación heredada del anterior Govern de Montilla, que había recurrido a los llamados bonos patrióticos para atender sus necesidades financieras inmediatas. Montoro, por su parte, se negaba a admitir que la política económica que iba a aplicar conduciría a una asfixia insoportable de la Generalitat. Pese a ello, CiU apoyó al PP en el Congreso y como el *conseller* había previsto de forma premonitoria, el Gobierno acabaría interviniendo las cuentas de la Generalitat con una ley aprobada poco antes con el voto de CiU. Esa intervención era la condición previa para asumir las deudas catalanas.

Esta actitud de Mas será la dominante durante los primeros compases del nuevo Gobierno de Mariano Rajoy. Le reprochaba actuar con demasiada cautela y dejar al Govern en evidencia, como el policía malo de los recortes. Sin embargo,

Rajoy y Montoro estaban apurando los últimos días de tranquilidad a la espera de que se celebrasen las elecciones andaluzas de marzo del 2012, en las que contra todo pronóstico, los populares no consiguieron arrebatar la Junta a los socialistas. Una vez consumido ese compás de espera, el Gobierno se lanzó a ejecutar un duro plan de ajuste y recortes que abriría una etapa de tensión social sin precedentes en varias décadas, en un contexto de dura presión de los mercados financieros mundiales y de las autoridades europeas, exigiendo reformas y ajustes. Este es el punto de arranque del verdadero deterioro de las relaciones entre el Gobierno central y el catalán.

La tardía ruptura con el PP

Pese a las promesas de la campaña electoral de noviembre del 2011, tras la campaña andaluza, el PP presentó un duro programa de ajustes. El déficit de las cuentas públicas obligaba a endeudarse en demasía en un momento en el que los mercados desconfían del futuro del euro y cuando la canciller alemana, Angela Merkel, había dejado abierta la posibilidad de que algún Estado de la eurozona, en aquel momento Grecia, pudiera no hacer frente al pago de sus deudas y aplicase quitas. Una señal confusa que se tradujo en un aumento vertiginoso de los intereses que la llamada periferia de Europa —España, Portugal, Italia y Grecia— debían pagar para financiar sus programas de emergencia contra la crisis.

El PP, con el aliento europeo siempre en el cogote, aplicó los recortes, que en buena medida implicaban estrangular las cuentas de las comunidades autónomas, que tenían asignados gran parte de los gastos sociales, en especial sanidad y enseñanza. El argumento de Montoro era que el Gobierno central pagaba dos de los principales componentes del Estado del bienestar, amén de los más voluminosos, las pensiones del sistema de la Seguridad Social y el seguro de desempleo. Partidas ambas fuera de control por el desplome del mercado laboral, que reducía las cotizaciones y disparaba las necesidades asistenciales y de cobertura a los parados, que crecían anualmente a un ritmo insostenible. El hecho de que el Gobierno estableciera esta jerarquía de prioridades, considerando de segundo orden los gastos que soportaban comunidades autónomas como la catalana, significó que el grueso de las restricciones presupuestarias recayera sobre estas últimas.

El Gobierno central encaró el programa de austeridad agravando el ahogo de unas Administraciones que ya estaban con el agua al cuello. En el caso de Cataluña se rebajaron drásticamente los pagos anticipados a cuenta del modelo de financiación autonómica en más de 1.500 millones y se olvidó la cobertura de la disposición adicional tercera del Estatut tanto del 2011 como del 2012, que garantizaba un porcentaje mínimo de inversión pública en Cataluña y que, además, se hundía en toda España en términos absolutos. En conjunto, todo ello obligó a rehacer casi completamente los presupuestos del 2012, que se habían aprobado apenas dos meses antes.

Sería una primavera agitada para las Administraciones públicas y en especial la catalana. El abril, después de Pascua, Mas convocó una reunión del Govern con el grupo parlamentario de CiU, para discutir los ajustes sobrevenidos que el Gobierno central había aprobado con todas las medidas. «Comenzó una agonía de dos meses, que duró hasta principios de junio y que estuvo hecha de muchas novedades estatales y mucha perplejidad nuestra», señalaba Mas-Colell.

En junio del 2012, Mas aún mantuvo el discurso en las jornadas del Cercle d'Economia y fue aclamado en ese foro burgués. Su intervención se centró en la reclamación de un pacto fiscal o Hacienda propia y siguió apostando por la austeridad y la reducción del déficit como guías básicas de su política económica.

Se llegó así al tercer recorte, que comenzó a planificarse en la primavera del 2012, coincidiendo con nuevas vueltas de tuerca del Gobierno central. Este ya había introducido en abril ajustes en sanidad y enseñanza. El consejo de ministros del 13 de julio del 2012 aprobó la supresión de la paga extra de diciembre de los funcionarios, que no se comenzaría a revertir hasta el 2015, amén de un conjunto de medidas sobre pensiones y el IVA, y creó el Fondo de Liquidez Autonómica (FLA), un mecanismo para asumir deuda de las comunidades autónomas.

Por aquel entonces, la Generalitat ya era un buque a la deriva, con infinidad de vías de agua, candidata a provocar un susto monumental en los mercados. Entre el 23 de julio y el 1 de agosto del 2012, el Govern vivió sus días más críticos, sin liquidez para hacer frente a sus obligaciones corrientes y a los vencimientos de deuda.

Las cosas estaban en un punto tal que el propio Mas-Colell llegó a reconocer que ya no veía mal la intervención europea de España, posición refrendada por la CAREC, la comisión creada por Mas al poco de llegar al Govern y presidida por Salvador Alemany, que emitiría un informe favorable en la misma línea: «Acogerse al mecanismo de asistencia preventiva podría tener más ventajas que inconvenientes». En Cataluña, el Govern y parte del poder económico habían llegado a aceptar con normalidad e incluso considerar beneficiosa una situación como la de Grecia, sometida al control directo de los acreedores europeos.

Mientras las cosas se iban complicando sobremanera, Rajoy y Mas se entrecruzaron propuestas, mensajes, peticiones y deseos de acuerdo, pero siempre en distinta longitud de onda.

Lo que ofrecía uno, no era suficiente para el otro. Lo que pedía el segundo, no podía ser aceptado por el primero. En el ámbito de la financiación pública, Montoro aprobó la creación del FLA, un instrumento a través del que el Estado asumía la renovación o pago de las deudas de las comunidades a medida que llegaba su vencimiento. Montoro y Luis de Guindos no aceptaron una propuesta formulada por Andreu Mas-Colell, los hispanobonos, que permitieran a las comunidades autónomas seguir emitiendo deuda, pero con garantía del Estado, y que le había presentado a través de los diputados de CiU, Josep Sánchez Llibre y Josep Antoni Duran i Lleida. El Gobierno quería tener el control de las emisiones de las autonomías, pero para estas, el mecanismo finalmente aprobado era intervencionista y remataba la centralización estatal, que ya se había puesto en marcha con los primeros ajustes de la primavera del 2012. Además, cada vez que Bruselas permitía a España más déficit del inicialmente pactado, el Gobierno se apropiaba del margen adicional, sin apenas ampliar el del resto de las Administraciones.

Sin embargo, para la burguesía catalana, este era un debate en buena medida superfluo. Lo importante en su opinión era que las deudas se cubrieran y no se llegara a una situación de impago. También que se atendieran los pagos a las empresas, poco le importaba cómo era políticamente el mecanismo empleado.

Mas-Colell, con su lucidez habitual, hizo balance en forma de decepción de lo que Rajoy y Montoro presentaban como su primera oferta para hacer frente a la crisis catalana: «Que parte del empresariado catalán —y español— llegase a pensar que la Administración centralizada de la liquidez pública era una buena solución para sus empresas, cuando no era más que una arbitrariedad suplementaria de quien tenía el poder, ha sido decepcionante».

El segundo amago de acercamiento de Rajoy fue ofrecer a la burguesía catalana un caramelo en forma de más poder financiero, un papel más relevante en las finanzas españolas. Que La Caixa absorbiera Bankia, la gran pieza necesitada de ayuda del sistema financiero español. De Guindos apostó por esa opción prácticamente desde el primer día de ocupar su despacho en el Ministerio de Economía.

En ese plan subyacía la idea de que el problema con Cataluña era de interlocución con las élites, políticas pero sobre todo económicas, y por eso se pensó que una oferta a medida para la alta burguesía contribuiría a reconducir la situación, congruente con su idea de que el *procés* es un movimiento teledirigido por esta y el neopujolismo de Mas. Un debate aún hoy inconcluso, entre quienes consideran que la Convergència dirigida por Mas en la oposición, fuera del Govern, viró su política hacia el soberanismo, sentando por adelantado, entre los años 2006 y 2010, las bases del *procés* y los que lo atribuyen a la presión social y la respuesta tacticista de Mas, tesis esta última en parte refrendada por el propio afectado.

La propuesta del Gobierno del PP se complementaba con el amago de una posible compra de las cajas gallegas o de Catalunya Bank (resultado de la integración de tres cajas catalanas, encabezadas por Caixa Catalunya y ya controlada por el fondo público FROB) por el Sabadell de Josep Oliu, el otro gran eje financiero catalán. El banco vallesano ya se había quedado la valenciana Caja de Ahorros del Mediterráneo (CAM), adjudicada por el FROB en subasta pública, en muy excelentes condiciones.

Como es sabido, todo quedó en nada. En primer lugar, porque cuando los populares llegaron al Gobierno, en la Navidad del 2011, Fainé y Rato ya habían descartado la operación tras muchos meses de conversaciones, fundamentalmente por la negativa del segundo, pese a que el catalán le había ofrecido presidir el *holding* de inversiones Criteria, que se trasladaría a Madrid. El valor económico de esa sociedad que agrupaba todas las participaciones empresariales de La Caixa, como Telefónica, Naturgy, Agbar y Acesa, entre otras, era en aquellos momentos equivalente al de CaixaBank, es decir la mitad del imperio. Fainé se quedó con la idea de que Rajoy también había intervenido en contra del acuerdo, antes de llegar al Gobierno, posiblemente para no quedar ante el electorado como el responsable de entregar la entidad madrileña a los catalanes. Adicionalmente, el éxito de la fusión poco habría servido para enfriar la crisis en Cataluña. El problema catalán no podía reducirse a un cálculo sobre el poder financiero de la burguesía catalana o al papel de algunos banqueros en la galaxia española. Era bastante más profundo y para Mas no tenía un valor político especial presentarse ante su electorado exhibiendo el éxito de que el primer banco español fuera catalán. La burguesía sí prestó atención a esos mensajes, aunque luego no tuvieron recorrido, y presionó a Mas para que moderara su mensaje en Madrid. Incluso le pidió explícitamente a CiU que no se inclinara a la alianza con ERC a medida que la ejecución económica del Gobierno del PP complicaba las relaciones con la Generalitat.

También, porque el regalo era tramposo, incluso envenenado. Bankia era un muerto en vida, un zombi, incubaba un enorme agujero de créditos inmobiliarios incobrables, consecuente con el hecho de ser una agrupación de cajas y bancos en muy mal estado ya en origen. Fainé, el presidente de La Caixa y receptor directo del supuesto obsequio, husmeó su estado financiero real y concluyó que para poner en marcha la operación era necesario que el Estado aportara unos 15.000 millones a fondo perdido. Y al final, Rodrigo Rato, el presidente de Bankia, acabó bloqueando también el proceso, al considerar que la hegemonía de La Caixa sería incontestable.

Rato se había encaramado a la presidencia de Bankia cuando esta era aún Caja Madrid, entidad controlada por la Comunidad que alberga la capital del Estado. Su verdadero proyecto pasaba por la privatización completa de la entidad y el consecuente enriquecimiento derivado de la conversión en sociedad por acciones. Su elección fue decisión de Mariano Rajoy, cuando era líder de la oposición. El presidente del PP utilizó a Rato como el escudo para frenar a la entonces presidenta de la Comunidad de Madrid, la ambiciosa Esperanza Aguirre, que quería utilizar Caja Madrid para financiar su asalto al liderazgo de la derecha y proponía para el cargo a su hombre de máxima confianza, Ignacio González. El culebrón de Bankia acabó en mayo del 2012. El Gobierno de Rajoy tuvo que forzar la dimisión de Rato, nacionalizar Bankia, pedir el rescate financiero a Europa e inyectar 21.000 millones de euros públicos en la entidad. La intervención se desencadenó, precisamente, durante una reunión del consejo del BCE celebrada en Barcelona. Durante la cena en el palacete Albéniz, Mario Draghi, el presidente del BCE, presionó a Rajoy, con la complicidad de su ministro de Economía, Luis de Guindos, para que tomara cartas en el asunto, pues el mal estado del banco español era la comidilla en los mercados de todo el mundo. De Guindos llevaba tiempo explicándose al presidente y la presión final de Draghi rompió los diques de contención. Bankia acabó intervenida, España parcialmente rescatada y los candidatos que se habían disputado la presidencia del fallido banco, Rato y González, en prisión. El primero, acusado de blanqueo, cobro de comisiones ilegales y fraude fiscal. El segundo, por el cobro sistemático de comisiones ilegales desde su cargo de mano derecha de Aguirre en la Comunidad de Madrid.

El tercer amago de connivencia del tándem Rajoy-Montoro fue la aprobación en marzo del 2012 de una amnistía fiscal que, además de buscar recursos urgentes para tapar los agujeros de la Administración pública, compensara a amplias capas de la aristocracia del dinero, ofreciéndoles legalizar el dinero opaco a cambio de un pago ínfimo. Ciertamente, la oferta de olvido fiscal no era territorial, pero la lógica de la medida sugería que Barcelona y Madrid serían las principales fuentes de defraudadores fiscales en busca de la paz con Hacienda. Eso fue efectivamente lo que sucedió. Se acogieron más de 31.000 contribuyentes, la gran mayoría de las dos grandes ciudades del país. Ilustres miembros de la burguesía catalana aprovecharon para ponerse al día, pagando al fisco solo un 3 % de lo aflorado. Entre los nombres, se encontraban empresarios de todas las sensibilidades hacia el *procés*.

Rajoy no pasó de esos limitados envites en su intento de acercamiento a Mas o a la burguesía catalana. En la práctica, su análisis y el de Montoro implicaba descartar toda propuesta real de negociación. Su razonamiento consistía en que cualquier oferta se interpretaría como una concesión a la presión nacionalista e independentista. La conclusión era políticamente explosiva, hacer avances de progreso negociador no solo no iba a servir de nada, sino que iba a estimular al independentismo para que elevara el tono de sus exigencias. Por mucho que Mas esperase una propuesta de Madrid y esto es lo que él explicaba que quería al empresariado con el que mantenía relaciones, el planteamiento de Rajoy descartaba precisamente eso. Su único movimiento había sido la creación del FLA, que en gran medida surgía de las propias necesidades del poder central, evitar un impago autonómico que desencadenaría una tremenda crisis de solvencia de la deuda española en los mercados internacionales. Y las posibles ventajas derivadas para Cataluña del pago por el Estado de esas deudas propias quedaban completamente esterilizadas por la intervención política y económica de la Generalitat que el mecanismo llevaba explícitamente asociado.

Frente a este estado de cosas, Mas respondió con su propuesta de pacto fiscal, especialmente como apuesta inicial de negociación. Explicó al mundo económico que seguía buscando un acuerdo con el Estado; que esperaba un gesto, una propuesta. Su esperanza, o su jugada de póker, era que la movilización y la presión de la sociedad catalana forzarían a Rajoy a salir de su pasividad y aceptar la negociación. La envoltura formal del paquete era la definición de su propuesta como soberanista, una ambigüedad que permitía hacer propuestas según el momento, descifrándola a gusto del auditorio, a fin de no perder apoyos o, según sus propias palabras, ampliar la base.

Su cartesiano *conseller* de Economía, Mas-Colell, explicaba por qué era razonable esperar que Madrid diera un paso en aquellos días. Hacía una regla de tres simple: si la economía catalana había podido desempeñarse bastante bien, antes de la crisis, claro está, con un déficit fiscal del orden del 10%, ¿cómo no podría el Estado español asumir compensarlo cuando eso significaría apenas un 2% de su producto económico, en el caso más extremo? Negociar en torno a ese tema y alcanzar un acuerdo político que blindara la gestión cultural y de la lengua en el ámbito educativo eran en aquel momento la auténtica y acotada aspiración máxima de Mas y su Govern. Era un buen resumen ejecutivo de lo que la élite económica y los restos del naufragio de las antiguas fuerzas políticas nacionalistas llamaban tercera vía.

Pero los meses caían del calendario sin que se produjera ningún avance. Mientras, la crisis crispaba la sociedad y devoraba las cuentas de resultados de muchas empresas. Así las cosas, el 25 de julio del 2012, un pleno extraordinario del Parlament aprobó el dictamen de la comisión sobre el pacto fiscal, con el apoyo de CiU, ERC e Iniciativa per Catalunya Verds (ICV). El PSC votó a favor, pero se abstuvo en la propuesta de Hacienda propia no consorciada con el Estado. Los socialistas catalanes, tras muchas tensiones internas y con sus hermanos del PSOE, acabaron virando hacia una propuesta, aprobada en la llamada declaración de Granada del 2013, en la que apoyaban un nuevo modelo de financiación autonómica que respetara la ordinalidad, es decir que ninguna comunidad autónoma perdiera posiciones de renta después de hacer la aportación a la solidaridad interterritorial.

En el corto periodo de tiempo que medió entre esa votación y la enorme manifestación del 11 de septiembre de ese 2012, todas las organizaciones empresariales expresaron su apoyo al pacto fiscal. La fuerza de la reclamación recorrió la columna vertebral de las asociaciones profesionales catalanas, en forma de adhesiones sin fin. Las amplias capas medias apoyaron también la propuesta.

El Cercle, de los más contrarios a las ambiguas tesis soberanistas, un independentismo no explicitado, por no hablar de las abiertamente separatistas que empezaban a ganar terreno en la opinión pública catalana, fijó inicialmente un difuso apoyo a Mas, en torno al pacto fiscal, sin respaldarlo explícitamente y con un alcance mucho menor del perfilado por el líder nacionalista. De hecho, jamás llegó a pronunciarse a favor de él, aunque se quedó a las puertas, y probablemente la mayoría de sus socios y miembros de la junta estaban a favor. Aun así, sí postuló una reforma de las relaciones financieras entre Cataluña y España, que se parecía más a un nuevo modelo de financiación autonómica que a un cambio radical.

Tres días después de la manifestación del 11 de septiembre, Mas pronunció una conferencia en el Hotel Ritz de Madrid, donde habló de que Cataluña «necesita un Estado y si no hay acuerdo, referéndum», pero también adelantó que unos días después le iba a pedir un pacto fiscal. Se dirigía a lo más granado del poder empresarial de la capital. No el político, pues no acudieron ni ministros del PP ni altos cargos del PSOE. Sí estuvo, en cambio, el entonces jefe de la Casa del Rey Juan Carlos I, Rafael Spottorno, presencia que alimentó aún más la idea de que el monarca podía jugar un papel de mediación. Los empresarios capitalinos presentes mostraron allí mismo su estupefacción, algunos incluso abandonaron el salón antes de hora. Uno de ellos, José Manuel Entrecanales, presidente de Acciona y del Instituto de la Empresa Familiar, protagonizaría poco después un duro choque con el *president*.

El resto de la historia es sobradamente conocido. El 20 de septiembre, Mas acudió al Palacio de la Moncloa para reunirse con el presidente del Gobierno, Mariano Rajoy. El catalán presentó una única propuesta, el pacto fiscal. Enfrente, el gallego, hierático, soberbiamente respaldado en la mayoría absoluta de su partido y reforzado por la sentencia del Constitucional, se limitó a emitir un simple y displicente no. Y él era el que más poder tenía y, por lo tanto, más responsabilidad. No dejó margen para la negociación; ni tan siquiera para escenificarla, para ganar tiempo mientras se estudiaban posibles salidas. Sobre el encuentro, Mas señaló: «No fui a Madrid para salir del despacho del presidente español con el pacto fiscal bajo el brazo, pero sí pedía salir con el compromiso explícito y público de que empezaba un periodo de estudio y negociación de su contenido».

Mas decidió que «el camino del pacto fiscal había concluido. Comenzaba una nueva etapa y entrábamos en un terreno desconocido, sin brújulas y sin mapas». Ese fracaso negociador, más «la recentralización [de los Gobiernos de Aznar], el boicot al Estatut [...] llevaron a una multitud de catalanes a decir basta y a reclamar un cambio de rumbo en la orientación del país». Descartaba que el *procés* fuese una derivada de su propio giro político para regatear las críticas sociales a su política de recortes o sacudirse las acusaciones de corrupción. Su argumento era que eso también sucedía en el resto del Estado con el PP y, sin embargo, la derecha española no había realizado planteamientos rupturistas.

Apenas unos días después del encuentro, el 25 de septiembre, Mas convocó nuevas elecciones para el 25 de noviembre. En los días previos a la votación, CiU interpretó en torno a Mas un ritual de adoración al líder, convertido por la vía de la cartelería electoral en auténtico mesías. La burguesía lo apoyó, confiando en que el convergente sería capaz de mantenerse al frente del *procés*, controlándolo, evitando que derivase en un movimiento autónomo que fuera más allá de lo que consideraba razonable. Este se entendía como un movimiento de presión sobre Madrid para renegociar las condiciones económicas de la relación entre ambos territorios, aunque ya empezaron a elevarse las primeras voces inquietas que no veían la necesidad ni las ventajas del adelanto. En cualquier caso, el 7 de noviembre, pocos días antes de esas fatídicas elecciones del 25 de noviembre, Miquel Valls, el presidente de la Cambra de Barcelona y uno de los representantes públicos más conspicuos de la élite económica barcelonesa, acompañaba a Mas durante una rueda de prensa en Bruselas en la que este expresó su convicción de que Europa acabaría reconociendo las demandas de Cataluña. La presencia de Valls era la prueba gráfica de la cercanía que aún mantenían ambos mundos en aquellos momentos. Faltaban poco más de dos semanas para que las cosas cambiaran sensiblemente.

Camino del 1 de octubre. El pacto fiscal se queda en el retrovisor

La presión de la crisis política, social y sobre todo económica había llevado al grueso de la burguesía, con entusiasmo dispar, a pasar del *peix al cove* pujoliano al pacto fiscal o el concierto económico. En noviembre del 2012, tras el fracaso de la reunión de dos meses antes entre Artur Mas y Mariano Rajoy en la Moncloa, el dirigente catalán optó por el soberanismo; dejar atrás la reclamación fiscal, el límite máximo al que, después de muchas vacilaciones, eran capaces de llegar los patricios barceloneses y postular el derecho a decidir. Y aquí tomó cuerpo definitivo el divorcio con el cuerpo central de la élite económica. Para Mas se trataba de una apuesta política, tomar impulso apoyándose en la presión de la calle a la espera de una concesión del Gobierno. Pero esa mano tendida de Madrid nunca llegó. Para el empresariado, la apuesta era ya demasiado arriesgada, inasumible.

La decisión de convocar elecciones anticipadas para el 25 de noviembre del 2012 no despertó entusiasmo entre los poderes económicos, más bien cierta inquietud. Pero, en aquellos días, Mas era de su confianza y las encuestas apuntaban a un reforzamiento de su liderazgo, lo que le permitiría seguir tensando la cuerda con el Gobierno central desde una posición de control del cuadro de mandos.

Pero el recuento de los votos fue desolador. La esperanza de que Mas siguiera al frente de la procesión y fuera el dique de contención contra la radicalización social, el choque con el Estado y el apaciguamiento comercial en el resto de España se esfumaba. El liderazgo del *procés* estaba ya en discusión en las calles y en los debates públicos, ahora pasaba a estarlo en el mismo Parlament. CiU se dejó doce diputados y, tras el choque con Mariano Rajoy y el eje soberanista de la campaña electoral, había incorporado el derecho a decidir en su programa; era impensable un pacto con el PP. La única alternativa realista era buscar el pacto con la ERC de Oriol Junqueras, un partido que erizaba los cabellos de los empresarios. Y temían que en pos de esa nueva alianza, Mas se olvidara de sus antiguas recetas de austeridad y optara por un programa económico forjado por la presión social. Algunos de los primeros en mostrarse críticos con el político fueron los que habían estado a su lado hasta pocas semanas antes. Miquel Valls, el presidente de la Cambra que se había retratado con él en Bruselas, lo calificó de iluminado tras conocer los resultados electorales.

El reproche de fondo era que su campaña de complicidad con la agitación social había activado a sectores que creían que la independencia era una posibilidad inmediata e indolora, pero que, razonablemente, no veían en el partido de Mas —conservador, acomodado, salpicado por la corrupción, implicado en el régimen ahora cuestionado— voluntad, convicción y capacidad para llevarla a la práctica. El desplome de CiU encendió todas las alarmas y la élite consideró que había gestionado mal los tiempos de la crisis, que se precipitó al convocar los comicios y no entendió la dinámica social que había desencadenado el *procés*. En opinión de los patricios, su error de cálculo había desembocado en un mayor protagonismo de la calle. Las clases medias, que hasta entonces se habían manifestado de acuerdo con los cánones clásicos del pujolismo, le exigían ir más allá. El relevo social al frente del *procés*, tan temido por las clases más acomodadas, estaba llamando a la puerta y el pánico comenzaba a recorrer las antes sosegadas avenidas de la zona alta de la ciudad.

Y, en efecto, Mas perdió definitivamente el margen político y el control. Si hasta entonces se había movido presionado por la calle, desde las elecciones de noviembre será arrastrado por la corriente. Cada vez que intente frenar la dinámica y bajarse del tren que camina hacia el choque, la indignación popular y las cargas de la oposición le obligarán a dar marcha atrás.

El propio líder político hizo un pálido reconocimiento de lo que había sucedido en sus memorias de esos años:

> Faltaría a la verdad si ocultara que también había, entre los miembros de lo que tradicionalmente se conoce como alta burguesía, quien quería convencerme de que el camino elegido era un error. Empezaba a respirarse cierto nerviosismo entre las

personas de esta clase social. Ahora bien, cuando yo les contaba las negativas del PP a todas nuestras ofertas, me entendían. O eso fingían. A medida que la agenda política se fue poniendo vertiginosa sí se puso claramente de manifiesto el alejamiento de algunas personas explícitamente hostiles al camino emprendido por mi ejecutivo que hasta entonces se habían mantenido al margen. Pero fue más adelante que de forma muy notoria algunos abandonarían la equidistancia para ponerse a trabajar de forma activa contra el proyecto soberanista.

Pero esa crisis de confianza no implicó la renuncia de esa burguesía a seguir interviniendo. Se lo tomó como un grave contratiempo, aún no como una derrota. Se volcó en intentar modular el giro político que CiU debía implantar ahora para seguir gobernando con mayoría parlamentaria suficiente. Para ello se trataba de evitar las alianzas que reforzasen las alas más soberanistas o independentistas. En ambos casos, fracasaría.

A muy corto plazo, el objetivo de los patronos fue evitar que la acentuada debilidad política convergente desembocase en un acuerdo de coalición con la ERC de Junqueras. Se lanzaron a impedirlo. José Manuel Lara, presidente de Planeta, quien pese a su clara y pública oposición al soberanismo y al independentismo gozaba de una interlocución muy fluida con Mas y la cúpula convergente, ofreció intermediarios y negociadores para que los nacionalistas catalanes y los populares acercasen posiciones. Juan Rosell, ya presidente de la CEOE, se ofreció para actuar como interlocutor. Todos le trasmitieron a Mas que debía intentar asegurarse la investidura en el Parlament, pero que después debía gobernar en solitario. Es decir, debía huir como de la peste de cualquier cosa que oliera a programa de Gobierno conjunto con los republicanos.

Al final, en plena resaca postelectoral, a mediados de diciembre, la lógica aritmética parlamentaria y la presión social se impusieron. Mas y Junqueras alcanzaron un amplio acuerdo de legislatura que incluía la investidura del primero, con un programa de gobernabilidad, pero sin coalición. ERC entendía que los recortes seguían sobre la mesa, de hecho, los previstos para el 2013 eran muy profundos, aunque luego acabarían siendo progresivamente abandonados, y prefería que los convergentes asumieran el coste, esperando recoger los frutos a futuro, en una próxima convocatoria electoral. El acuerdo comportaba también la creación de nueve impuestos más subidas en algunos ya existentes. En el paquete iban, con distinta intensidad, patrimonio, sucesiones y donaciones, transmisiones patrimoniales, grandes establecimientos comerciales, depósitos bancarios, medioambiente, gases contaminantes de los aviones, residuos nucleares, bebidas azucaradas, así como propuestas de estudios para incentivar el alquiler de pisos vacíos propiedad de empresas. En el ámbito político, el pacto incluyó un «compromiso explícito y la determinación política de hacer una consulta al pueblo de Cataluña para que pueda decidir democrática y libremente su futuro colectivo», que se realizaría en el año 2014. Más adelante se fijaría la fecha para el 9 de noviembre.

El fracaso del mundo de los negocios fue total. No alcanzó ni de lejos ninguno de sus objetivos. Muchos de sus líderes transmitieron en aquellos días un sentimiento que no habían tenido nunca hasta entonces: habían dejado de escucharlos, no les prestaban atención. Mandaban los votos y ellos aportaban pocos; era la esencia de la respuesta que recibían de sus interlocutores al frente del *procés*.

Por eso, tras el pacto entre CiU y ERC, se activaron movimientos pensando en ir más allá de la presión y favorecer la aparición de nuevos operadores políticos. En ese momento se dieron los primeros pasos serios para intentar construir una alternativa política más próxima a sus aspiraciones. Entre ellas, la propuesta a la Unió Democràtica de Cataluña (UDC) de Duran i Lleida para que rompiera la coalición con la CDC de Mas y se postulara como una alternativa al soberanismo desde el catalanismo moderado y la defensa de la tercera vía. La ruptura de Unió con sus socios históricos de Convergència tendría que esperar aún dos años más y sería electoralmente irrelevante.

En aquellos momentos se barajaron también otros nombres de posibles políticos alternativos, entre ellos Lluís Recoder, *exconseller* de Medio Ambiente; Germà Gordó, su *conseller* de Presidencia, quien mantenía contactos de la más variada índole en Barcelona y Madrid para postularse como vía para ofrecer un perfil más moderado. También la aceleración de la sucesión en CDC, promocionando antes de lo previsto a Oriol Pujol, el hijo del histórico líder del partido, aunque este acabaría descartado por el escándalo de las cuentas andorranas del clan familiar. Después, acabaría siendo condenado en un caso de corrupción vinculado a las concesiones de las Inspecciones Técnicas de Vehículos (ITV). Santi Vila, *conseller* en varios departamentos, fue otro de los tanteados en reservados almuerzos en el domicilio de algún empresario notable.

Nada prosperó. Ninguna de las propuestas salió adelante. No hubo ruptura de CiU, no emergió ningún líder alternativo y Mas profundizó en su acuerdo con ERC. En sentido contrario, aquello despertó las suspicacias de sectores del independentismo, que empezaron a plantearse tomar posiciones en las organizaciones empresariales y en los centros de opinión de la burguesía, que estaban lanzando un mensaje que creían que no era el de la mayoría de sus representados. Los independentistas consideraron que los dirigentes de esas organizaciones no representaban genuinamente la opinión del empresariado catalán, en su análisis, mucho más cercano a sus tesis de lo que se reconocía en público. Esa fue la semilla de lo que, con el tiempo, se convertiría en candidaturas para tomar el control de la Cambra, PIMEC e incluso Foment.

En Madrid, en el arranque del 2011, las grandes corporaciones españolas anunciaron la creación del CEC, en el que participarían directamente los presidentes de las primeras empresas españolas, una auténtica concentración de poder económico. Su objetivo declarado, en un momento de profunda crisis económica, era el de promover la imagen exterior de España como una economía solvente y con un futuro positivo, mientras los mercados apostaban a que naufragaría y acabaría siendo intervenida por Europa. La realidad es que se constituyó en un momento en el que las grandes corporaciones no tenían prácticamente voz en el debate político ni en la definición de la política económica. La CEOE estaba en plena crisis de liderazgo tras la marcha apresurada de Gerardo Díaz Ferran, relevado por el catalán Juan Rosell y con el sector financiero sometido a la presión del hundimiento del mercado inmobiliario y la sospecha de que su estallido estaba próximo.

La idea de su creación se gestó en Barcelona, de nuevo de la mano de Leopoldo Rodés, uno de los padres del IEF, junto con Juan Manuel Entrecanales, el presidente de la constructora Acciona. Su director general sería Fernando Casado, el economista que había ocupado igual posición en el IEF.

Del CEC formaban parte los presidentes de los grandes bancos: Santander, La Caixa y el BBVA, con Emilio Botín, Isidre Fainé y Francisco González; las telecomunicaciones, con César Alierta (Telefónica). Las constructoras, con José Manuel Entrecanales (Acciona), Florentino Pérez (ACS), Rafael del Pino (Ferrovial). También, las energéticas Repsol e Iberdrola, con Antoni Brufau e Ignacio Sánchez Galán. Y las empresas familiares, a través del IEF, con su presidente en aquel entonces, y su presidente de honor, el catalán Leopoldo Rodés. Las grandes empresas de la distribución y el textil: Isidoro Álvarez

(El Corte Inglés), Juan Roig (Mercadona), Isak Andic (Mango), Pablo Isla (Inditex) y José Manuel Lara (Planeta).

El organismo lo presidió César Alierta durante sus seis años de vida, hasta que se disolvió en el 2017, tocado por la imagen de oscuro centro de conspiraciones al servicio de los poderes económicos. La preocupación de Alierta por la situación política en Cataluña fue creciendo y asumiendo más protagonismo en sus actividades. Encargó encuestas que luego comentaba en la Moncloa con el presidente Rajoy y algunos colegas del CEC. Junto con Emilio Botín, se movilizó para cambiar el clima de opinión en Cataluña, intentando contener la ola independentista, con un éxito que se explica por sí solo. También intentó transmitir mensajes a los medios de comunicación en apoyo de las tesis del Gobierno central y de soporte a los proyectos vinculados al llamado unionismo, como por ejemplo Societat Civil Catalana.

Por la misma época y también empujados por la profundidad de la crisis, un grupo de empresarios catalanes impulsó el Foro Puente Aéreo, al que invitaron a participar a algunos colegas madrileños. Incluía miembros del CEC —Antoni Brufau, Florentino Pérez, José Creuheras, José Manuel Entrecanales, Isak Andic— pero sobre todo abarcaba a grandes empresarios y ejecutivos no representados, como Javier Godó, Juan Rosell, Emilio Cuatrecasas, Ángel Simón, Josep Sánchez Llibre, Santiago Bergareche, Jaime Castellanos, María Dolores Dancausa, Ignacio Garralda, Antonio Garrigues Walker, Joaquim Gay de Montellà, Josep Oliu y Marc Puig, entre otros. Su primera reunión se celebró en la sede de la Fundación Godia, la Casa Garriga Nogués, en la calle diputación de Barcelona, propiedad de las hermanas Carmen y Liliana Godia, cuyo marido, Manuel Torreblanca, también formaba parte del recién nacido grupo empresarial. Como en el caso del CEC, la preocupación hacia la crisis económica acabó pasando a segundo plano ante el agravamiento de la situación en Cataluña. La gran diferencia entre ambos residía en que mientras el primero se alineaba mayoritariamente con las posiciones del Gobierno central, el de Mariano Rajoy, el segundo, defendió la tercera vía.

No era Alierta el único empresario preocupado en Madrid por lo que sucedía en Cataluña. La respuesta de Mas al fracaso de su reunión con Rajoy calentó el ambiente en el IEF, ya uno de los centros de influencia más relevantes por su elevada representación en todo el país. Apenas dos semanas después del fiasco, se celebró una reunión de su junta directiva, presidida en aquel momento por Juan Manuel Entrecanales. El empresario propuso aprobar un manifiesto defendiendo la unidad de España y de crítica a las posiciones soberanistas que en esos días postulaba Artur Mas, sumergido ya en la campaña electoral para las elecciones de noviembre.

La nutrida representación catalana —Leopoldo Rodés, Artur Carulla (Agrolimen), Marc Puig (Puig), Antoni Esteve (Laboratorios Esteve), Josep Maria Serra (Catalana Occidente) y José Manuel Lara (Planeta)— logró frenar el movimiento, con la propuesta de aplazar para otra reunión la posible elaboración del documento. El congreso anual del IEF se iba a celebrar precisamente un mes después en Barcelona. Se había invitado a Mas a participar y no parecía aconsejable hacer un pronunciamiento contra uno de los invitados estrella. En realidad, para los notables catalanes un pronunciamiento de ese tipo habría hecho saltar por los aires los puentes que intentaban seguir manteniendo con Mas, que en aquel momento aún les parecía capaz de reconducir la situación si el resultado electoral le era favorable, como parecía.

Cuando el dirigente nacionalista conoció las intenciones de Entrecanales, comunicó a la organización que no acudiría a su congreso. Finalmente, la resistencia de los empresarios catalanes desactivó a los partidarios del manifiesto y Mas participó en el acto pidiendo a los empresarios que desdramatizaran el debate sobre Cataluña. Para rebajar la tensión, Mas y parte de la cúpula del IEF celebraron una discreta comida a puerta cerrada en la que hubo intercambio de tensos comentarios entre el político, por un lado, y Mariano Puig y Antonio Gallardo (Almirall), por el otro. Idénticas presiones se producían en Madrid para que la CEOE, que presidía el catalán Juan Rosell, se manifestara públicamente defendiendo la unidad de España y de mercado y contra las reivindicaciones catalanas de un pacto fiscal. Finalmente, ninguna de las grandes organizaciones empresariales llegó a emitir opinión formal sobre el asunto catalán.

Donde sí empezaron a producirse reacciones más airadas fue en Barcelona. El pacto entre CiU y ERC se recibió con indignación entre los grandes empresarios, y en primer lugar, el presidente de Foment, la gran patronal, Joaquim Gay de Montellà Ferrer-Vidal. El cambio de enfoque político de este dirigente empresarial constituye un certero testimonio sobre la evolución del sector más conservador y alejado del nacionalismo catalán de la burguesía catalana. Gay siempre fue un hombre próximo al PP con hilo directo con altos cargos del Gobierno, en especial con Cristóbal Montoro, el eterno hacedor de presupuestos generales del Estado, en cuyo despacho no era inusual encontrarlo.

Joaquim Gay de Montellà, presidente de la patronal desde 2011, era el portador de apellidos con enorme peso en la institución. Dos tatarabuelos suyos ya habían sido presidentes de la organización, el último de ellos, Lluís Ferrer-Vidal i Soler, en el momento fundacional de La Caixa. También estaba emparentado con Eugeni Gay, exvicepresidente del Tribunal Constitucional y con los hermanos escritores Luis y Agustín Goytisolo. Un auténtico pedigrí burgués que lo acreditaba como miembro reconocido del tradicional Gotha barcelonés. Sus negocios abarcaban las actividades inmobiliarias, la restauración, los hoteles, el vino y la agricultura. Durante varios lustros fue el representante en Cataluña del banco holandés ABN AMRO. Hombre de la máxima confianza de Rosell, le sustituyó en Foment cuando este pasó a presidir la CEOE. De talante muy conservador, se sintió incómodo con el *procés* desde el primer momento. Muy próximo a los postulados del PP, acabó defendiendo el pacto fiscal en el momento de más presión soberanista en favor de la propuesta, aunque nunca mostró entusiasmo.

También asumió el blindaje de las competencias de la Generalitat en lengua y cultura y se sumó a los manifiestos en ese sentido promovidos por el Govern de Mas. En el verano del 2011 se reunió con José María Aznar a instancias de Eduardo Zaplana, el dirigente popular valenciano y ministro del anterior, con quien tenía amistad. En el encuentro, el catalán le explicó al expresidente del Gobierno extensamente su punto de vista. Cataluña tenía derecho a un pacto fiscal, a una mayor atención del Estado en inversión para infraestructuras y a un acuerdo para blindar sus competencias culturales y de lengua. Un resumen del programa convergente al uso. Aznar escuchó mientras daba cuenta de los platos del afamado El Qüenco de Pepa y al acabar le dijo a Gay que no podía estar más en desacuerdo con él: Lo que vosotros queréis es *take the money and run* (coger el dinero y salir corriendo).

Menos de dos años después, en febrero del 2013, Gay intentó organizar un acto de denuncia del pacto de programa de Gobierno cerrado entre Mas y Junqueras. El evento se planteó como un desagravio de los empresarios contra las medidas contempladas en ese pacto y en el que no estaría invitado ningún representante del Govern. Contaría con la participación destacada de Josep Piqué, con el argumento de que presidía el Cercle d'Economia, aunque claramente identificado con su pasado como ministro de los Gobiernos populares de Aznar. La acción programada por Foment constituía, sin duda, el primer acto de rebeldía política del sector más duro de la burguesía contra el giro de la situación tras las elecciones y la salida que había decidido aplicar Mas. Inicialmente se sumaron a la propuesta desde la Cambra de Miquel Valls, hasta la PIMEC de Josep González o el IEF de Cataluña. Sin embargo, al final, el frente se rompió. Las presiones del Govern, la división entre los líderes empresariales y el temor a acabar empujando a Mas hacia posiciones de mayor dependencia de ERC acabaron descafeinando la protesta. La mayoría de los convocados no acudió, con la excepción de Salvador Gabarró, presidente entonces de Gas Natural, y Josep Esteve, de los laboratorios farmacéuticos del mismo nombre. El acto apenas tuvo incidencia en un clima político ya muy polarizado.

Pese a ese desaire, que hizo pensar a Gay de Montellà en la posibilidad de dimitir, el presidente de Foment vivió una efímera fase de máximo liderazgo del sector empresarial más clásico. Las grandes empresas y sectores tradicionalmente vinculados a CiU ya habían roto amarras con Mas y se habían instalado en el rechazo absoluto a todas sus propuestas. A eso aludía el *expresident* de la Generalitat en sus memorias antes citadas sobre un sector de la alta burguesía que ya actuaba abiertamente contra el *procés*.

Gay se acercó aún más al PP, y contrapuso la evolución política en Cataluña a la mejora de la situación económica gracias a la política de Rajoy. En el inicio del 2014, declaraba que en España Cataluña tenía un buen aliado, y se manifestaba mucho más vago sobre el pacto fiscal. El líder empresarial estaba buscando cobijarse bajo el paraguas del Estado y para ello proclamaba las bondades del Gobierno central. Pese a ello, a las puertas del 1 de octubre volvió a plantear que el pacto fiscal era la única salida al conflicto catalán. El final de su recorrido llegó en las elecciones catalanas del 14 de febrero del 2021, en las que acabaría ocupando simbólicamente la última posición en la lista del PP en Barcelona.

Poco después de la fallida rebelión, en mayo del 2013, Mas escenificó en las jornadas anuales del Cercle d'Economia un claro giro de su política económica, renegando de la austeridad. Era la traslación al ámbito económico del pacto político con ERC, un reconocimiento de que de seguir por el mismo camino, su extinción política sería la única posibilidad. En el verano del 2013, según Andreu Mas-Colell, el *president* dio por cerrada la fase de ajustes: «Convinimos con el presidente que no se podían hacer más ajustes y que el principio que nos presidiría de cara al 2014 sería repetir el presupuesto que habíamos presentado para el 2012». La gestión económica pasaba a ser secundaria, ante el reto de la supervivencia política y la presión creciente para encontrar una salida airosa al *procés*. Mas viró completamente y se olvidó completamente de su programa inicial, lo que lo alejó aún más de sus anteriores aliados en la política económica que había aplicado entre el 2010 y finales del 2012. La Administración catalana quedó secuestrada por el FLA, creado casi dos años antes por Montoro.

Mientras el político optaba por doblar la apuesta, la burguesía comenzó a ejecutar movimientos en el sentido contrario. En junio del 2013, Gay de Montellà dio otro paso más y Foment rechazó formar parte del Pacto Nacional por el Derecho a Decidir, un acuerdo para impulsar una consulta sobre el futuro de Cataluña, teóricamente impulsado por la sociedad civil, pero que tenía el impulso esencial y la participación formal del Parlament, los partidos políticos, las diputaciones provinciales y los ayuntamientos. Lo suscribieron los dos grandes sindicatos, Comisiones Obreras (CC. OO.) y UGT y las patronales más próximas a CDC, PIMEC, la vallesana Cecot y el *lobby* FemCAT. La división entre el mundo de la gran empresa y las pequeñas y medianas, presente desde el inicio, alcanzó en ese momento su máximo dramatismo. Más adelante, a medida que el referéndum del 1 de octubre se acercaba y se vislumbraba el desacuerdo con el Gobierno central sobre su legalidad, las organizaciones de las pymes desanduvieron parte del camino y rechazaron apoyar una consulta que no fuera reconocida legalmente. Un viraje que alejaría a parte de la burguesía que se había identificado con el soberanismo de las posiciones unilaterales y que, más adelante, obligaría a los dirigentes independentistas a realizar una ardua labor de reconstrucción de los puentes con esos sectores económicos.

Inicialmente, Foment se había sumado al Pacto por el Derecho a Decidir, pero cuando se produjo la convocatoria para formalizar el acuerdo, en junio, descartó participar. En su junta se pronunciaron en contra algunos veteranos de la casa: Joan Castells (FIATC), Joan Gaspart, presidente de Husa Hoteles y vicepresidente de la CEOE, Alfons Vilà (Confederación de Empresarios de Barcelona, CEB) o José Manuel Basáñez. Se impusieron a los partidarios de sumarse, minoritarios pero activos, desde Eusebi Cima (Cecot) hasta Enric Reyna, promotor inmobiliario que había llegado a presidir el Barça.

En el ámbito directamente político, a las promesas de más financiación a UDC, la parte díscola de CiU, la antigua coalición nacionalista, se sumó el apoyo al salto de Ciudadanos a la política española. En otra declaración que causó furor, en junio del 2014, Oliu, el presidente del Sabadell, aseguró: «Necesitamos un Podemos de derechas». Unas palabras que tanto se podían aplicar a la escena política española como a la catalana, en este caso en términos de independencia o constitucionalismo.

Ciudadanos se estrenó a escala española en las elecciones europeas en mayo del 2014, logrando dos eurodiputados, luego en las generales de diciembre del 2015, con cuarenta escaños. Su primer gran éxito electoral en Cataluña tuvo lugar en las elecciones de noviembre del 2015, cuando alcanzó veinticinco diputados, dieciséis más de los que tenía, sobre todo gracias a capturar votos de los sectores acomodados que tradicionalmente habían alternado su voto entre CiU y el PP.

Incluso la sección española de la Comisión Trilateral visitó a Mas en el mes de julio de ese 2014, poco antes de la primera consulta del noviembre siguiente. La delegación que almorzó con Mas en el Palau de la Generalitat en junio del 2014 estaba formada por Antonio Garrigues Walker, presidente del bufete Garrigues, histórico representante de los intereses estadounidenses en España; Alfonso Cortina, expresidente de Repsol; Pedro Echenique, exconsejero del Gobierno vasco; Ignacio Polanco, presidente de Prisa, editora de *El País*; Esther Giménez-Salinas, actualmente síndica de Greuges de la Generalitat, exrectora de la Universidad Ramon Llull y consejera del Santander; Emilio Ybarra, expresidente del BBVA, y Ferran Rodés, editor del diario *Ara* y en aquel momento consejero de Acciona.

El *president* de la Generalitat no se salió del guion ante las inquisitivas preguntas de sus compañeros de mesa: el Govern no se apartaría de la legalidad en la ya cercana consulta del 9N, no se planteaba un posible futuro de Cataluña fuera del euro y de Europa y seguía esperando una propuesta seria del Gobierno de Rajoy para abrir una negociación.

2

LA CAIXA Y EL IRREDENTISMO FINANCIERO CATALÁN

A mí varios presidentes de la Generalitat me han pedido que tuviéramos una presencia en España... y es lo que hemos hecho. O sea, hemos conquistado España, como banco, somos la primera institución española —aunque tenemos un peso específico muy fuerte aquí [en Cataluña]—, pero hemos conseguido la antigua ambición. Ahora resulta que esto es malo. No es malo, ¿verdad? Pues lo que tenemos es esta presencia en todas partes, y eso nos ha hecho tener una posición fuerte en el mercado y poder cotizar, y poder hacer uno de los primeros bancos... Somos el primer banco de España, CaixaBank es el primer banco de España.

Quien así se expresaba, con una mezcla de orgullo, perplejidad y enfado, era Isidre Fainé, presidente de La Caixa, primer accionista de CaixaBank. Era en febrero del 2020, ante la comisión de investigación del Parlament de Cataluña sobre la intervención de la Generalitat por orden del Gobierno de Mariano Rajoy en octubre del 2017 apelando al artículo 155 de la Constitución española. En aquella sesión, el interés político de los parlamentarios independentistas se centró en escrutar las motivaciones de CaixaBank y Banc Sabadell para trasladar su sede social fuera de Cataluña en los días inmediatamente posteriores al referéndum del 1 de octubre del 2017.

Fainé se dirigía a los parlamentarios delatando su frustración por los reproches al cambio de sede del banco y las críticas a la que consideraban su posición contraria al *procés* y la independencia de Cataluña. Se presentaba a sí mismo como la encarnación del anhelo histórico de la gran burguesía catalana de volver a ser importante en las finanzas españolas, deseo cultivado durante más de un siglo. Y Fainé presentaba a La Caixa como la encarnación de ese objetivo. Pero ahora, se lamentaba, los mismos que le habían animado, comenzando por los expresidentes de la Generalitat Jordi Pujol y Artur Mas, parecían despreciar el resultado.

Con Carles Puigdemont, el *president* que proclamó y suspendió la independencia de Cataluña en octubre del 2017, el banquero no llegó a mantener una relación estrecha o continuada. Cuando se conocieron, siendo el político el inquilino del Palau de la Generalitat, este le dijo que era nítidamente independentista y le preguntó al financiero qué era él. Jaume I el Conquistador, le replicó, «quiero conquistar el mercado español».

Contra la impresión generalizada de que la burguesía catalana había perdido poder durante la Gran Recesión desatada desde el 2008, la realidad fue que sus portaviones financieros habían reforzado su presencia en el sistema financiero español gracias a varias operaciones de absorción y fusión. Por cierto, en muy favorables condiciones económicas, pues el coste del saneamiento de las entidades absorbidas había sido asumido por las arcas públicas o por el Fondo de Garantía de Depósitos (FGD), que sufragaba el conjunto de la banca.

En diferentes fases, La Caixa engulló el Banco de Valencia y Banca Cívica. De todas maneras, la operación más relevante aún vendría años después, en el 2021, y fue Bankia (resultado a su vez de la fusión de Caja Madrid, la valenciana Bancaja, la catalana Caixa Laietana, CajaCanarias, Caja de Ávila, Caja Segovia y Caja Rioja). Un abordaje largo tiempo anhelado por Fainé, pues gracias a él, CaixaBank se ha consolidado como primer operador indiscutible del mercado español. Además, con la absorción del portugués BPI, también es dominador en el mercado ibérico.

La absorción de Bankia lleva aparejada la presencia del Estado en el accionariado del nuevo CaixaBank, pues ya era el accionista mayoritario de la primera tras nacionalizarla en el 2012 como consecuencia de su crisis de solvencia. Esta circunstancia ha generado suspicacias sobre el futuro de la nueva entidad en el caso de que el Gobierno central de turno decida intervenir en la entidad, bien para condicionar su política, bien para decidir quiénes serán sus pilotos. Aunque el acuerdo con Europa para el rescate de Bankia lleva aparejado el compromiso de la salida del Estado del capital, esta aún no se ha producido una década después. En verdad, porque habría perdido aún más dinero, ya que su cotización está por debajo del valor fijado en el rescate, pero su presencia alimenta las dudas de quienes temen por la catalanidad de CaixaBank. Este proceso agravaría el anterior traslado de sede de Barcelona a Valencia tras el 1 de octubre del 2017 y que públicamente los independentistas siempre quisieron considerar un hecho de menor importancia.

En la mente de muchos, la toma de control del BBV, el banco vasco resultado de la fusión del Bilbao con el Vizcaya, por la Argentaria de Francisco González, presidente de ese antiguo banco público por decisión de Aznar, se produjo tras la fusión de ambos para dar nacimiento al BBVA actual, en 1999. Cuando tuvo lugar la integración, el banco vasco era varias veces mayor que el madrileño y, aunque el primer presidente fue el vasco Emilio Ybarra, al final, el del segundo, Francisco González, acabó decapitando a la cúpula del primero y haciéndose con el control absoluto. El banco mantiene una sede social formal en Bilbao y despliega el grueso de su actividad en Madrid.

El Sabadell de Josep Oliu, por su parte, se hizo con la alicantina CAM, especialmente arraigada en todo el Levante. A cuenta de la gran crisis, las finanzas catalanas lanzaron una opa implacable sobre las dañadas entidades financieras valencianas. En otro contexto histórico, esos desembarcos de las finanzas catalanas en la Comunidad Valenciana habrían hecho las delicias de los nacionalistas y de los independentistas catalanes, que lo habrían recibido como un progreso económico en el camino de la reunificación política de uno de los territorios más relevantes de los llamados *països catalans*.

En sucesivas oleadas, el Banco de Valencia, Bancaja y la CAM, estas dos últimas la tercera y la cuarta cajas de España, respectivamente, acabaron bajo el control de los dos bancos ubicados en Barcelona y de esa manera las finanzas valencianas desaparecieron del mapa. A cambio, seis cajas catalanas, entre ellas Caixa Catalunya, la quinta del sector, pasaron a ser propiedad del BBVA. Después, en un giro del destino, como consecuencia de la crisis política en Cataluña, La Caixa y el Sabadell acabarían en el 2017 con sus sedes sociales en Valencia y Alicante, respectivamente, hecho que sirve al presidente valenciano, Ximo Puig, para presumir de un supuestamente renacido centro financiero en su comunidad.

La Gran Recesión permitió a La Caixa y al Sabadell ganar dimensión y cuota de mercado, también músculo financiero. La potencia de la primera, en especial, no era algo nuevo. Durante las últimas décadas, hablar de poder económico y de influencia política y social significaba hacerlo de La Caixa, una compleja galaxia desplegada a partir de una caja de ahorros centenaria, con una fundación bancaria en su cúspide, entidad sin ánimo de lucro. Un patrimonio neto de casi 20.000 millones y un grupo de empresas participadas de más de 18.000 millones. El primer *holding* empresarial español, que incluye el primer banco, CaixaBank y una larga lista de participaciones empresariales relevantes en sectores de energía, infraestructuras, servicios, telecomunicaciones, sanidad, finanzas e inmobiliarias.

El conglomerado está dirigido desde el inicio de este siglo XXI por Isidre Fainé, primero como director general de La Caixa, cuando aún no existía la Fundació; después, como presidente de CaixaBank y del *holding* Criteria; a partir del 2012, desde la vigente Fundación Bancaria La Caixa.

No se cuestiona que La Caixa es el primer poder económico de Cataluña, con efectos proporcionales en su devenir político; una influencia que se proyecta a su vez sobre la capital del Estado. En el 2015, el *Financial Times*, la biblia de las finanzas mundiales, dejó escrito que Isidre Fainé era el «hombre de negocios más poderoso de España» y muchos creen ver su larga mano tras muchos de los más importantes movimientos empresariales que se producen en el país. La absorción de Bankia habría sido la penúltima prueba conocida, con seguridad no la última. La actual Fundación La Caixa es el rector que forja buena parte de las consensos y estrategias de la alta burguesía y las instituciones empresariales y económicas catalanas. Es el centro neurálgico de una tupida y compleja red de influencias y de un extenso entramado de relaciones que incluyen consejos de administración de bancos y grandes empresas; pero que se extiende al mundo asociativo de los altos directivos y que, a través de su Obra Social, abarca entidades culturales, artísticas y deportivas. Es el principal instrumento de poder colectivo de esa burguesía catalana, no la ideal, la que debería ser según cada punto de vista; sino de la realmente existente, con sus limitaciones conocidas, sus dependencias y compromisos. La que, al mismo tiempo, apuesta, sobre todo, por formar parte del núcleo del poder en Madrid y cuya primera y casi única preocupación es seguir haciendo negocio sin turbulencias ni crisis políticas. Desde ella se han organizado los movimientos, cambios y relevos del resto de los foros, instituciones y organizaciones de la élite catalana, al menos hasta la crisis que desembocó en el *procés*, cuando otros sectores sociales cuestionaron sus designios.

El grupo empresarial de La Caixa ha sido también una fuente de influencia sin igual. Las decisiones industriales de las grandes empresas del IBEX 35, el índice de las más importantes de la bolsa española, del que forman parte la mayoría de las corporaciones participadas por La Caixa, son una herramienta de política económica de primera magnitud y de obligada referencia para cualquier Gobierno. Las torres negras de la Diagonal barcelonesa han sido protagonistas de las principales batallas empresariales de las últimas décadas, desde la configuración del sector gasístico y petrolero español hasta el eléctrico; también de la política de infraestructuras, el caso de las autopistas, o las pugnas por la definición de las telecomunicaciones y el mundo audiovisual. Sectores clásicos de desarrollo del capitalismo, vinculados a las infraestructuras y los servicios básicos, que en España acabaron agrupados bajo el paraguas del poder financiero catalán, mientras que los dos grandes de la banca apostaban por desembarcar en otros países, preferentemente en Latinoamérica.

Pero la interpretación y aceptación de esa relevancia, de ese poder, no es asumida con unanimidad por todos los sectores de la élite, en la que se discute si La Caixa encaja en el modelo de poder bancario catalán. Es una conquista discutida, recibida con ambivalencia, como la intervención de Fainé durante su comparecencia en el Parlament puso de manifiesto. Primero, porque los sectores más tradicionales de la burguesía nunca, hasta que la realidad se impuso de manera aplastante, habían considerado a La Caixa un genuino poder financiero. Por diversos motivos. Primero, por su origen; no fue creada con ese objetivo, sino como una cataplasma contra la aguda tensión social de los primeros años del siglo xx, fomentando entre los agitados obreros de la época la cultura del ahorro y el progreso meritocrático para acceder a una modesta pensión, en el marco de una sociedad polarizada y abocada a espirales recurrentes de escasez, protesta, revolución y represión. También, como herramienta de legitimación social de la riqueza acaparada por esa burguesía emergente. Las instituciones económicas más representativas de la élite barcelonesa de la época fundaron La Caixa en 1904 para aplacar su mala conciencia y contener la explosividad social, en ambos casos con éxito cuestionable. Estaba claro que ninguno de los fundadores pensaba estar creando lo que en el futuro llegaría a ser el banco líder en España.

Como consecuencia de ese rasgo genético, no tuvo nunca la forma de una auténtica empresa capitalista, no tenía acciones ni tampoco propietarios al uso, accionistas, más allá de las prerrogativas de control de que disfrutaban las élites representadas en las sucesivas cúpulas de las entidades fundadoras. Nunca fue susceptible de generar plusvalías ni patrimonios especulando con sus títulos, como sí se podía hacer con las acciones de los bancos tradicionales; acendrada tradición de los adinerados patricios barceloneses y una de las causas de las crónicas crisis de solvencia de la banca de finales del xix y principios del xx.

Josep Vilarasau, una de las figuras clave del poder y de las finanzas catalanas del siglo xx, director general y presidente de La Caixa entre 1976 y 2003, aludía indirectamente a ese menosprecio al recordar la época en la que su entidad era la principal accionista del Sabadell, el otro gran operador financiero catalán, del que en 1995 poseía un 15 %. Según su visión, los socios originales del banco vallesano les «consideraron un accionista incómodo».

Esta aseveración se ve confirmada por innumerables declaraciones y confidencias del presidente del Sabadell, Josep Oliu, presto a explicar siempre en aquellos días que los mercados no entendían la presencia en su capital de una entidad sin accionistas. Pensamientos propios por boca de terceros. Para la banca tradicional, las cajas eran seres extraños, ajenos a la esencia del capitalismo y por ello los inversores no entendían qué hacían como accionistas de otras empresas o entidades financieras. Su propia naturaleza, que descartaba el ánimo de lucro, les permitía dejar de lado las prácticas bancarias más al uso y gestionar sin presión, aprovechando una clientela que depositaba su dinero sin exigir rendimientos a cambio de seguridad total.

Para el núcleo superior de la aristocracia del dinero, los directivos de La Caixa eran altos ejecutivos, bien remunerados, similares a los que contrataban en sus empresas. Pero no ricos propietarios, como ellos. Las cajas no tenían un capital dividido en acciones y sus más altos representantes y ejecutivos, del presidente al simple miembro del consejo de administración, pasando por el director general, no podían ascender a la condición de propietarios, cima de la pirámide de la plenitud personal y económica en una sociedad capitalista. Un argumento que probablemente les consolaba del agravio que les infligía la realidad de mediados de los años ochenta, cuando La Caixa se consolidaba como el eje descollante del poder económico en Cataluña.

Acumulaba mayor dimensión económica, poder e influencia que cualquiera de los tradicionales representantes de las sagas empresariales, que por otra parte habían ido perdiendo empuje de manera irreversible desde los años veinte del siglo pasado.

Esa fue la forma que acabó adoptando en Cataluña la confluencia entre la pérdida de empuje de la burguesía y la llamada revolución gerencial, esa fase del capitalismo mundial en la que los ejecutivos y gestores fueron ganando poder e influencia a costa de la tradicional posición de los accionistas. Estos últimos quedan diluidos en el capital de las grandes compañías, en las que la dirección ejecutiva acumula más capacidad de influencia que los dueños de las acciones. A caballo de esa tendencia que convertía a los ejecutivos en una versión plebeya del antiguo propietario y que ya llevaba décadas vigente en otras latitudes económicamente más desarrolladas, los gestores de La Caixa acabaron convirtiéndose en los hombres fuertes de la plaza.

No había sido siempre así. Durante muchos años, La Caixa era sobre todo un lugar para darse relumbrón social, disfrutar de prebendas y dar un empujón a los negocios propios. Su gestión nunca dio disgustos y gozó de una fidelidad popular a prueba de bombas. Fue la debilidad histórica de la banca catalana, único posible competidor, lo que abocó al ahorro popular hacia la entidad. A la cúpula se llegaba con la posición social ya consolidada como un representante de la élite. Pese a su importancia y su condición de catalizador del ahorro del país, durante mucho tiempo fue un gigante silente, pasivo, una potencia económica sin ambiciones, bloqueada y retenida por una regulación anclada en el pasado y tributaria de las exigencias de la banca tradicional. En el ocaso del régimen franquista, esa situación empezó a cambiar. Primero, por un relevo generacional. También por la desregulación de sus actividades.

La burguesía local, que ya había perdido hacía tiempo la capacidad para acometer objetivos colectivos ambiciosos a la escala de las nuevas exigencias del capitalismo emergente de los ochenta y noventa, solo podía acabar actuando a través de persona interpuesta, en este caso La Caixa. Se convirtió en el elemento imprescindible, crucial, de cualquier proyecto de envergadura, ya fuese salvar un banco, una empresa energética o un futuro parque de atracciones. Incluso diarios. Operador bonapartista de una burguesía cuya última obra colectiva fueron los ya lejanos Juegos Olímpicos de 1992 y que aun así no habría podido protagonizar sin la generosa e imprescindible muleta del dinero público.

A esa desconfianza de la burguesía tradicional se sumaba la de sectores próximos a la derecha catalanista, que tampoco le otorgaban reconocimiento, mucho menos complicidad. Su poder se fue consolidando al margen o de espaldas a los postulados nacionalistas tal y como los interpretaban líderes políticos como Jordi Pujol, defensor de un modelo alternativo, definido como más comprometido. El nacionalismo siempre ha considerado a La Caixa, y con ella al resto de las entidades catalanas de su clase, demasiado conservadora en sus inversiones y ajena a las necesidades de la economía catalana, especialmente las de crédito de las empresas.

Por una vía no canónica, La Caixa alcanzó el objetivo de la burguesía catalana, la tradicional y la nacionalista, de detentar un gran poder financiero. La larga decadencia financiera y bancaria de esta, que se prolongó desde finales del siglo XIX hasta el capítulo terminal en los años cuarenta del siglo XX, ya bajo el franquismo, cuando desaparecieron los bancos catalanes independientes de alguna importancia, puso de manifiesto las dificultades insalvables de la élite económica para crear tanto una banca comercial como industrial. En primer lugar, por la propia falta de interés de la empresa textil familiar, dominante en aquellos años en la estructura económica catalana, hacia el crédito, el crecimiento y las alianzas con otros empresarios.

Una tendencia que su historiador de cabecera, Jaume Vicens Vives, atribuía a factores objetivos, estructurales —no a los tan manidos sobre una supuesta psicología social o colectiva, derivados del origen primario de la acumulación de capital—: ausencia de recursos naturales básicos, como el hierro que permitió a los vascos el «montaje a gran escala de organizaciones industriales y financieras supercapitalistas» y al acceso solo parcial y tardío a los recursos del imperio colonial español. Como un pez que se muerde la cola, la industria catalana necesitaba de una banca industrial que dirigiera, como en los países capitalistas más desarrollados, el proceso de concentración de las empresas industriales. A su vez, para que esa banca se desarrollase, requería de un tejido industrial más maduro, de mayor dimensión, decidido a encarar operaciones mancomunadas. La ausencia de ambas explica en gran medida el corto vuelo de la industria y las finanzas catalanas.

Precisamente, el segundo banco catalán, el Sabadell, creado a finales del siglo XIX por impulso del gremio de fabricantes laneros de la capital vallesana y que buscaba atender las necesidades de financiación de las empresas del sector, tampoco se planteó asumir nunca el modelo de banca industrial y su modelo se limitó a financiar el negocio regular de las empresas, sin más ambiciones. Su gran oportunidad de dar un salto de escala se planteó, muchos años después, con ocasión de la subasta de Banca Catalana, a principios de los ochenta. Algunos ejecutivos de la entidad, como Juan José Brugera, actual presidente de la inmobiliaria Colonial, creen que de haber adquirido la entidad fundada por Pujol, el banco vallesano ocuparía hoy una posición equivalente a la de La Caixa en el mercado financiero español. Tal vez, la última oportunidad de erigir un polo burgués tradicional de poder económico y financiero catalán.

Históricamente, el modelo bancario dominante en Cataluña concentró su actividad en el ámbito local. En el País Vasco y Madrid nacían grandes empresas en sectores que requerían altos volúmenes de capital y concentración (carbón, siderurgia, química de base, electricidad) que impulsaban la conexión entre banca e industria y sentaban las bases del capital financiero español. En Cataluña, la morfología dominante era la de la pequeña empresa reacia a las fusiones y a pedir dinero a los banqueros. Al final de la Primera Guerra Mundial se consolidó la hegemonía financiera de los bancos madrileños y vascos. Después, tras las crisis económicas y políticas, todo quedó ya dispuesto para que el franquismo acelerase el proceso y la gran banca asentada en Madrid devorase los operadores financieros catalanes que seguían independientes.

Pese a ese historial, o quizás por ello, no ha habido generación burguesa en Cataluña que no haya aspirado a recrear el gran banco catalán. En los primeros años del siglo pasado se constituyó una comisión para promover su creación. Francesc Cambó, el líder político de la burguesía, llamó a hacerlo en los años veinte, tras la estrepitosa debacle del Banco de Barcelona. Después de la Guerra Civil, Fèlix Millet Maristany, padre del saqueador del Palau, Fèlix Millet Tusell, también valoró el proyecto en los años cuarenta, en este caso desde su presidencia del consejo del Banco Popular. Al final, Millet se alió con un pariente suyo, Luis Valls-Taberner, y la entidad acabó bajo el control del Opus Dei, que en aquellos años estaba ganando predicamento entre las élites catalanas.

A finales de los cincuenta y durante la década de los sesenta, los empresarios algodoneros, columna vertebral de la industria catalana del momento, dirigidos por Manuel Ortínez, también idearon un plan que tenía como objetivo central crear un nuevo banco que asegurase financiación a las empresas textiles locales, pese a que en el mundo desarrollado ya comenzaba a ser evidente que se trataba de una actividad que caminaba hacia el colapso y la deslocalización en busca de mano de obra barata, de forma creciente en Asia. Ese fue el origen del Banco Industrial de Cataluña (BIC). El relevo lo tomó Jordi Pujol y su proyecto de Banca Catalana, que absorbió el anterior, llegó a ser el sexto grupo bancario español, y solo pudo aguantar hasta principios de los ochenta.

El gran cambio

Las sucesivas crisis de la banca autóctona habían empujado a los depositantes hacia las cajas de ahorros, cuyas actividades estaban férreamente controladas y limitadas por el Estado, que les imponía porcentajes obligatorios de inversión en títulos públicos. En el caso de las catalanas, estas iban incluso más allá y superaban voluntariamente esos umbrales mínimos. Un conservadurismo que comulgaba con el de las empresas autóctonas, defensoras del proteccionismo y poco amigas del crédito. Las cajas, sobre todo en las grandes ciudades, se convirtieron en los bancos de las clases medias, profesionales, comerciantes y *botiguers* (tenderos), su principal clientela, agricultores y sobre todo los sectores más modestos, incluida la inmigración. La inversión en deuda pública e hipotecas satisfacía ampliamente las conservadoras aspiraciones de clientes y gestores.

La Caixa fue consolidando una posición destacada en Cataluña y España, alcanzando un tamaño muy superior al resto, a medida que la clase social que la creó seguía perdiendo influencia, relevancia pública y entidad económica; se dedicaba a ganar dinero en actividades tradicionales, resignada a no jugar ningún papel relevante o influyente. Tras el invierno franquista, se fue convirtiendo en el tronco central de la vida económica catalana.

El régimen dictatorial estableció un esquema operativo para las entidades de ahorro, simple, rígido y políticamente seguro. Las dejó en manos de las élites locales y políticas y los sectores burgueses afectos, a su propio arbitrio en cuanto a su funcionamiento interno. La cúpula cooptaba al resto de los miembros de sus simbólicos consejos de administración, cuando existían; disponía casi a su antojo de los fondos que no se destinaban a la financiación del Estado. En el ámbito de la actividad financiera, estaban sometidas a un estrecho marco de regulaciones generales que las mantenían operativas en un minúsculo nicho de mercado. Reconvertían el ahorro popular en financiación barata para el Estado, sin posibilidades de disputar el negocio a la banca, la auténtica columna económica del franquismo.

Las cajas y La Caixa también sufragaban el brillo social de las élites franquistas locales y atendían la pujante demanda de crédito de las emergentes clases medias, que fueron creciendo a medida que el Plan de Estabilización de 1959 empezaba a dar resultados. Al tiempo, en continuidad con su origen fundacional, eran la puerta de entrada de las capas más modestas al mundo del ahorro, el crédito y la inversión a través de la aspiracional propiedad inmobiliaria. El modelo se extendía a todo el territorio. Las élites de las capitales de provincia y de las ciudades medias catalanas jugaron gracias a las cajas locales idéntico papel en sus zonas de influencia.

La parte más suculenta y rentable del pastel financiero fue siempre coto cerrado en exclusiva para los grandes bancos, que ni tan siquiera tenían necesidad de competir entre sí. El régimen les aseguraba abultados beneficios regulando al detalle toda la actividad del sector, desde la apertura de oficinas hasta las políticas de inversiones. La banca no iba a tener competencia. El poder bancario español mantendría así una continuidad de hierro desde la Restauración hasta el nuevo régimen democrático, pasando por el franquismo.

Ese engranaje comenzó a mutar con el ocaso del régimen y los primeros cambios en la regulación del sector financiero. El resultado fue que las cajas ampliaron paulatinamente su capacidad de acción. Con la llegada de la democracia pasaron a ser prácticamente bancos con plenas competencias financieras. De esta manera, las élites políticas locales que habían venido disfrutando de su control durante décadas se encontraron pilotando unas palancas de poder económico e influencia social que jamás habían imaginado.

En el caso de La Caixa, la burguesía nunca había dejado su control en manos ajenas desde su fundación en 1904. Su primer presidente Lluís Ferrer-Vidal i Soler, en calidad de presidente de Foment, aguantó en el cargo hasta el último día, cuando falleció pocos meses antes del golpe franquista de julio de 1936 y el inicio de la Guerra Civil. El inspirador del proyecto fue Francesc Moragas, secretario general de Foment. La victoria rebelde desembocó en el nombramiento de Miquel Mateu Pla, industrial catalán, propietario de la automovilística Hispano-Suiza y falangista incondicional de Franco. Compatibilizó la presidencia de La Caixa con la alcaldía de Barcelona, primero, y la embajada en París, después. Mostró gran apego al cargo en la entidad de ahorro, pues estuvo al frente de ella treinta y dos años, desde 1940 hasta su muerte en 1972. Fue una época de decadencia de la entidad que, aunque en términos absolutos nunca dejó de encabezar el ranking español del sector, perdió el dinamismo de la fase previa a la Guerra Civil, aplicó una política de absoluto servilismo con el régimen franquista y acabó convirtiéndose en la primera inmobiliaria del país, siguiendo la estela de la política oficial de vivienda.

Luego, el sucesor de Mateu sería otro genuino representante de la burguesía, aunque en este caso alguien vinculado con los primeros compases del nacionalismo moderado de primera época y adaptado a las prácticas del régimen franquista: Narcís de Carreras, que ya estaba en el consejo. Este abogado con pasado político formó parte del núcleo dirigente fundador de la Lliga de Francesc Cambó, partido político de la derecha nacionalista catalana, y acabó con carnet de Falange. Presidente del Barça a finales de los años sesenta, procurador de las Cortes franquistas hasta 1971 y teniente de alcalde de la Barcelona de los sesenta, cuando la alcaldía la ostentaba José María Porcioles, quien llevó al cénit la especulación inmobiliaria en la capital catalana. De Carreras era un auténtico estereotipo del político burgués acomodado al franquismo. Era tío y padrino de Narcís Serra, quien siete años después llegaría a ser el alcalde de Barcelona elegido en las primeras elecciones municipales tras la recuperación de la democracia, en 1979.

Cuatro años después de su llegada, De Carreras dio el paso decisivo para la gran transformación de La Caixa. En 1976 nombró a Josep Vilarasau director general, una elección que parece ser intentó evitar Jordi Pujol, que ya preparaba el salto a la política oficial y que había fundado su partido dos años antes. Y tenía su propio candidato para el cargo. Se da la circunstancia de que Vilarasau, en su cargo previo de director de Política Financiera del Ministerio de Hacienda, fue el encargado de informar al ministro sobre la propuesta de elección de De Carreras como nuevo presidente de La Caixa. Favorablemente, claro.

Alto cargo de la tecnocracia económica y empresarial franquista desde principios de los años sesenta, tras dirigir compañías como Campsa y Telefónica, Vilarasau fue director general del Tesoro (1969) y posteriormente director general de Política Financiera (1971), por lo que acabó conociendo a fondo el funcionamiento de la máquina administrativa del Estado en el ámbito bancario, una buena parte de cuya regulación concibió, amén de formar parte del equipo que la puso en marcha. Durante ese periodo entabló relaciones estrechas con los futuros responsables de la política económica española, la mayoría miembros del Gobierno de Adolfo Suárez que dirigió la transición y acometió los primeros cambios en la legislación sobre las cajas de ahorros. También conoció a buena parte de los máximos responsables del Banco de España, institución clave de control de las entidades de ahorro.

Vástago de una saga de empresarios venida a menos, según él mismo explicó en sus memorias, estaba bien conectado con las élites de la ciudad, especialmente a través de su primo Carlos Ferrer Salat, fundador del Cercle d'Economia y de la CEOE, empresario farmacéutico y dirigente principal de la burguesía catalana aperturista entre los sesenta y finales del siglo pasado.

La especial relevancia de la elección de Vilarasau para dirigir La Caixa se puso de manifiesto en el contexto excepcional del cambio de sistema político, que también afectó especialmente a las entidades de ahorro. Por su vinculación con el régimen anterior y las estrechas relaciones con altos e influyentes representantes del poder político en la primera fase del cambio, junto con el conocimiento directo del funcionamiento y los procesos reguladores del Estado.

En el nuevo Gobierno de Adolfo Suárez, Enrique Fuentes Quintana, con quien Vilarasau había trabajado en Hacienda, fue nombrado vicepresidente económico y una de sus primeras medidas fue acometer la reforma de la legislación sobre las cajas de ahorros, en el verano de 1977.

Este fue el contexto en el que Vilarasau, junto con Ricardo Fornesa, un lúcido abogado del Estado, estrecho colaborador suyo de primera hora, con el que había estudiado en La Salle Bonanova de Barcelona y que ocupó durante muchos años la presidencia de Aguas de Barcelona, también del grupo de La Caixa, desplegaron sus influencias políticas para diseñar una ley de cajas a su medida. En apariencia, se trataba de democratizar su funcionamiento, hasta entonces regido por los exclusivos intereses de su restringida cúpula, el presidente y el director general, que organizaban sus consejos por el cómodo sistema de la cooptación, que les aseguraba un control absoluto.

Los dos ejecutivos de La Caixa hicieron llegar al vicepresidente su propuesta legislativa, que mantenía la esencia del método de la cooptación, tras algunos velos de aparente democratización. Años después, Vilarasau explicó estos hechos con una mezcla de orgullo y fingida distancia:

> Deduzco que aquel proyecto llegó al Ministerio de Hacienda a través de la CECA. Lo entregamos y nos fuimos de vacaciones. Nadie nos pidió ninguna aclaración o comentario. Al final del verano se publicó el ya famoso Real Decreto [...]. Cuando vi a Fornesa, él estaba tan sorprendido y estupefacto que casi no se lo podía creer. El preámbulo y la mayoría de los artículos eran literalmente calcados del proyecto que habíamos presentado.

Una capacidad de acción política que cuesta atribuir a la casualidad y en la que Vilarasau era un experto, gracias a su posición de poder y a sus excelentes contactos, que por cierto también empleó para la expansión de la entidad financiera. Durante muchos años dibujó a su medida la mayoría de las normas legales sobre el sector y la entidad que dirigía. Una constante vital de La Caixa y de toda la gran banca española, la rentable e imprescindible interlocución directa con el poder y la tecnocracia del Estado central. Tanto una ambición como una necesidad, fuente de conflictos con la Generalitat, eterno aspirante frustrado a ejercer una función de intermediaria imposible, no deseada por las partes en la mayoría de las ocasiones, entre poderes que ya negociaban directamente. La política catalana no pudo pasar nunca de ejercer papeles secundarios, presentación de enmiendas parlamentarias, sugerencias a los presidentes o ministros de turno, pero nunca ocupó una silla en la mesa de las grandes negociaciones. Finalmente, Vilarasau acabaría cometiendo un fatal error de cálculo que le costaría la presidencia de la entidad y la pérdida del reconocimiento social del que su largo periodo al frente de La Caixa le había hecho merecedor.

En términos de gestión económica y financiera, Vilarasau convirtió el crecimiento y la modernización de la entidad en su leitmotiv. Abrió oficinas en toda España, sorteando las limitaciones legales a la expansión geográfica de las cajas, y acometió el dibujo de un modelo de crecimiento apenas diferenciado del de la banca, a la que desbordó con un uso avanzado de las nuevas tecnologías. Apoyado en un ahorro barato, aportado por las clases medias y populares catalanas, confiadas en el enorme prestigio de la entidad, propició una política de inversión dirigida a crear una voluminosa cartera de participaciones empresariales centrada en acciones de sectores regulados: agua, luz, gas, teléfonos, autopistas. El objetivo escogido eran precios estables e ingresos asegurados a través de las tarifas negociadas con las Administraciones públicas. Esta política de inversiones también motivó críticas, pero en buena medida reproduce un modelo ya cuajado en otros países del entorno europeo.

Este modelo fue tan exitoso que La Caixa se convirtió en un gigante en comparación con el resto de las entidades de ahorro y comenzó a tratarse de tú a tú con la banca. También con choques con el Estado, como la larga batalla sobre la fiscalidad de las primas únicas, un instrumento que La Caixa vendió como churros, presentándolo como un seguro, pero que la Agencia Tributaria, dirigida por el catalán Josep Borrell, consideró un depósito con su correspondiente rendimiento obligado a pagar impuestos. Polémica al margen, durante varios años fue un auténtico turborreactor del crecimiento comercial de la entidad en el conjunto de España.

Con ese balance, Vilarasau acabó poniendo en duda el axioma de Pujol, asumido por el pensamiento oficial en Cataluña, de que a los catalanes no les iba bien en las finanzas en España. Adelantándose parcialmente a las explicaciones antes referidas de Fainé en la comisión del Parlament, Vilarasau, orgulloso, proclamaba que «a los catalanes nos va bien con las finanzas». Por las mismas fechas, en el 2004, Josep Oliu, presidente del Sabadell, el segundo banco del país, hacía lo propio en una charla en el Club Siglo XXI, ante el mundo económico madrileño, en la que aseguró que la «maldición» bancaria de Cataluña se había acabado.

Pujol y Vilarasau, choque de titanes

En 1980 Vilarasau era el indiscutible hombre fuerte de La Caixa y ya orquestaba a su conveniencia todos los cambios y movimientos en la cúpula de la entidad. Así se puso de manifiesto cuando llegó la hora de relevar a De Carreras de la presidencia, en 1980, por jubilación obligatoria. El relieve económico y social de La Caixa era ya de tal calibre que el cambio se complicó como nunca desde su fundación; los tiempos de sucesión tranquila quedarían atrás de manera inapelable. La sustitución de De Carreras provocó el primer gran choque entre los responsables de la entidad y el poder político de una Generalitat recién estrenada, con Jordi Pujol al frente.

El escogido como futuro presidente fue Salvador Millet, cuñado del anterior, Narcís de Carreras, y también tío del entonces ya alcalde de Barcelona, Narcís Serra. Existen pocas muestras tan palmarias como esta de endogamia elitista, incluso pese a los cambios reglamentarios y supuestamente democratizadores antes comentados. El relevo, sin embargo, se convirtió en una cruda pugna por el poder y, por eso, no fue fácil. El nombramiento tuvo que vencer la oposición coincidente de dos de los hombres más influyentes del momento. En primer lugar, Manuel Ortínez, personaje de confianza del *president* Josep Tarradellas, que lo nombró consejero de su Govern de la Generalitat provisional. Antiguo lobbista de la ya decadente burguesía textil y algodonera catalana; financiero y ex alto cargo de la tecnocracia económica durante el franquismo, como Vilarasau. Consejero de La Caixa desde pocos meses antes del relevo de Carreras, cuando el tarradellismo aún mantenía influencia. Su incorporación fue un guiño al poder político del momento. Pero una vez Tarradellas desapareció de la primera línea política, la importancia de su apadrinado también decayó. Ortínez, que aspiraba a ser el futuro presidente de la entidad, se opuso radicalmente al nombramiento de Millet y así se lo manifestó personalmente a Vilarasau y al resto del consejo cuando se llevó allí la propuesta.

Más sorprendente fue que Pujol compartiera la oposición de Ortínez. El recién elegido *president* de la Generalitat, pese a ser un antitarradellista confeso, se alineó con el financiero en el rechazo a Millet. Pujol ya había postulado, mucho antes de ser *president* de la Generalitat o de que la restauración de esta pareciera una posibilidad próxima, a un candidato alternativo a Vilarasau a la dirección de La Caixa, Jordi Petit, también integrante de la Administración de Tarradellas.

La alianza con Ortínez era una confluencia de intereses para que La Caixa asumiera la salvación de Banca Catalana, en la que la posición del político no puede dejar de asociarse al inicio de las conversaciones, pero aquello no acabó bien. En 1979, antes de la crisis terminal del banco de Pujol, Vilarasau había mantenido tensas negociaciones para echar un cable al grupo de Banca Catalana, asediado por problemas de liquidez. La Caixa adquirió un 7 % de Catalana con un pacto de recompra, garantizado por dos sociedades del grupo de Pujol, con un interés del 14 % anual. Además, hubo créditos con garantía hipotecaria, entre otros, la del emblemático edificio de la Diagonal donde el grupo financiero situó sus servicios centrales y que años después acabaría siendo la sede del grupo editorial Planeta. Al final de ese año, el riesgo de La Caixa con el grupo Catalana era de unos 6.000 millones de pesetas, una cantidad muy importante para la época.

¿Pretendía Pujol contrarrestar la dureza de Vilarasau en unas posibles negociaciones para buscar una salida financiera a la delicada situación de Banca Catalana colocando en la presidencia un hombre afín a sus intenciones o que no respondiera exclusivamente a los deseos del director general? La historia quiso que todo confluyera, casi día por día. El relevo en la presidencia de La Caixa, la llegada de Pujol a la Generalitat, la aceleración de la crisis del banco fundado por el político y la salida de Ortínez del Govern, al caducar el Ejecutivo catalán provisional de Tarradellas.

Ortínez había sido compañero de ambiciones bancarias de Pujol desde hacía muchos años. Estuvo en la génesis, como promotor destacado, del BIC, operación en cuyo origen también participó el recién elegido *president* de la Generalitat y que Catalana acabaría teniendo bajo su control. Ortínez contó con el apoyo del político nacionalista cuando le propusieron, en pleno franquismo, asumir la dirección del Instituto Español de Moneda Extranjera (IEME). El financiero, según él mismo explicó en sus memorias, había sido uno de los «honrados contrabandistas» de divisas en Tánger, la ciudad marroquí en la que los empresarios catalanes y españoles de los años cuarenta y cincuenta del siglo pasado obtenían ilegalmente las divisas que necesitaban para adquirir maquinaria y materias primas del exterior. El principal intermediario de ese negocio era precisamente Florenci Pujol, el padre de quien acabaría siendo *president* de la Generalitat y sostén económico del proyecto bancario de su hijo. Él y su socio, David Tennenbaum, acabarían retratados en un BOE de marzo de 1959, junto con buena parte de la élite económica española de le época, por contrabando de divisas. Y no solo para comerciar, también para poner el dinero a buen recaudo de la galopante crisis económica del primer franquismo de la autarquía.

«Ellos [Pujol y Tennenbaum] me proporcionaban las divisas y yo necesitaba muchas», explicaba Ortínez. A esos precedentes históricos se agarraría el hijo del primero, en el 2014, ya como *expresident* de la Generalitat, para justificar las cuentas opacas de su familia en Andorra, un argumento que nunca contó con soporte documental que lo ratificara y sí con testimonios que lo contradecían. Ortínez, que también buscaría en su momento comprador para Catalana, acabó precisamente trabajando para la banca de Suiza, concretamente la Unión de Bancos Suizos (UBS), país por el que transitó una parte de la fortuna de Florenci Pujol antes de recalar en Andorra, el refugio fiscal pirenaico donde fue localizada en el 2014.

Volvamos a 1980. Vilarasau relevó a Carreras por Millet y la primera prueba de fuerza entre el emergente poder financiero de la renovada La Caixa, rearmada por Vilarasau y el poder político de la nueva Generalitat de Jordi Pujol, se saldó con la victoria del primero. Aquello fue un anuncio de lo que acabaría sucediendo después, en Cataluña, en España y en el mundo: el comienzo de una larga serie de triunfos de las finanzas sobre la política. Tras ese primer episodio de tensión y con el consiguiente revuelo público que provocó, Pujol intentó hacer una exhibición de fuerza poniendo sobre la mesa una ley catalana de cajas de ahorros que, sin embargo, no se aprobaría hasta cinco años después, en 1985 y que acabaría estableciendo un modelo a la medida de las necesidades de la supuesta víctima de esa nueva norma, el director general de La Caixa.

Vilarasau acabó estableciendo unas reglas del juego que a Pujol no le quedó más remedio que acatar. El financiero diseñaba las leyes y reglamentos que afectaban a la entidad de ahorro y, de paso, al resto de las cajas y la Generalitat las aprobaba sin problemas. En contrapartida, cuando algún expediente de naturaleza económica rebasaba las posibilidades de la Administración catalana o la dejaba en evidencia, Pujol pedía ayuda a Vilarasau. Así fue durante muchos años en casos como la financiación para salvar al diario *Avui*. O en el caso de Port Aventura, el gran parque de atracciones de Vilaseca-Salou, cuando el condenado financiero Javier de la Rosa, el personaje al que Pujol acudió para que tomase el relevo de la multinacional Anheuser-Busch, comenzó a vaciar las arcas de la empresa, incluidos los avales públicos del Parlament, y necesitó que alguien más respetuoso con la ley tomara la mayoría del capital y asegurase el buen fin de una de las obras más emblemáticas del pujolismo. Otro tanto ocurrió con buena parte de los programas sociales de la Generalitat, que Vilarasau pactó con Pujol que financiaría a través de la Federación Catalana de Cajas de Ahorros.

Precisamente con esa excusa, durante aquellos años Vilarasau invitaba a los *consellers* de la Generalitat a desayunar en su despacho a primera hora de la mañana y les explicaba las iniciativas económicas y planes sociales que pensaba aprobar y que afectaban a sus departamentos. Una práctica que algunos de los convocados forzosos consideraban degradante, una altiva ceremonia de reparto de limosnas.

La habilidad para sortear y satisfacer al mismo tiempo las demandas de las diferentes autoridades políticas ha sido siempre una de las claves de la supervivencia y de la creciente influencia de La Caixa. Convivir sin entregarse. El desenlace favorable de ese choque seminal con Ortínez y Pujol dejó a Vilarasau con todo el margen para hacer y deshacer a su antojo. Tanto es así que en 1987, cuando tocó relevar a Millet en la presidencia, Vilarasau propuso a Juan Antonio Samaranch como sustituto. Un prohombre de la burguesía barcelonesa, que ya se había introducido tres años antes en el consejo de administración, con proyección e influencia global, dada su condición de presidente del COI desde 1980, y comprometido con las autoridades locales de Barcelona en la celebración exitosa de los Juegos Olímpicos de 1992. El pasado franquista de Samaranch quedó sepultado por un movimiento de altos vuelos políticos y económicos en el que Pujol no pudo jugar ya ningún papel reseñable.

Distancia y pacto con el poder político, residente en Madrid. Entente con la autoridad política y la tecnocracia del Estado, con creciente autonomía, consecuencia de la progresiva liberalización de la economía y el aumento del poder de las finanzas, cada vez más hegemónicas en el mundo de la globalización. Con la consolidación de la democracia, La Caixa fue ganando margen de maniobra, en parte por el incremento de su importancia económica, en parte por la inteligencia de su cúpula para sacar partido del juego de tensión política entre Madrid y Barcelona.

La llegada de la nueva Generalitat añadió complejidad al tablero político, pero no cambió la esencia de las relaciones. El poder estructural seguía en Madrid, la definición de la naturaleza y funciones de ese tipo de entidades, a través de un simple decreto en el BOE, estaba en sus manos. Con el autonómico, encarnado en el pujolismo y que tenía la competencia sobre la regulación y elección de los órganos de gobierno de las entidades, se estableció una convivencia en la que La Caixa marcaba la pauta. Vilarasau supo sacar partido de la potencia de la entidad que dirigía para establecer las reglas del juego y evitar intromisiones ajenas. A cambio, Pujol aparentaba en público estar cómodo en esa dinámica, incluso le puso nombre, el modelo catalán de cajas, y presumía de haberlo construido sin interferencias políticas. Un relato que Vilarasau no cuestionó puesto que no afectaba a sus preocupaciones esenciales.

El financiero estaba más cómodo cuando los dos Gobiernos con los que tenía que convivir no mantenían sintonía. Las presiones contrarias de ambos se neutralizaban, lo que le ayudaba a salir airoso sin perder demasiadas plumas. Si Madrid apretaba, una llamada a Pujol pidiendo que le echara una mano podía aliviar la presión. Y viceversa.

Vilarasau aplicó en gran medida a la élite económica catalana el mismo modelo de relación distante que mantenía con el poder político. La burguesía local era un área de negocio, un ámbito social, pero no tenía la puerta de La Caixa abierta de par en par para hacer negocios o influir. Su consejo era un coto cerrado para sus más estrechos colaboradores y personas próximas. Financiaba muchas de las actividades de esa sociedad civil, pero eso no generaba una acción social o política común. La Obra Social era el territorio operativo preferido, la política de inversiones privilegiaba el ámbito artístico, la adquisición de obras era la primera partida, a tono con los gustos y tendencias dominantes en la alta burguesía barcelonesa. Vilarasau llegó a poner al frente de esas compras a su propia esposa, Lola Mitjans, hija de Francisco Mitjans Miró, uno de los arquitectos de referencia de la burguesía entre los años cincuenta y setenta del siglo pasado, autor de edificios como el rascacielos del Sabadell de la avenida Diagonal y copartícipe en la construcción del Camp Nou.

El crecimiento de las finanzas durante las últimas décadas hizo el resto, empequeñeciendo el poder político. La Caixa, como el Sabadell, a diferencia de lo que había sucedido en el País Vasco y Santander, donde los bancos hacía décadas que se habían aposentado en Madrid, mantenía en su lugar de origen una presencia mucho más notable y estructural.

El Pacto del Majestic y el fin de un modelo

Sin embargo, la historia depara quiebros inesperados. Y uno de ellos se produjo en 1996, con la ajustada victoria electoral del PP de José María Aznar y con Pujol asumiendo el papel de socio parlamentario imprescindible para el acceso de los populares al Gobierno en el Pacto del Majestic. Recibió este nombre por el céntrico hotel barcelonés del passeig de Gràcia donde se cerró —propiedad de una histórica familia del textil barcelonés, los Soldevila, compañeros de primera hora en la batalla política del *president*— y en el que Pujol celebraba sus victorias electorales. En sus vistosos salones se rubricó el acuerdo, y en este contexto político se crearon las circunstancias que propiciarían un abrupto e inesperado final al largo mandarinato de Vilarasau en La Caixa. Un proceso en dos fases que movilizó entre bambalinas todos los resortes del poder político en Barcelona y Madrid.

Aquella fue una crisis de mucha mayor intensidad que la que se puso de manifiesto con el relevo de De Carreras por Millet, en 1980, pues La Caixa se había convertido ya en la primera corporación financiera y empresarial de España y, además, había una carga añadida, la de ser un referente simbólico y emocional en Cataluña.

Como dejó escrito en las páginas de *La Vanguardia* Leopoldo Rodés, uno de los miembros más influyentes del patriciado económico catalán y español, La Caixa era ya por aquellos años «el único grupo privado catalán con capacidad para afrontar con garantías proyectos que requieran recursos de importancia». Una potencia que, colocada en contexto, también desnudaba las limitaciones del capitalismo local y el del conjunto de España. Como pusieron de manifiesto las primeras privatizaciones de empresas públicas españolas desarrolladas por los Gobiernos de Felipe González (1982-1996), que fueron más limitadas de lo inicialmente previsto porque los accionistas de referencia que buscaron los socialistas no daban la talla, no tenían capacidad para asegurar la españolidad si las privatizaciones eran totales. Menos escrúpulos tuvo luego Aznar, que las culminó colocando en las presidencias a sus amigos, sin peso accionarial propio, pero que con la autoridad del respaldo político se hicieron con su control indefinido. Fue el caso de Juan Villalonga, primero, y César Alierta, después, en Telefónica; Francisco González en el BBVA y Miguel Blesa, en Caja Madrid.

El contexto político que había regido las relaciones de La Caixa con los Gobiernos de Madrid y Barcelona comenzó a cambiar con el Pacto del Majestic. Un acuerdo mucho más profundo que el alcanzado con los socialistas de Felipe González durante la anterior legislatura de 1993 a 1996.

Como si fuera ajeno al entorno, dos años después, en 1998, Vilarasau ejecutó un audaz plan de autosustitución en la presidencia de La Caixa para sortear una jubilación a la que le obligaban los estatutos en un periodo máximo de dos años. Un movimiento que, a la postre, acabaría dejándole fuera de juego.

El plan de Vilarasau consistía en una operación relámpago para pasar en un solo día de ser empleado de la entidad, el de más alto nivel, director general, a jubilado, para ser elegido, acto seguido, miembro de la asamblea general y del consejo de administración por cooptación, un mecanismo que conocía bien. Y, sin solución de continuidad, asumir la presidencia, cargo para el que las entonces recién aprobadas leyes de cajas no fijaban edad de jubilación. El movimiento de fichas conllevaba al mismo tiempo que Ricardo Fornesa, su hombre de confianza, hiciera mutis por el foro y le dejara su silla en el consejo, mientras que el entonces presidente, José Antonio Samaranch, pasaba a serlo de honor.

La maniobra debía culminar con Vilarasau manteniendo sus potestades ejecutivas desde su nueva presidencia, pese a que la ley catalana de cajas las reservaba en exclusiva para el director general, que era el cargo que él ocupaba cuando controló la aprobación de esas normas, ahora molestas. Para que ese nuevo esquema fuera más factible, resultaba más operativo que su vacante en la dirección general no fuera ocupada por una sola persona sino por dos, ambas con derecho a voto o con voto compartido en el consejo, algo que la ley no contemplaba. Propuso que Isidre Fainé y Antoni Brufau, sus dos principales ejecutivos, fueran esos directores generales mancomunados. Él seguiría por encima, cual Bonaparte, sacando punta a la competencia de sus subordinados. Y, de hecho, logró que Pujol aceptara esa fórmula, una interpretación de la norma extremadamente forzada.

Pero la estrella de Pujol no tenía ya el fulgor del pasado y el hombre fuerte de su Govern era el *conseller* de Economía, Artur Mas, en quien Vilarasau apenas había reparado y que, curiosamente, era de los que menos soportaban los desayunos de reparto de ayudas que el director general de La Caixa organizaba regularmente en su despacho con los *consellers* del Govern. Mas, hombre cartesiano, acabaría sintonizando más con Fainé, pese a que casi no se conocían antes de la crisis y a quien, por cierto, el esquema diseñado por su jefe en La Caixa le desagradaba profundamente.

La batalla con la Generalitat estaba servida. Y Vilarasau la acabaría perdiendo. Aquello fue algo inaudito que no había sucedido desde la restauración de la Generalitat. De rebote, su ambiciosa propuesta provocaría también una enorme fisura en el equipo directivo de La Caixa. En esta ocasión, el financiero ya no disponía de margen de maniobra para explotar las diferencias políticas entre Madrid y Barcelona, por estar vigente la alianza del Majestic.

Pese al plácet inicial de Pujol, su entonces delfín, Artur Mas, responsable de Economía y, por lo tanto, con competencia directa sobre el asunto, se opuso radicalmente a la propuesta de Vilarasau y avanzó a su mentor su intención de dimitir si le desautorizaba en un asunto tan sensible. El que acabaría siendo sucesor de Pujol consideraba que Vilarasau, de quien sospechaba era un filosocialista maragalliano, quería perpetuarse en el poder dividiendo y debilitando la figura del director general, el único con competencias ejecutivas, para acabar ejerciendo una presidencia que, en la práctica, concentraría en sus manos los poderes de gestión, control y decisión. De hecho, en sus memorias, Vilarasau admite que tras el cambio todo continuó igual, como si siguiera siendo el primer ejecutivo. Ese primer conflicto acabó con Fainé como único director general con derecho a voto y con Antoni Brufau como director general del grupo de participadas, un título sin las competencias ejecutivas exclusivas que la ley otorgaba al único director general, pero que acarreaba la gestión directa del grupo de empresas participadas, la primera corporación de inversión industrial de España.

Pero la llegada de Aznar y de su vicepresidente económico Rodrigo Rato al Gobierno implicó una nueva aproximación hacia las cajas de ahorros. En su segundo mandato, tras la victoria electoral con mayoría absoluta en marzo del 2000, el presidente llegó incluso a estudiar un proyecto para limitar los derechos de voto de esas entidades en las empresas y bancos en las que participasen, aunque su porcentaje accionarial fuese superior. Tal vez, viendo el peligro que representaban esos posibles cambios y limitaciones, o bien por propia iniciativa, Vilarasau decidió ir más allá con los cambios en La Caixa tras el grave traspiés en su propio acceso a la presidencia.

En septiembre del 2000 abrió un nuevo frente que, esta vez sí, acabaría costándole la presidencia de la entidad. En una reunión de reflexión del equipo directivo en la localidad ceretana de Puigcerdà, propuso convertir La Caixa en un banco, lo que en los ámbitos políticos y económicos del momento se conocía como privatización. Argumentó que para eso ya había comprado todas las acciones del Banco de Europa, una entidad de su primo Carlos Ferrer Salat, que avanzaba hacia la insolvencia y de la que La Caixa tenía la mayoría desde que en 1994 ejecutó una operación de salvamento. La idea era que La Caixa vendería su negocio al banco a cambio de todo su capital. Con ese simple movimiento, La Caixa dejaría de gestionar directamente la actividad bancaria, se centraría en la obra social y sería propietaria de un banco con acciones. Estas se podrían comprar y vender, también entregar como bonus o compensación a los altos ejecutivos. Y podría acometer operaciones de ampliación de capital y captación de recursos, motivo principal de la transformación, según aseguraba Vilarasau. Cierto es que los directivos de las cajas de ahorros siempre se habían lamentado de que su naturaleza jurídica les impedía capitalizarse para crecer y competir mejor con los bancos. Estos replicaban que, al no tener acciones, las cajas no podían ser compradas, mientras que, en cambio, ellas sí que podían comprar bancos.

En términos sociales, el programa de Vilarasau implicaba una especie de nueva desamortización, la conversión de un patrimonio que aunque ya era privado, tenía carácter colectivo, no negociable, en futura propiedad de inversores capitalistas. Las suspicacias sociales se alimentaban del temor al enriquecimiento rápido de unos pocos, ya poderosos o recién llegados. Quién sabe, podía ser incluso el origen de una nueva burguesía. El primer ejecutivo del grupo financiero, Fainé, se opuso. «La idea fue muy bien recibida por casi todos, pero la reacción de Fainé fue total y por completo negativa», reconoció Vilarasau. Pero, pese a esa firme oposición, continuó adelante con sus planes. Y ese desgarro interno sería clave para el desenlace de la batalla, en la que, al final, el presidente de La Caixa perdería todo su poder.

Vilarasau comenzó a reunirse con los responsables políticos para sacar su proyecto adelante y mantuvo contactos con Pujol y el entonces todopoderoso Rodrigo Rato. Tras varias idas y venidas, los dos políticos se sintieron toreados por el financiero, a quien acusaron de dar a entender de manera falsaria que contaba con la aprobación del otro, para arrancar el plácet de ambos. Pujol y Rato, Rato y Pujol y, con ellos, Mas acabaron encontrándole todas las pegas al proyecto y sospechando de las intenciones de Vilarasau: desde buscar su propio enriquecimiento, hasta la perpetuación en el poder, pues como sociedad anónima un banco no tendría las limitaciones y controles de la ley de cajas. Y, finalmente, lo que a los dos políticos les pareció lo más grave: se convencieron de que tras esos movimientos había una conspiración con los socialistas para controlar mancomunadamente La Caixa. Estos estaban en aquellos momentos liderados por el recién elegido secretario general, José Luis Rodríguez Zapatero. En Cataluña, Pasqual Maragall encabezaba la oposición en el Parlament y preparaba su asalto a la Generalitat, que inició en octubre de 1999 y que no tuvo éxito en aquel primer intento. El calendario político alimentaba las lecturas conspirativas.

En La Caixa, un año antes de que Vilarasau expusiera sus planes, había accedido a la vicepresidencia Jordi Mercader, expresidente del INI con Felipe González, presidente de la papelera Miquel y Costas y vinculado al socialismo catalán, especialmente a Narcís Serra. Joan Clos, el alcalde de Barcelona, había propuesto a Mercader como uno de los tres representantes del ayuntamiento en el consejo de La Caixa. Se trataba de un personaje con un perfil suficientemente relevante como para asumir posiciones de influencia y su presencia en el consejo se leyó en el Palau de la Generalitat y en el paseo de la Castellana como otra prueba de la maniobra de asalto.

Finalmente, Rato y Mas, este último ya en funciones de sucesor con plenos poderes de Pujol, con la complicidad de un desairado Fainé, concluyeron que había llegado el momento de poner fin al mandato de Vilarasau. En noviembre y diciembre del 2002 modificaron dos leyes, una estatal y otra catalana, con estipulaciones concretas destinadas a forzar la jubilación inmediata del presidente de La Caixa, hecho que se produjo en marzo del 2003. Tratando de asimilar lo sucedido, el vencido expresidente dejó constancia en sus memorias, con contrariedad manifiesta, de que «tampoco fue violenta ni indignada la reacción del equipo directivo, Fornesa, Fainé y Brufau. Más bien su mensaje era que la Generalitat la había tomado conmigo y que lo mejor que podía hacer era conformarme». En realidad, los dos primeros habían estado en contra del proyecto desde el primer momento y su sintonía con la oposición de los dos Gobiernos allanaría el camino para la caída de Vilarasau. La Caixa y su presidencia constituían una enorme fuente de poder, pero no suficiente para imponerse a la alianza entre el Gobierno central, el de la Generalitat y un sector de la propia cúpula de la entidad.

En otro juego del destino, una década después, se le atribuyó al antes verdugo Rato su propia argucia para ejecutar idéntico plan de privatización para enriquecerse en Caja Madrid, donde desembarcó tras salir corriendo y sin explicaciones de la dirección del FMI y con la posterior creación de Bankia. Finalmente, aquella operación fue fallida y acabó desencadenando su descenso a los infiernos judiciales y carcelarios.

La Caixa y la crisis del Estatut

Tras la marcha de Vilarasau se impuso un relevo aparentemente continuista. Asumió la presidencia Ricardo Fornesa, el veterano abogado del Estado y presidente de Agbar, infatigable compañero de viaje del anterior. Su nombramiento se interpretó como interino, pese al marcado carácter del abogado del Estado, que la ocuparía casi cuatro años. Mientras Fainé siguió como director general y Brufau mantuvo sus funciones al frente del grupo empresarial. Pero el primero de estos dos ya era en aquel momento el auténtico hombre fuerte del grupo financiero. Era el mismo equipo que había construido Vilarasau a lo largo de su largo periodo de gestión, pero con un sutil cambio de posiciones y relaciones de fuerza que lo había transformado por completo.

Fornesa, el sucesor de Vilarasau, era un hombre muy conocido en los círculos económicos y políticos catalanes, pero ya no era un representante directo de las sagas burguesas que le habían precedido. Descendiente de una familia originaria de la Seu d'Urgell, propietaria de una pequeña entidad bancaria local, la Banca Fornesa, absorbida por el Banesto (ahora integrado en el Santander) en 1943, su elección daba otra vuelta de tuerca a la revolución gerencial iniciada por Vilarasau.

Inmediatamente después de la renovación de la cúpula y el desplazamiento de Vilarasau, en el año 2005, se planteó otro desafío trascendente. Ahora a cuenta de la elaboración del nuevo Estatut de Cataluña. El tripartito entre el PSC de Pasqual Maragall, la ERC de Josep-Lluís Carod-Rovira y la ICV de Joan Saura planteó incluir en el texto estatutario la competencia exclusiva de la Generalitat para regular las cajas de ahorros, en especial el delicado capítulo de su funcionamiento interno y la composición de sus órganos de gobierno. Fornesa, en representación de la cúpula de La Caixa, capitaneó al resto de las catalanas en la oposición radical a esa propuesta. Y se salió con la suya, en esta ocasión, contando con el apoyo del Gobierno de José Luis Rodríguez Zapatero y los dos grandes partidos españoles, PSOE y PP. El Estatut definitivo incorporaba un cambio de la propuesta inicial en su artículo 120 sobre la competencia de la Generalitat que se contextualizaba «respetando lo que establece el Estado en el ejercicio de las competencias que le atribuye [...] la Constitución», referidos a la ordenación del crédito y la actividad económica.

Pero ese nuevo Estatut abrió una sima profunda entre la burguesía —desde La Caixa, pasando por Foment, hasta el Cercle d'Economia— y las fuerzas políticas catalanas, no solo con el tripartito, también con CiU. Las élites lo consideraban intervencionista en lo económico; sesgado hacia lo simbólico, en lo político, lo que despertaba recelos en el resto de España; inconcreto en lo esencial desde su punto de vista, la financiación. En La Caixa, se exacerbó la sospecha de que los políticos catalanes continuaban albergando deseos de controlarla. El hecho de no estar blindada con los derechos inherentes a la propiedad, como el resto de las empresas o activos en una sociedad capitalista, extremaba la sensibilidad de la cúpula hacia posibles cambios legislativos que la despojaran de sus derechos y autonomía. Como veremos, esa desconfianza, consolidada con el Estatut, sembró la semilla para que en el arranque del *procés*, La Caixa tomara decisiones importantes para quedar a cubierto de las posibles consecuencias indeseadas de la evolución política en Cataluña.

Con el tiempo, el proyecto de privatización de Vilarasau acabaría viendo la luz, aunque de manera gradual, sin los mismos objetivos ni con el grado de autonomía que él buscaba para actuar según su particular punto de vista. Un nuevo modelo impuesto desde Bruselas. Fue una evolución gradual, con un brusco giro final. Primero, la necesidad de recursos adicionales llevó al nuevo equipo directivo a sacar a bolsa en el 2007 la cartera de participaciones industriales, agrupadas bajo el paraguas de una sociedad *holding*, Criteria. Se colocó un 20 % del capital de esa nueva sociedad, quedando el 80 % restante en manos de La Caixa. La operación no fue bien. Las acciones no recuperaron nunca el precio de la colocación y tampoco cubrieron las necesidades de financiación de la matriz. El momento, en puertas de la crisis financiera y con los mercados de capital cerrados a las nuevas operaciones y sin liquidez, fue también inadecuado. Una prueba del peligro del juego especulativo del capitalismo global. Un baño de realidad para una entidad acostumbrada a tener relaciones tranquilas con sus clientes. Una ruptura con su cultura tradicional.

El reinado de Fainé

Finalmente, en el 2007, Fainé se convirtió en presidente de La Caixa, aunque ya en la época de Fornesa era el hombre fuerte de la entidad. Tras más de un siglo, el timón del gigante económico catalán quedaba en manos de alguien sin vínculos con las estirpes tradicionales de la burguesía catalana. Fainé reunía las características atribuidas al hombre forjado a sí mismo, de origen modesto y sin antecedentes o relaciones familiares que le hubieran ahorrado algún escalón en el ascenso social. Dedicado de forma absorbente al trabajo, ambicioso, conservador y muy religioso, no era un participante destacado de la vida social de las élites catalanas, pese a tenerlas sobradamente radiografiadas desde su posición como operador financiero. Ingresó en la entidad en 1981, como subdirector general comercial, fichado por Vilarasau.

El presidente de La Caixa compensa su escasa exposición pública con un uso compulsivo de una agenda interminable de contactos y relaciones. Siempre saca tiempo para mantener el trato directo con toda clase de personas de los más diversos ámbitos. Son legendarias sus reuniones múltiples utilizando simultáneamente varios despachos. Concibe las finanzas como una actividad esencialmente comercial, lo que le hace especialmente persuasivo en las distancias cortas. Casi nunca acepta un no a sus planes y muchas veces arranca compromisos sin que sus interlocutores sean conscientes de ello. En consonancia con su posición de poder, atesora elevadas dosis de ambición y desconfianza, que le hacen estar permanente alerta frente a posibles o potenciales peligros. Lobbista incansable en pos de sus objetivos, defiende las negociaciones como la vía para solucionar cualquier conflicto, incluido el de Cataluña y España. Tal vez porque es alérgico a los choques públicos. Sobre esas bases, durante su presidencia ha expandido exponencialmente al mismo ritmo el imperio financiero y la red de influencias y poder económico de La Caixa.

Mientras Vilarasau era refractario a rodearse de los próceres locales, Fainé optó por integrarlos en su órbita, reforzando la tendencia iniciada ya con Fornesa, lo que amplió su radio de acción en la misma proporción. Los consejos de administración vinculados en distintos grados a La Caixa forman un rosario incontable de sociedades, asociaciones, con sus propios subsistemas asociados, se abrieron a notables de Barcelona y Madrid. Gracias a su incansable *networking*, proyecta su influencia en toda España articulando asociaciones de profesionales, como la Confederación Española de Directivos y Ejecutivos (CEDE), cuya fundación preside y que celebra congresos anuales con centeneras de asistentes, incluidos jefes de Estado y presidentes de Gobierno.

Fainé reorientó también la Obra Social. Comenzó un drástico viraje desde las compras de obras de arte como actividad más destacada hacia la asistencia social y la promoción de actividades científicas y de investigación. Ese giro arrancó ya en la presidencia de Fornesa, pero el motor del cambio en aquel momento ya era el financiero manresano. Ambos ejecutivos eran ajenos al ambiente social que había cultivado su antecesor.

En 2011, en plena crisis financiera, se decidió cambiar la estructura del grupo, dando origen al actual CaixaBank, mientras que La Caixa se transformaba en una fundación. Un modelo similar al propuesto por Vilarasau. Las motivaciones para optar por un esquema así venían, ahora sí, de la crisis financiera y la necesidad de hacer frente a un declive marcado del negocio bancario, con balances demasiado comprometidos con el sector inmobiliario y la construcción. Pero no fue suficiente. Poco después de esta última transformación, en el 2012, el rescate financiero de España abrió la puerta a que Bruselas impusiera más exigencias de cambio en la regulación de las cajas, consideradas las principales responsables de la crisis bancaria del país. Y contó con el apoyo de la banca española, el Banco de España y buena parte del equipo económico del Gobierno, en primer lugar, el ministro de Economía, Luis de Guindos, actualmente vicepresidente del BCE.

Aunque la burbuja inmobiliaria y financiera afectó a todo el sistema bancario español, las cajas de ahorros se habían abocado con énfasis agravado a la gran fiesta de la burbuja inmobiliaria, en buena medida impulsadas por las propias Administraciones locales y autonómicas, que tenían en muchas de ellas la condición de fundadoras, lo que les otorgaba un alto grado de influencia, cuando no de control casi absoluto. Cuando todo estalló, quedaron anegadas de créditos inmobiliarios impagados. Esto acabó desencadenado un proceso de cambios históricos en el sector.

Para la banca, la situación propiciaba un ataque frontal contra las cajas, que en ese momento, en plena crisis financiera, controlaban la mitad del mercado español, con La Caixa en primer lugar.

Los banqueros criticaban que las cajas podían comprar bancos, uno de los mecanismos a través de los que aquellas ganaban cuota de mercado, mientras que ese tipo de operaciones no era posible en sentido inverso. Los bancos no podían comprar cajas. Era una consecuencia de que estas no estaban en manos de propietarios mercantiles.

El problema era que, por su propia naturaleza, no tenían capital en acciones, no podían recurrir a las clásicas ampliaciones, tan empleadas por los bancos para aumentar su tamaño, financiar su expansión o compensar pérdidas. Es decir, no disponían de palancas para capitalizarse en los momentos de dificultades. Y ese fue su gran talón de Aquiles cuando llegó la crisis financiera. El otro, la escasa profesionalización de su gestión, muchas veces derivada de los nombramientos por afiliación política.

La sobreexposición inmobiliaria, con la escalada de quiebras de promotoras y propietarias de suelo, más los impagados de las hipotecas, consecuencia del paro galopante, acabaron provocándoles pérdidas insuperables.

Para los sectores políticos y económicos contrarios a las cajas, la crisis financiera se convirtió entonces en una oportunidad que conjuró un aquelarre de defensores de las sociedades por acciones. Además de los banqueros, el Banco de España, el Gobierno, la Comisión Europea y la mayoría de los medios de comunicación exigieron el fin de un modelo que en España llevaba existiendo desde hacía prácticamente siglo y medio.

Las cajas, obviamente, se opusieron. En primer lugar, Isidre Fainé, el presidente de la mayor de España y de Europa, así como de su organización colectiva, la CECA. Fue un duro proceso. En un panorama de crisis de solvencia generalizada de las entidades de ahorro, La Caixa, la más relevante de todas ellas, era la gran excepción, junto a algunas pocas más, aunque de mucha menor envergadura, como la Kutxa vasca, la IberCaja aragonesa y la Unicaja andaluza. Pese a su destacada posición en el mercado hipotecario e inmobiliario español, una de las palancas tradicionales de su expansión, la gran caja catalana había intuido en el horizonte, con antelación, los problemas de liquidez y, antes de que la burbuja estallase, había desinvertido bastante en las empresas más vinculadas al negocio del ladrillo. Además, su diversificación en ámbitos como los seguros, en la que era líder en España y, sobre todo, una enorme cartera de participaciones industriales históricas (Gas Natural, Repsol, Telefónica, Abertis, Agbar, entre las más relevantes) aseguraban mantener en positivo la cuenta de resultados, pese a las dificultades de la coyuntura.

Las conversaciones y discusiones a varias bandas —entre la ministra de Economía de entonces, Elena Salgado, y su sucesor en el cargo con la victoria del PP de Mariano Rajoy en noviembre del 2011, Luis de Guindos; o entre el gobernador del Banco de España, Miguel Ángel Fernández Ordóñez y Fainé— duraron varios meses de alta tensión.

En ese periodo, entre el comienzo de la crisis y la nacionalización de Bankia, en la primavera del 2012, las cajas catalanas fueron cayendo una tras otras. Del trampantojo pujoliano del sistema catalán de cajas, con diez entidades de ahorro repartidas por todo el territorio, se llegaría al rescate financiero de España con una sola, La Caixa.

Esa tupida red de pequeñas y medianas cajas fueron las más afectadas. Repartidas por el territorio, realizaban una notable labor de activismo cultural y social en poblaciones medias de Cataluña y daba brillo y autoridad social, además de sustanciosos ingresos, a las élites locales vinculadas a ellas. Cuando desaparecieron a causa de la crisis, esos sectores dirigentes pasaron a engrosar en su gran mayoría las filas de un independentismo económico que atribuyó la causa de sus males al poder político de la capital del reino. Apenas hubo ejemplos de autocrítica hacia su propia gestión durante los muchos años de incontenible burbuja inmobiliaria y financiera. Algo similar ocurrió en el ámbito político. En el 2014, el Parlament de Cataluña creó una intrascendente comisión de investigación sobre el asunto y concluyó que las responsabilidades estaban todas allende las fronteras de la comunidad, en Madrid, Bruselas o Frankfurt. Pese a que el Estatut otorgaba competencias de control, inspección y tutela al Govern de la Generalitat sobre las cajas, la sociovergencia impuso su visión de un error exógeno, por definición, ajeno al buen hacer del autogobierno y los fallos locales se referían únicamente a la falta de profesionalidad de los gestores de las entidades.

La clase política catalana concluyó que «las autoridades de la Generalitat hicieron una labor de control del sistema financiero de Cataluña en términos ajustados a las competencias limitadas que les correspondían». Ni los propietarios institucionales de la mayoría de ellas, diputaciones y ayuntamientos, que en algunos casos situaron al frente a conocidos personajes del ámbito político, como a Narcís Serra en la presidencia de Caixa Catalunya, controlada por la Diputación de Barcelona. Dicho sea de paso, aquello sirvió para que el tripartito de Montilla aprobase por primera vez que los presidentes tenían derecho a cobrar por desempeñar el cargo. Ni los obligados a tutelarlas, el Govern catalán, tuvieron tampoco nada que ver. Un ejemplo poco sutil de autobendición, tras años de atribuirse la paternidad de un supuestamente virtuoso modelo catalán de cajas.

En gran medida, la desaparición de esas cajas, además de las catalanas, también otras muchas en el resto del Estado, formaba parte del programa de acción del Banco de España que dirigía Miguel Ángel Fernández Ordóñez. El producto más destacado de su política fue Bankia, un engendro en el que varias cajas quebradas, con el común denominador de que la mayoría eran de la órbita del PP, se arremolinaron en torno a Caja Madrid y crearon un gigantesco zombi financiero, anegado por la morosidad inmobiliaria, al que las élites políticas y económicas de la capital del reino otorgaron credibilidad por el simple hecho de que desplazaba a La Caixa de la primera posición del ranking y evitaba reconocer que el sistema financiero español, el mejor del mundo según decía entonces el presidente Zapatero, padecía problemas gravísimos.

Bankia acabó nacionalizada y con su presidente, Rodrigo Rato, saliendo por la puerta falsa, camino de un rosario de procesos y condenas judiciales, ingreso en prisión incluido. La financiación pública de esa intervención entregó al Estado español atado de pies y manos a un rescate por la Comisión Europea, el Banco Central Europeo (BCE) y el FMI, la troika, que pasó a dirigir la política económica. El crédito de 100.000 millones de euros en el verano del 2012 llevó aparejada la condición de hacer desaparecer las cajas de ahorros de la actividad bancaria española.

En ese lamentable episodio, la Comunidad de Madrid que presidía Esperanza Aguirre perdió su única entidad financiera autóctona, Caja Madrid, ya que el resto de la gran banca, que tiene sus sedes operativas en la capital, Santander y BBVA, siguen teniendo sus sedes sociales en sus lugares de origen, Cantabria y Bilbao, respectivamente. En aquellos días de tensión, Aguirre andaba indignada con el ministro De Guindos, compañero de partido convertido en enemigo sobrevenido tras nacionalizar Bankia y arrancarle de las manos la entidad que debía servirle para financiar su asalto al poder contra Mariano Rajoy. La presidenta llamó por teléfono al ministro para recordarle que la mitad de Bankia era suya, de la Comunidad, en calidad de fundadora de la centenaria Caja Madrid. El ministro, cáustico, no pudo evitar contestarle «Espe, la mitad de nada es nada».

Una forma simple de definir la desamortización financiera que en España supuso la crisis de las cajas de ahorros, unas entidades cuya propiedad era social, al ser colectivos sus propios fundadores, y que acabaron en manos de bancos, fondos y con sus obras sociales progresivamente descapitalizadas y condenadas a la intrascendencia. Una muy mala noticia para muchas pequeñas capitales de toda España, especialmente significativo ahora que se habla tanto de la España vaciada y de la desatención financiera en amplios territorios y nutridas capas de la población, como la gente mayor. También para los sindicatos, que estaban presentes, en representación del personal, en las viejas estructuras y no se enteraron de lo que estaba pasando, cuando no participaron directamente en algunos de los episodios más sonados de despilfarro, como en Caja Madrid. La banca, la nueva y la vieja, se abalanzó sobre su mercado y se repartió sus activos. Aquel fue un fenómeno de especial dimensión en Cataluña por la elevada implantación de esas entidades. Para más agravante, en el desastre también se vieron arrastrados sectores de muy pocos recursos y de clases medias a las que se les vendió que invertir en la reconversión del sector sería una buena manera de revalorizar sus ingresos. La estafa de la salida a bolsa de Bankia es el ejemplo paradigmático de este uso de los recursos de los incautos para financiar la salida de las crisis.

En el memorando firmado entre el Gobierno español y la troika en julio del 2012, esta exigió cambios regulatorios que «aclaren la función de las cajas de ahorros en su calidad de accionistas de entidades de crédito, para, en último término, reducir su participación en las mismas hasta un nivel no mayoritario». La medida se completaba con la demanda de «medidas para reforzar las normas de idoneidad de los órganos de gobierno de las cajas de ahorros y para adoptar requisitos de incompatibilidad para los órganos de gobierno de las antiguas cajas de ahorros y los bancos comerciales bajo su control».

En el plan de rescate figuraba la obligación de transformar las cajas en fundaciones bancarias, a las que se impondrían duras limitaciones para participar en el capital de bancos. Aquellas prácticamente desaparecían y los bancos acabarían haciéndose con la mayor parte del mercado. Muy llamativo fue el hecho de que todos estos defensores de los derechos de propiedad acabarían imponiendo que las nuevas entidades que se crearan no pudieran ejercer sus derechos en los bancos en los que seguirían participando.

Los cambios normativos transformaron por completo la galaxia de La Caixa. También desencadenaron una grave crisis entre el presidente Fainé y el director general, Juan María Nin, fichado por el primero en el 2007. Este había desarrollado toda su carrera en la gran banca y antes de llegar a La Caixa era consejero delegado del Sabadell, con Josep Oliu en la presidencia. Para cuando llegó a La Caixa, Fainé ya concebía la dirección general como una función casi exclusivamente financiera, reservándose para sí mismo buena parte de las funciones de tutela de las esencias del universo de la entidad; amén de las representativas y de interlocución con los poderes políticos y responsables de los organismos reguladores. La ambición de Nin y el control de Fainé pronto generaron una situación de tensión creciente que las diferentes visiones sobre el modelo de entidad —bancario y volcado al máximo beneficio, para el primero; con cierto acento social y de complicidad con los sindicatos, para el segundo— complicaron aún más.

La reorganización de la entidad, a caballo de las exigencias del Gobierno y del BCE, supuso la puntilla. Fainé estaba negociando con el ministro De Guindos un aplazamiento de la entrada en vigor de las normas de incompatibilidad que le impedían ocupar simultáneamente la presidencia de la nueva fundación bancaria recién creada (como veremos con más detalle en las próximas páginas) y CaixaBank, el banco propiedad de la primera. En plenas conversaciones sobre esa moratoria, Nin vino a decirle a De Guindos que no la aceptara. Cuando Fainé lo supo, en junio del 2014, cesó a Nin.

La Caixa se protege en Madrid y Mas hace que no se da cuenta

Volvamos a la transformación de La Caixa. El decreto gubernamental recogiendo todos los cambios jurídicos sobre las cajas se publicó en el BOE del 28 de diciembre del 2013. Probablemente sea este el documento legal de mayor trascendencia económica para Cataluña de las últimas décadas.

Cuando ese BOE vio la luz aún gobernaba Artur Mas, aunque estaba políticamente muy debilitado por el adelanto electoral del año anterior, que le rebanó doce diputados y le obligó a pactar con ERC. Y aunque no se había celebrado ningún referéndum popular con aval del Govern, dos semanas antes, el *president* había pactado con el presidente de ERC, Oriol Junqueras, fecha y pregunta para la primera consulta, la del 9 de noviembre del 2014.

Y precisamente en ese momento La Caixa ya había diseñado un esquema de protección para aislarse de las turbulencias políticas y de los hipotéticos cambios legislativos o de las decisiones inesperadas de un poder autonómico catalán del que ya venía desconfiando desde que se comenzó a elaborar el Estatut que decapitó el Constitucional. El decreto de diciembre del 2013 cambiaba de manera fundamental el *statu quo* sobre la tutela política de La Caixa. Las fundaciones bancarias creadas con el decreto iban a ser la columna vertebral de los nuevos grupos económicos de las cajas que sobrevivieran. Las fundaciones tienen un régimen especial de protectorado que, en última instancia, remite a una administración encargada de tutelarlas. Hasta diciembre del 2013, esa competencia recaía en la comunidad autónoma donde la fundación tuviera la sede social o desarrollase su principal actividad. Si nada hubiera cambiado, la administración responsable de la tutela de la Fundación Bancaria La Caixa habría sido la Generalitat de

Cataluña, pero la nueva ley establecía que las fundaciones accionistas de bancos por encima del 10 % de su capital o con más del 40 % de sus depósitos de clientes fuera de su comunidad autónoma de origen pasarían a depender del Ministerio de Economía.

A diferencia de un banco, una sociedad anónima por acciones protegida por las normas civiles y mercantiles que regulan los derechos de propiedad, ya antes de los cambios, las cajas de ahorros estaban muy expuestas a la intervención de los poderes públicos, con amplias competencias de regulación e influencia, con el recurso a un simple decreto ley. Esta situación se extremaba enormemente con la creación obligatoria de las fundaciones bancarias.

Con esa perspectiva, fue la propia entidad catalana la que ideó la propuesta de que el protectorado de las nuevas fundaciones bancarias —el organismo público encargado de tutelar y velar por su funcionamiento acorde con sus objetivos fundacionales y la legislación— pasase a estar en manos del Gobierno central, concretamente del Ministerio de Economía, y no de la Generalitat, como había sucedido hasta entonces con la fundación predecesora de la actual.

Testigo de esa batalla fue el entonces *conseller* de Economía de la Generalitat, Andreu Mas-Colell, que ni tan solo consiguió que el grupo parlamentario de CiU en Madrid presentase una enmienda contra esa propuesta en el Congreso. Sí que se presentó en el Senado, donde no contó con apenas apoyos.

Las sutilezas técnicas quedaron en manos del entonces máximo responsable jurídico de la entidad de ahorro catalana, Alejandro García-Bragado, que ya había llevado las negociaciones con el BCE para la nueva estructura del grupo La Caixa, mientras que, por parte del ministerio, el responsable fue el subsecretario de De Guindos, Alfredo González-Panizo.

Cumpliendo lo dictado en el decreto de finales de 2013,

entre febrero y julio del 2014 se ejecutaron los cambios para convertir La Caixa en la actual Fundación Bancaria La Caixa, que pasó a estar tutelada por el Ministerio de Economía. De un plumazo, la Generalitat se quedó sin competencias sobre el grupo económico más importante de Cataluña, un núcleo de poder sin parangón histórico y columna vertebral de la sociedad civil y la burguesía del país. Aquel fue un movimiento preventivo, en parte consecuencia del agrio choque a cuenta de la desconfianza creada durante la elaboración del Estatut, que en la entidad vivieron como un intento de tomar el control de una parte de la clase política, y también de la intuición de que la evolución de los acontecimientos en el futuro, con el *procés* ya en marcha, no favorecía sus intereses. Señalaba que la economía no quedaba al margen de las turbulencias políticas de aquellos años. El independentismo se negaba a admitir que la burguesía estaba marcando distancias a toda velocidad y lo atribuía todo a las presiones de Madrid.

El primer paso, como ya se ha visto, había sido traspasar el control público de Barcelona a Madrid, considerada esta última más estable políticamente y menos tentada que la primera por veleidades intervencionistas.

Un año largo después, Mas parecía no admitir aún esa realidad que acabaría profundizándose en los meses y años siguientes. En su última campaña electoral como candidato, la del 27 de septiembre del 2015, en referencia a la posibilidad de que los bancos dejaran Cataluña, denunciaba: «Tanto miedo, tanto miedo, tanto miedo... ¿Pensáis que se marcharán de aquí? Claro que no se irán. Claro que se quedarán [...] Carme [Forcadell, entonces presidenta del Parlament], tranquila, no se irá ninguno, porque Cataluña representa el 20 % del mercado español». Los banqueros, en cambio, pensaban sobre todo en el 80 % restante de su negocio, ese al que Mas no se refirió en su audaz intervención mitinera. Como quedaría claro tras el 1 de octubre del 2017, además de los banqueros, también muchos otros empresarios razonaban con esa misma regla de cálculo.

La Caixa acabaría convertida en una galaxia con una estrella principal, la Fundación, y dos grandes planetas en su órbita, Criteria y CaixaBank, con Fainé como rótula de unión. En el centro, una Fundación, ahora con sede en Palma de Mallorca, gestora de la Obra Social, el objetivo final de actividad de La Caixa y presidida por Fainé. En ella destacan el notario Juan José López Burniol, Pablo Isla, expresidente de Inditex, y José María Álvarez-Pallete, presidente de Telefónica. En el ámbito de la burguesía y la sociedad civil catalana, aparecen Javier Godó, presidente del Grupo Godó; Eugeni Gay, exvicepresidente del Tribunal Constitucional y exdecano del Colegio de Abogados de Barcelona. En atención a las sensibilidades políticas, el tradicional nacionalismo moderado convergente está representado por un *exconseller* de la Generalitat de Jordi Pujol, Francesc Homs. El ingeniero Marc Murtra, nombrado presidente de Indra por el Gobierno de Pedro Sánchez, hombre de la órbita del socialismo catalán. La selección la completa con alguna conexión internacional como la de Shlomo Ben-Ami, político israelí de larga trayectoria, exembajador en España y ministro de Exteriores.

El menor peso catalán en la Fundación dio pie a críticas por ese distanciamiento de los orígenes, un supuesto primer paso en el camino hacia una futura ubicación en Madrid. En el momento de la constitución de ese patronato, Artur Mas ocupaba aún la presidencia de la Generalitat, se mostraba comprensivo con el diseño de Fainé y valoraba especialmente la incorporación de referentes internacionales que en un momento determinado pudieran acudir en ayuda de la entidad si el Estado se abalanzaba sobre ella. El *president* también opinaba que la importante figura del director general, el único ejecutivo, aportaba un contrapeso local relevante. Se trataba de Jaume Giró, quien casi una década más tarde acabaría ocupando la *conselleria* de Economía en el Gobierno de coalición de ERC y Junts per Catalunya (JxCat) presidido por Pere Aragonès.

El segundo núcleo de la galaxia La Caixa es Criteria, también con sede en Palma. La caja fuerte, el cofre del tesoro, *holding* de casi todas las inversiones de La Caixa, la sala de máquinas que debe definir la estrategia financiera para generar los recursos, entre 600 y 700 millones anuales, para que la Fundación siga jugando un papel relevante en la vida social y pública barcelonesa y también española. La primera corporación de inversiones de España y una de las primeras de Europa, con unos activos netos de 17.000 millones de euros. Criteria centraliza las principales participaciones empresariales y financieras del grupo, además de CaixaBank Bankia, Naturgy, The Bank of East Asia; el banco mexicano Inbursa; una parte de Aguas de Barcelona; Cellnex; Telefónica. En su consejo repiten buena parte de los patronos de la Fundación, encabezados por el propio Fainé.

Finalmente, se encuentra CaixaBank, la antigua Caixa, tercera gran pieza. Situada formalmente en Valencia desde octubre del 2017. Este es el origen de todo el negocio y el mascarón de proa de su poder financiero, con unos activos de casi 700.000 millones. Es el primer banco del mercado español, propietario del grupo líder en seguros, VidaCaixa. El consejo del banco, además de los representantes del absorbido Bankia, todos nombrados por su accionista público, el FROB, encabezados por el nuevo presidente tras la fusión, José Ignacio Goirigolzarri, ejecutivo vasco vinculado históricamente a la burguesía de Neguri, pero con la que marcó distancias tras una crisis en la que Francisco González, el hombre del Gobierno de Aznar en la entidad, expulsó a la aristocracia financiera vasca y asumió todo el poder en el BBVA. Los miembros aportados por La Caixa son, en primer lugar, el máximo ejecutivo, Gonzalo Gortázar, también vasco.

Los tres entes mantienen una estructurada división de funciones. La Fundación invierte en el ámbito de la Obra Social, es la cara más visible de la acción no financiera de La Caixa y absorbe la mayor parte de los beneficios de todo el grupo. Criteria, por su parte, se encarga de la gestión financiera de las diferentes inversiones, buscando asegurar los beneficios para nutrir el presupuesto de la primera. Tras unos años de discreta diversificación a través de la compra de pequeñas participaciones en empresas en desarrollo, ha acometido un nuevo giro para jugar un papel más activo y de mayor influencia en grandes empresas de servicios. Está redefiniendo su estrategia de inversión especialmente relevante para Cataluña, atendiendo a su enorme envergadura. Esto es motivo de preocupación para una parte de la élite barcelonesa y, en general, para quienes escrutan los efectos de sus decisiones de inversión sobre la evolución de la economía catalana. De las ocho firmas catalanas del IBEX 35, tres mantienen estrechos vínculos con La Caixa (CaixaBank, Naturgy y Cellnex), pero su importancia va mucho más allá, en parte por el papel del banco y su capacidad de arrastre; en parte por su capacidad de atracción de centros de decisión de empresas y, con ellos, de talento.

Las decisiones estratégicas de La Caixa siguen siendo el primer factor de política económica en Cataluña. De esa nebulosa forman parte también personajes relevantes, especialmente los presidentes o primeros ejecutivos de las grandes participadas: Gonzalo Gortázar (CaixaBank), Francisco Reynés (Naturgy), Ángel Simón (Agbar); interlocutores del Gobierno central y de muchos presidentes autonómicos y con capacidad de decisión en términos de inversión y localización estratégica. No existe en Cataluña nada con semejante capacidad para definir el devenir de su economía, ni en el sector público ni en el privado. Sin embargo, a diferencia de periodos anteriores, su estrategia de inversión no puede concebirse a la escala de las tradicionales empresas familiares. En el mundo de la globalización, las grandes corporaciones deben pensar en empresas a la altura de los desafíos globales y el tejido empresarial clásico de Cataluña no está especialmente adaptado a esas exigencias.

La última gran pata, finalmente, es CaixaBank, que asume el negocio bancario y asegurador. El funcionamiento de esa galaxia se regula en un «protocolo de gestión de la participación financiera de la Fundación Bancaria en CaixaBank». Un pacto que limita, por imposición del BCE, el ejercicio de los derechos políticos de la Fundación y Criteria en CaixaBank y que impide que los patronos de la primera puedan ser consejeros del segundo. Define también los flujos de información entre las dos entidades y todas las relaciones económicas entre ellas, desde el uso del nombre y la web de La Caixa hasta la estrella mironiana que identifica al banco en toda España y por cuyo uso el banco paga a la Fundación 1,6 millones de euros anuales.

La burguesía, ni como colectivo ni individualmente, emitió reacción alguna cuando el dictado de Bruselas impuso un cambio tan importante para la economía catalana, especialmente la limitación de los derechos políticos de La Caixa en el banco. Esto ha sido una auténtica expropiación que la ha obligado a no interferir en la gestión del banco y que, en la práctica, implica una mutilación económica con pocos precedentes en el mundo capitalista moderno. La propia personalidad de Fainé, poco partidario de demostraciones o debates públicos y la configuración del nuevo esquema de funcionamiento, que en gran parte dejaba las cosas como estaban desde el punto de vista de las personas y de la unidad política, explica en buena medida ese silencio. Las élites nunca han sido partidarias de airear sus problemas. Del mismo modo, las penalizaciones que el BCE introdujo a todo el sector sobre criterios de solvencia y capital para penalizar las inversiones industriales de la banca también desvirtuó el histórico modelo de La Caixa desde la época de Vilarasau.

El relevo en la presidencia de la Fundación —Fainé tiene ochenta años—, la estrategia inversora de Criteria y el papel del Estado en el capital de CaixaBank tras absorber Bankia son las tres grandes incógnitas inmediatas de la economía catalana, de su papel en la economía europea y mundial y de las relaciones de poder de la burguesía local con el poder central.

3

LA GRAN CRISIS DEL 1 DE OCTUBRE

2 de octubre, pánico bancario en Cataluña

El lunes 2 de octubre del 2017 el pánico bancario se apoderó de Cataluña y también de buena parte de España. La mañana de ese día comenzó un movimiento que, en apenas tres jornadas, llevaría a cientos de miles de ahorradores hacia las oficinas bancarias y las aplicaciones informáticas, especialmente las de CaixaBank y el Sabadell, para poner a buen recaudo sus ahorros, que consideraron en peligro. Hasta ese día, la tranquilidad había sido la tónica dominante entre los ahorradores pequeños y medianos. Los bancos ya habían detectado que los clientes más pudientes, los más adinerados, llevaban meses haciendo movimientos y utilizando diversas vías para proteger sus patrimonios más líquidos.

Pero esa calma, que se había mantenido pese a la aprobación de las leyes de desconexión y los agitados debates que la acompañaron en el Parlament, se truncó súbitamente y para sorpresa de todos ese lunes. El día anterior, el domingo 1 de octubre, la sociedad se quedó atónita ante las pantallas de televisión. Las imágenes mostraban como 2,3 millones de personas acudían a votar en los improvisados colegios electorales catalanes, pese a la desmesurada represión policial, en un referéndum que el Gobierno de Mariano Rajoy había declarado ilegal y que había asegurado que no se iba a celebrar. La magnitud de lo que sucedió desbordó a los protagonistas políticos, tanto en el Gobierno de Madrid como en el frente independentista, también al conjunto de la sociedad, que ese día tomó conciencia de la magnitud de la crisis política. Lo inimaginable había pasado; todo podía pasar. La posibilidad de que hubiera una declaración unilateral de independencia, de que Cataluña quedara fuera de la Europa política y del euro, arrastrando así a los bancos de la comunidad y forzando un corralito que les bloquease sus ahorros se convirtió en una pesadilla posible para muchos ciudadanos.

El dinero es miedoso, dice un tópico bastante realista. El bancario, mucho más. En palabras de uno de los más altos responsables de una de las dos entidades catalanas que cambió la sede esos días, «la declaración de la independencia de forma unilateral equivalía a una revolución. Y de una revolución, el dinero huye como de la peste». Ese clima desató durante aquellos días el pánico económico entre sectores de la burguesía y amplísimas capas medias de Cataluña, incluidas también algunas de las más independentistas.

Como decíamos, fue el lunes cuando todo comenzó. En el curso de esa jornada, los dos grandes bancos catalanes, La Caixa y el Sabadell, registraron salidas netas de cuentas de pequeños ahorradores por una cifra cercana a los 2.000 millones de euros. Sin embargo, los responsables de las entidades no tendrían constancia de esa realidad hasta la mañana siguiente, el martes 3 de octubre, cuando les llegó el balance de esos saldos y movimientos. En verdad, a Jaume Guardiola, el consejero delegado del Sabadell, le habían sonado las alarmas pocas horas antes, por la vía de una inesperada llamada telefónica; la tarde del mismo lunes. Al otro lado del aparato, Rami Aboukhair, su equivalente en el Santander, el gran banco español y competidor directo del catalán. El ejecutivo del grupo de Ana Botín se ofreció a Guardiola para comprarle carteras de créditos, por si el banco catalán necesitaba liquidez para atender las demandas de fondos de sus clientes. El abrazo del oso. Las luces de alarma se encendieron ya aquel atardecer en el equipo ejecutivo del banco presidido por Josep Oliu.

El martes, día 3, fue el día en el que en el ámbito financiero se comprendió la gravedad de la situación. En los equipos directivos, los datos del volumen de salidas y la cantidad de clientes implicados del día anterior se interpretaron como señales de una crisis cierta. Se activaron todos los mecanismos y se pusieron en marcha los primeros planes de emergencia. Aún estaba presente en el recuerdo la reciente crisis financiera del 2008, con las caídas fulminantes de bancos afectados por el pánico y la ansiedad por la liquidez, especialmente en Estados Unidos. Gonzalo Gortázar, consejero delegado de CaixaBank, había trabajado en aquellos años turbulentos en el banco de negocios Morgan Stanley, uno de los implicados en aquellos episodios.

Ambas entidades bancarias crearon a partir de ese momento sus respectivos comités de crisis. Un grupo de ejecutivos reunidos casi las veinticuatro horas del día, mientras duró el episodio, que monitorizaba las retiradas de depósitos y estudiaba acciones preventivas en el caso de que las cosas se complicaran y estuviera en peligro su liquidez. Las dos entidades calcularon su capacidad de resistencia y el tiempo que podrían aguantar si las cosas seguían igual o empeoraban. También estudiaron posibles movimientos futuros, por si los recursos realizables del balance no fueran suficientes.

En el caso del Sabadell, su liquidez sumaba unos 9.000 millones de euros más deuda pública, prácticamente líquida, por otros 12.000. En total, 21.000 millones. Esta era la bolsa con la que hacer frente al pánico desatado. Era poco si sus clientes seguían la pauta histórica de los pánicos, un crecimiento exponencial del volumen de dinero retirado. El banco podría aguantar un par de semanas, a la vista de lo sucedido el primer día; después, habría un peligro cierto de tener que ser intervenidos. La comisión de crisis del banco estudió incluso, de manera preventiva, el posible recurso a una modalidad de créditos europeos del BCE para asegurar liquidez a entidades con problemas graves, al que ya había recurrido la banca griega en los momentos álgidos de la crisis de deuda soberana, casi una década antes. Más holgada era la posición de La Caixa, que estimó sus recursos en una cifra cercana a los 70.000 millones. En ese momento, los dos bancos ya estaban en el radar de un equipo de supervisión del BCE, al que tuvieron que informar, hasta en tres ocasiones al día, sobre la evolución de sus depósitos y sus posiciones de liquidez, así como de los posibles planes alternativos en el caso de que las cosas se complicasen más.

A efectos de análisis de la situación, ese día los equipos ejecutivos comenzaron a pensar en cortafuegos radicales, el primero de ellos, el cambio de sede social para tranquilizar a la clientela y frenar la sangría. Pero antes de ese momento crucial, aún quedarían por delante varias jornadas frenéticas.

Para esa misma jornada del martes 3, mientras en sus primeras horas los bancos valoraban la situación con alarma, la mayoría de las fuerzas políticas que impulsó el referéndum había convocado un paro general de país para protestar contra la represión policial en los centros de voto el 1 de octubre. La jornada se fue enturbiando con el paso de las horas. Concentraciones masivas en las calles de las ciudades catalanas, sobre todo en Barcelona, una atmósfera cargada de tensión y temor a que algo irreparable sucediera. Aquello concluyó con la dramática intervención del rey Felipe VI defendiendo la aplicación de la ley y sin hacer ninguna referencia comprensiva hacia los ciudadanos que habían sido vapuleados por unas fuerzas policiales que actuaron con una dureza desproporcionada a la vista del comportamiento de los votantes. En ese clima de descontrol en las calles y desgobierno, el pánico a perder los ahorros se propagó como un reguero de pólvora.

No fue casualidad que, justamente ese día, el hombre más influyente de la economía catalana, Isidre Fainé, lanzara los primeros mensajes de máxima preocupación. Desde hacía semanas, viendo la evolución de los hechos e intuyendo las consecuencias de las leyes aprobadas en el Parlament, había mantenido contactos con las altas instancias del Estado, desde el rey hasta la vicepresidenta Soraya Sáenz de Santamaría y el ministro de Economía, Luis de Guindos. De esas conversaciones, había extraído la clara conclusión de que Madrid no iba a hacer concesiones o propuestas políticas nuevas. El poder central no pasaría de pedir el abandono de la vía unilateral y el acatamiento de los fallos del Tribunal Constitucional. Más allá de eso, solo pensaba en la aplicación del artículo 155, la intervención política completa de la Generalitat.

Ese martes, el financiero se reunió con el vicepresidente del Govern y *conseller* de Economía, el republicano Oriol Junqueras. El encuentro se produjo en la sede de la fundación bancaria, en la torre negra más pequeña de los dos que el grupo ocupa en la Diagonal de Barcelona. El banquero inquirió al político sobre los próximos pasos que pensaba emprender el *president* Puigdemont, a lo que el interpelado respondió aclarando que a comienzos de la siguiente semana se iba a aprobar la declaración unilateral de independencia, tal y como estaba previsto desde el principio en la hoja de ruta del independentismo. Fainé le avanzó que esa perspectiva le obligaba a organizar de inmediato la marcha de La Caixa de Cataluña. «Un mes en este estado de pánico bancario y tendremos una situación como la del Popular», en referencia a la masiva retirada de fondos que arrastró al histórico banco madrileño a la intervención por el BCE y su subasta por un euro. «Y mi obligación es salvar el banco», concluyó.

Ese 3 de octubre, las retiradas de depósitos superarían ya los 3.000 millones de euros en los dos bancos catalanes, casi duplicando los del día anterior. Una dinámica que se volvería a producir al día siguiente. El viernes, las salidas acumuladas de los dos superarían los 14.000 millones.

El entonces presidente de CaixaBank, Jordi Gual, declaró posteriormente, en la comisión del Parlament de Cataluña, que, entre el 2 y el 5 de octubre,

> la salida de depósitos era exponencial y en una sola semana salieron 7.000 millones de euros. Esto es mucho dinero. El banco tenía amplísima liquidez y estaba preparado para una circunstancia como esta, pero aquella situación se debía cortar en seco. Porque para un banco no hay cosa peor que se desarrolle lo que se denomina un «pánico bancario», por el que la gente lo saca por si acaso. Porque no quiere ser el último que va al banco y que se encuentre que no hay dinero. Por lo tanto, teníamos que actuar radicalmente para cortar este proceso exponencial.

Además de los miles que retiraban sus depósitos, otros muchos crearon las llamadas cuentas espejo, creadas por los propios bancos para calmar a sus nerviosos clientes. Consistía en crear nuevas cuentas en el mismo banco, pero en oficinas de fuera de Cataluña. Un auténtico placebo financiero, pues en caso de crisis de un banco, esta afectaría a todos sus depósitos, sin distinguir comunidades autónomas. Pero con esta sencilla propuesta, evitaron que la salida de fondos fuera aún mayor. Unos 30.000 depositantes del Sabadell movieron por esa vía más de 6.000 millones. En CaixaBank, fueron 70.000 los clientes y 15.000 millones los desplazados en esos movimientos internos.

Oliu declaró en la comisión parlamentaria:

Esto, estos niveles de alarma eran, por decirlo así, de color amarillo, hasta que a partir del día 2 de octubre, y el 3 de octubre, y el día 4 de octubre se pusieron todos en rojo. Por lo tanto, desde el punto de vista del plan nuestro de continuidad de negocio, el día 4 de octubre el comité de crisis que había determinado en el banco subió la alerta en la comisión ejecutiva del consejo y la comisión de riesgos. La comisión de riesgos valoró que había un riesgo grave para la liquidez del banco y automáticamente lo subió al consejo, a mí, que convoqué un consejo de administración, que el día 5 de octubre decidió que sí era necesario... Porque así habíamos establecido en nuestros protocolos que si la causa que nosotros queríamos, que era la causa por la que se producían estas salidas de depósitos, eran unas causas identificables con la inquietud producida, básicamente, inquietud o percepciones, serán reales o no serán reales, pero la percepción que había por parte de los depositantes era, pues, un cierto miedo a la posible salida de Cataluña de la Unión Europea, y esto generaba miedo y este miedo hacía sacar el saldo.

Ese miércoles por la tarde, Oliu y Guardiola mantuvieron ya varias conversaciones en las que concluyeron que debían convocar el consejo para el día siguiente, al objeto de aprobar el cambio de la sede social a Alicante.

Esa semana en Cataluña se vivió una situación de pánico financiero o bancario de manual. El temor a la pérdida de los ahorros impulsaba a los clientes a retirarlos de manera creciente y desordenada, generando un efecto de bola de nieve cada vez más difícil de contener. El reflujo afectó incluso a grandes bancos españoles, como el BBVA, muy implantados en Cataluña, que también registraron retiradas importantes y peticiones de cuentas espejo fuera de la comunidad.

Oliu lo resumió en el Parlament:

Este miedo era un miedo popular, pasaba tanto en los saldos catalanes como en los saldos no catalanes del resto de España. Para que tengan una idea de las cifras, durante el mes de octubre en el banco se perdieron 4.600 millones de saldos; durante el mes de octubre. Todos estos saldos se perdieron en la primera semana de octubre. A partir de la segunda ya habíamos tomado nuestra decisión y se estabilizaron. Estos saldos que habían salido, estos 4.600, de Cataluña eran... El 57% habían salido de Cataluña, y el 43% habían salido del resto de España, es decir, había más miedo, hubo una manifestación de más miedo, dijéramos, en la incertidumbre legal en Cataluña que fuera de España.

También se registró un aumento notable e inusual de compras de comestibles en las tiendas catalanas, otro síntoma de pánico evidente.

Con el objetivo de calmar los ánimos, el ministro de Economía, Luis de Guindos, había preparado para el día siguiente de la huelga de país una declaración pública asegurando que él mismo tenía su cuenta corriente y sus ahorros en el Sabadell y no tenía ninguna inquietud sobre su seguridad y solvencia. No llegó a decirlo porque esa mañana, los periodistas solo le preguntaron qué pensaba sobre la declaración del rey la noche anterior.

¿Hubo retiradas de dinero público, del Estado o de organismos vinculados, coordinadas para forzar los movimientos de esos dos bancos que desembocaron en su cambio de sedes? ¿Los que se produjeron fueron de envergadura?

La Caixa siempre negó haber sufrido ese tipo de retiradas y las fuentes consultadas para la confección de este trabajo han ratificado esa posición. Incluso Jordi Gual, el entonces presidente, lo ratificó enfáticamente en el Parlament: «Me han preguntado si había habido algún protagonismo de empresas del sector público. La respuesta es determinante: no. Fueron salidas de depositantes privados, de pequeños depositantes privados. Por lo tanto, esto lo digo claro y catalán».

Lo mismo cabe decir en el caso del Sabadell. El banco de Oliu sí que registró la salida significativa de una empresa participada por el Estado y de algunos organismos públicos autónomos. El más relevante, el del *holding* ENAIRE, propietaria de Aena, la gestora de los aeropuertos españoles, que retiró 400 millones. Meses después de esos hechos, el nuevo presidente de la compañía, Maurici Lucena, socialista catalán que llegó al cargo nombrado por el nuevo Gobierno de Pedro Sánchez, explicó que esa salida fue ordenada por el director financiero de ENAIRE por decisión propia, y no obedeció a ninguna acción concertada del Estado. También retiraron el Centro para el Desarrollo Tecnológico Industrial (CDTI,) dependiente del Ministerio de Industria y la Comisión Nacional de Mercados y de la Competencia (CNMC), organismo autónomo, movimientos ambos de menor envergadura. Por cierto, la CNMC actuó de igual manera en la crisis del Popular, cuando este registró una salida masiva de fondos que precipitaron su intervención por el BCE y la adjudicación al Santander por un euro. Asimismo, hubo ayuntamientos temerosos que adoptaron idéntica actitud, pero los responsables del banco siempre han asegurado que fueron importes menores.

En el ámbito privado, empresas como Inditex, Acciona o Ferrovial retiraron dinero del banco vallesano. En estos casos, Guardiola era el encargado de llamar a los primeros ejecutivos de las empresas para darles explicaciones, transmitir tranquilidad y pedir el retorno de los fondos. Florentino Pérez, el presidente de la constructora ACS, estaba en la lista de los interpelados y tras conversar con el ejecutivo bancario, el presidente merengue, rumboso, se comprometió a devolver el dinero... por duplicado, cosa que efectivamente hizo.

Haciendo balance, Oliu señaló:

También me han preguntado si los sectores públicos presionaron. También les tengo que decir que durante este mes de octubre los fondos provenientes del sector público aumentaron 1.000 millones, es decir, que en realidad las pérdidas no vinieron del sector público, sino que vinieron estrictamente del sector privado, y del sector privado de corporaciones y de particulares que sacaban el dinero [...] de lo que salió era prácticamente el cien por ciento del sector privado. No quiere decir que no haya algunas empresas del sector público que hubieran sacado dinero y otros que hubieran llevado. Pero el saldo del sector público durante la semana crítica fue cero y, en cambio, el saldo del sector privado es allí donde salió. Esto es así. No me pregunten por qué fue así, yo qué sé...

Como ya se ha señalado, el Sabadell fue el primero de los dos bancos en aprobar la decisión de llevarse la sede social fuera de Cataluña, el jueves 5 de octubre. La Caixa intentó coordinar la aprobación de la salida con el Sabadell, a fin de mitigar el impacto público, pero las conversaciones quedaron en nada y cada uno se fue por su cuenta.

En la misma mañana de la aprobación del traslado, Oliu acudió previamente a reunirse con Oriol Junqueras, *conseller* de Economía, vicepresidente del Govern y presidente de ERC, en la sede del departamento, entonces en la parte baja de la Rambla de Cataluña de Barcelona. La conversación fue directa, seca y dura. Oliu informó a Junqueras del inminente acuerdo del consejo, con el único objetivo de salvar al banco ante el pánico de sus clientes. Junqueras replicó con mucha dureza que el Sabadell no podía hacerle eso a Cataluña y le advirtió de que su apellido sería arrastrado por todo el país.

De vuelta en el banco, el consejo celebró la trascendental reunión esa misma mañana, en un ambiente grave y tenso, pero que no llevó demasiado tiempo. Había sido convocado de urgencia y con carácter extraordinario y el único asunto que había que tratar era la aprobación del cambio de sede. Tras la ratificación de la propuesta, Oliu se puso en marcha hacia el Palau de la Generalitat para informar de la decisión, esta vez al *president*. Puigdemont encajó el golpe mucho más tranquilo que su vicepresidente, incluso con resignación. Estaba ya informado por Junqueras y no le vino de nuevas. La conversación entre ambos fue larga, en torno a una hora y media, y durante una parte de ella Oliu repitió los argumentos que ya había expuesto en Economía, «lo hago para salvar el banco». Pero también intentó incidir sobre el ánimo de Puigdemont, advirtiéndole de los peligros a los que se enfrentaba, entre ellos el de acabar en prisión y poner en riesgo su vida. El político le respondió que ya lo sabía, pero que no le quedaba más salida que seguir. No faltó emotividad, aunque al final cada uno acabó haciendo lo que tenía previsto antes de la reunión.

Puigdemont dejaría constancia en sus escritos sobre aquellos días de cuál fue su respuesta, tanto a Oliu como a Jordi Gual, el presidente de CaixaBank, que también fue a verle para explicarle su marcha: «No creo que haya motivos para marchar de Cataluña, pero no te puedo garantizar que no haremos la declaración unilateral de independencia. Esto ahora está en manos del Gobierno del PP», en referencia a las conversaciones para evitar un acto unilateral de la Generalitat y convocar elecciones si Rajoy descartaba aplicar el 155.

Con la intención de amortiguar el golpe y la reacción social, Guardiola se puso en contacto con los principales líderes civiles del independentismo, Jordi Cuixart, presidente de Òmnium Cultural y Jordi Sànchez, presidente de la ANC. Era justo el día en que declaraban por primera vez ante la jueza Carmen Lamela, instructora inicial de la causa contra ellos y contra el jefe de los Mossos, Josep Lluís Trapero. Cuixart reaccionó bromeando al recibir las explicaciones de Guardiola, con referencias a que al fin y al cabo, el banco se mantendría en el ámbito «dels Països Catalans», al trasladarse a Alicante, y le pidió que en el anuncio se dejase claro que la medida era «reversible», consideración que no acabó incluida en la declaración pública informando del cambio. Pero Sànchez fue más crítico y advirtió al banquero de que el traslado hacía mucho daño al país.

En La Caixa, la aprobación del traslado no llegó hasta el día siguiente, pues necesitó de una segunda modificación legal, formalizada de urgencia por el Gobierno de Rajoy, para que el cambio de localización de la sede social pudiera realizarse aunque no se hubieran reformado los estatutos sin tener que reunir la Junta de accionistas. Este procedimiento habría aplazado la decisión varios días, una demora que el banco consideraba insoportable a la vista de la presión de sus angustiados depositantes.

Finalmente, el viernes 6, el consejo presidido por Jordi Gual adoptó por unanimidad idéntica decisión que el Sabadell, en este caso con destino Valencia. Inicialmente, el destino escogido por los ejecutivos del banco había sido Palma de Mallorca, pero la posibilidad de que un sector de la clientela interpretase que eso no era suficiente, los llevó a descartar la idea. Pese al voto unánime, hubo debate en el consejo, pues Antonio Sáinz de Vicuña planteó que el traslado fuera a Madrid, opción que también se rechazó.

Tras el cambio, la huida de depósitos comenzó a perder volumen rápidamente. El día 6, el siguiente a la aprobación de su traslado, el Sabadell sumó 1.000 millones en salidas, equivalentes al día de inicio del pánico. En el caso de La Caixa el inicio del retorno a la normalidad se produjo ya desde que el jueves se había filtrado que preparaba el cambio. Ambas entidades cerraron el mes y el ejercicio recuperando el nivel de depósitos, contando con la colaboración activa del sector público y con más peso de las empresas que de los particulares, reacios a volver tan pronto a las entidades de las que habían huido.

La planificación de una posible salida

Los dos bancos catalanes habían abordado mucho antes del pánico de octubre el estudio de planes de emergencia por si las cosas se complicaban; prácticamente tres años antes. Y los habían ejecutado con absoluta precisión. Cada uno a su manera. CaixaBank, una entidad propiedad de una fundación, sin ánimo de lucro y, por lo tanto más sensible al entorno social y a la reacción de la sociedad civil, asociaciones y clientes, por un lado; el Sabadell, un banco privado al uso, con accionistas sin consideraciones adicionales, por otro. Esas diferencias explican en buena medida que su plan de acción acabase siendo matizadamente distinto en las críticas jornadas de la primera semana de octubre del 2017. Pero los dos habían puesto en marcha anticipadamente estrategias de posible salida. Como ya se ha visto, la fundación de Fainé tomó medidas primero, aprovechando el forzado cambio de naturaleza jurídica que Europa y el Gobierno de Rajoy impusieron a las cajas de ahorros en plena crisis financiera. Eso fue entre diciembre del 2013 y el verano del 2014.

En esas mismas fechas, la élite económica era plenamente consciente de que la crisis política en Cataluña avanzaba camino de la erupción; de que crecía y que las cosas se iban a enconar aún más. Se anunciaban consultas y supuestos planes de secesión. El debate sobre las consecuencias para los bancos de cualquier medida unilateral cobraba protagonismo. El independentismo y también el *president* Mas intentaban calmar esas inquietudes asegurando que, pasara lo que pasara,

Cataluña no saldría del euro. Los argumentos iban desde la simple imaginación —«Europa no consentiría que tal cosa pasara», como si alguien estuviera en contacto o en conversación directa con los centros de decisión europeos, algo que, meses después, quedó claro que no había sucedido nunca— a las declaraciones de voluntad política de Mas, que siempre situó la continuidad en la zona euro como una de sus líneas rojas; pasando por las más osadas, que buscaban ejemplos de países que, sin formar parte de la eurozona, utilizaban la divisa europea como la única en circulación, como Andorra, Kosovo o Montenegro.

Los banqueros y empresarios no lo veían claro. En noviembre del 2013, con esa preocupación como telón de fondo, el Cercle d'Economia, en los últimos días de la presidencia de Josep Piqué, invitó al gobernador del Banco de España, Luis Linde, sustituto de Miguel Ángel Fernández Ordóñez, un economista discreto y que gozaba de la confianza del ministro De Guindos. Su intervención pública en la sede del foro económico se mantuvo dentro de las pautas habituales del análisis de la coyuntura. Más tarde, al anochecer, la junta se reunió para cenar con él en el hotel modernista Casa Fuster, en la parte alta del passeig de Gràcia. Allí, la conversación fue más directa. Entre los que compartieron mesa con Linde destacaban Josep Oliu, presidente del Sabadell, y Salvador Alemany, entonces presidente de Abertis y, pocos meses más tarde, flamante patrón de la Fundación de La Caixa. También Antón Costas, a los pocos días nuevo presidente del *lobby* económico y perenne inspirador de su pensamiento. Linde despejó las pocas dudas que tenían sus oyentes, ya muy refractarios al camino que estaba emprendiendo la Generalitat. Una decisión unilateral de Cataluña dejaría a su banca a los pies de los caballos, sin acceso al crédito del BCE y abocados a sobrevivir con otra moneda, devaluada, el valor de sus acciones y el de sus activos caería en picado, mientras que sus deudas se mantendrían en la misma moneda fuerte que antes de la salida, el euro: la única posibilidad, la quiebra.

Ese era el clima en el que los dos grandes bancos catalanes comenzaron a tomar medidas por si las cosas se complicaban. La Caixa había pasado a estar bajo el paraguas del Ministerio de Economía, que asumía el control de su funcionamiento orgánico, mientras el sistema europeo de control, el Banco de España y el BCE, mantenían las competencias de regulación y supervisión. Finalmente, eso no fue suficiente cuando el pánico financiero se adueñó de las calles de las ciudades catalanas y el primer ejecutivo de CaixaBank, Gonzalo Gortázar, tuvo que hacer un nuevo movimiento de urgencia.

El Sabadell también se había movido desde el primer momento y apretó el acelerador justo después de la consulta del 9N del 2014. Ejecutó un plan que en las jornadas críticas de octubre del 2017 ya estaba completamente acabado. Y pudo cambiar de sede a la velocidad de la luz. Una de las encargadas de diseñar el plan fue María José García Beato, exdirectora de gabinete de José María Michavila, ministro de Justicia de Aznar, a quien Oliu había situado al frente de la asesoría jurídica del banco. La estrategia tenía varias alternativas.

El primer movimiento lo realizó Josep Oliu. En la primavera del 2015, tres meses después de la consulta del 9N, el presidente del Sabadell acudió al despacho del ministro de Economía, Luis de Guindos, en el paseo de la Castellana de Madrid. El financiero planteó a este que le preocupaba la evolución política en Cataluña y temía que en algún momento el banco tuviera que salir de Barcelona. Y le pidió al ministro que se aprobara un cambio legal para que el traslado de la sede no tuviera que ser aprobado, en primera instancia, por la junta de accionistas, lo que comportaba una larga tramitación, con convocatoria anticipada y anuncios en prensa, alargando el proceso varias semanas. Y si la situación se complicaba mucho, el banco podría colapsar si no reaccionaba con rapidez. Necesitaba ejecutar ese movimiento como un relámpago, de manera sigilosa y con efectos inmediatos, tenerlo consumado ya en el momento del anuncio.

También puso en marcha la creación de un nuevo banco, para lo que pidió al BCE una ficha para su filial Sabadell Consumer Finance. Trasladó la sede de esta a Madrid, lo que indica que llevar la nueva entidad a la capital era una de las opciones iniciales y recibió la aprobación formal del regulador europeo el 21 de junio del 2016. Disponía, pues, de una ficha radicada en Madrid, a la que, en caso de necesidad, podía traspasar todos los activos y pasivos del Sabadell, vaciando a este último casi con un suspiro.

Oliu describió en el Parlament las intenciones del banco en aquellos días, una especie de resumen de la conversación que debió mantener con De Guindos: «El año 2014 es cuando empezamos a tomar conciencia de que podía haber, en caso de que la situación política en Cataluña se complicara, como de hecho se complicó, momentos en los que se creara una incertidumbre, y que esta incertidumbre pudiera provocar elementos de hipotética inestabilidad financiera». El banquero, según sus propias explicaciones, no se limitó a promover cambios legales de cara al futuro, también explicó sus temores a la Generalitat:

> En aquellos momentos yo le expliqué y le comuniqué los riesgos que ello conllevaba para la estabilidad si se seguía, por decirlo así, por una vía de poner en duda la legalidad existente, que había riesgos; y se lo manifesté en ese momento, en el 2015, al presidente Mas. También después, más tarde, puse de manifiesto al presidente Puigdemont, en su momento, y al vicepresidente Junqueras, que había esta cuestión latente, y que, por tanto, nosotros

íbamos trampeando la situación, pero que había riesgos de que en algún momento sucediera. [Al mismo tiempo] teníamos nosotros información de las oficinas, de las inquietudes de los clientes a Cataluña, fuera de Cataluña, y que estas cosas, pues, podían crearse.

El banquero explicó a los diputados catalanes:

> El banco tenía desde hacía dos años prevista la posibilidad de que hubiera en algún momento percepciones de este tipo en el mercado, porque nosotros habíamos estudiado casos similares como el caso de Quebec, [...] o los casos de los bancos escoceses de que cuando hay un movimiento de este tipo la incertidumbre provoca, pues, una cierta inquietud de la gente, y que entonces, esto, o bien se lleva de una manera institucionalmente muy pactada y muy explícita, o si no genera esta inseguridad jurídica que nosotros pusimos de manifiesto entonces, y que esta inseguridad jurídica provoca movimientos de dinero. Esto es lo que pasó la primera semana de octubre en nuestro país.

Volvamos ahora al despacho de De Guindos en el 2015. Tras su conversación con Oliu, el ministro informó al presidente del Gobierno, Mariano Rajoy, que le dio luz verde para avanzar con el asunto. También a Fainé, entonces presidente de CaixaBank y de la Fundación. Este no pareció estar demasiado interesado en el tema. Tal vez confiaba aún en que la Fundación y con ella todo el grupo La Caixa estaban protegidos con la tutela del Gobierno central; o simplemente consideraba improbable una ola de pánico como la que finalmente se produjo.

Tras el primer paso de Oliu, fue el secretario del consejo del banco, Miquel Roca, quien se puso manos a la obra unas semanas después. El abogado fue durante muchos años uno de los máximos dirigentes de CDC, solo por detrás de Jordi Pujol, portavoz parlamentario de CiU en el Congreso, padre de la Constitución, fundador del fallido PRD, un intento de llevar a las clases medias españolas una versión del programa económico del nacionalismo catalán y candidato perdedor a la alcaldía de Barcelona. Dejó la política en 1995 y fundó entonces un bufete que creció con rapidez gracias a la confianza que depositaron en él buen número de grandes empresas catalanas y españolas, desde el Sabadell y La Caixa hasta la ACS de Florentino Pérez, socio en el PRD y hombre fuerte en Madrid por su doble condición de gran constructor y eterno presidente del Real Madrid. Roca es uno de los confesores preferidos de la alta burguesía catalana, que le encarga discretas gestiones patrimoniales, complicadas aproximaciones al poder o la defensa de sus intereses en los tribunales. El expolítico no rechaza tampoco encargos sensibles, como la defensa de la infanta Cristina en el proceso contra su esposo, Iñaki Urdangarin.

Roca le explicó a De Guindos cuál era su idea: muy simple, cambiar solo tres palabras de la ley, que ya permitía trasladar la sede de una empresa sin paso previo por la junta cuando el nuevo domicilio estaba en el «mismo término municipal». Se trataba simplemente de cambiar esta última frase, que en el nuevo redactado quedaría así: «Dentro del territorio nacional». El único requisito para poder ejecutar de esa manera el cambio era reformar los estatutos de la empresa o banco para incorporar esa posibilidad. El Sabadell lo hizo a la primera oportunidad, en el 2015.

No fue así en el caso de CaixaBank. Su accionista principal, la Fundación, ya se había buscado un refugio en el verano del 2014, poco más de tres meses antes de la consulta del 9N, acogiéndose al protectorado del Ministerio de Economía y saliendo de la órbita de control de la Generalitat. En aquel momento pareció suficiente. Más tarde, en abril del 2015, la comisión ejecutiva del banco, a iniciativa de un grupo de consejeros capitaneados por Antonio Sáinz de Vicuña y Amparo Moraleda, planteó cambiar los estatutos para estar en situación de ejecutar una salida exprés de Cataluña. De hecho, el cambio ya figuraba en el borrador de propuesta de orden del día para la junta de abril que discutía esa comisión. Tras el debate en la ejecutiva, en el que Fainé hizo participar al entonces director de la Fundación Bancaria y actual *conseller* de Economía de la Generalitat, Jaume Giró, que se oponía a la propuesta, esta fue retirada y no se llevó a la junta. En aquel momento se consideró que dar aquel paso afectaría negativamente a la imagen de la entidad, sin que pareciese verosímil que la situación pudiera llegar a extremos tan dramáticos como para tener que ejecutar el cambio en el futuro.

Por ese motivo, al estallar finalmente la crisis, en la primera semana de octubre, CaixaBank debió pedir un cambio adicional de la norma, ya reformada a instancias de Oliu, para poder trasladar la sede sin convocar la junta, con una simple votación del consejo y sin cambio previo de estatutos. Esta vez le tocó a Gonzalo Gortázar, consejero delegado del banco, hablar con De Guindos, al que llamó el 4 de octubre para pedir esa nueva enmienda. El ministro habló de nuevo con Rajoy. También con los grupos parlamentarios, PSOE y Ciudadanos, para buscar su apoyo. Con el plácet de todos, se aprobó el viernes 6, el mismo día que CaixaBank, a toda prisa, votaba el traslado a Valencia. Al día siguiente, sábado, se acordó también el cambio de la Fundación y del *holding* Criteria, propietarias de la mayoría del banco, en este caso a Palma de Mallorca.

En aquellos días críticos, se atribuyó a De Guindos haber aprobado esos decretos para presionar a las empresas catalanas para que cambiaran de sede, pero, como se ha visto, en realidad la idea partió de Barcelona a iniciativa del mundo financiero, el más sensible a la inestabilidad política, y mucho antes de que se tuviera que utilizar.

¿Se puede deducir, a la vista de las propuestas por iniciativa de Oliu a De Guindos, de la búsqueda del amparo del Estado por parte de la Fundación de La Caixa y también de las explicaciones de los protagonistas directos en las comisiones del Parlament de Cataluña, que el traslado de sede de dos de los grandes bancos fue un hecho sobrevenido que las entidades no habían contemplado impuesto por la presión política y que el pánico que se desató entre su clientela les pilló sin ningún plan alternativo preparado? Amparadas en la misma norma empleada por La Caixa, que con anticipación había incorporado el Sabadell a sus estatutos, algunas empresas empezaron a cambiar la ubicación de su sede. La primera, antes incluso que los bancos, en la misma noche del 3 de octubre, mientras el rey emitía su polémico mensaje, fue una pequeña sociedad de biotecnología, Oryzon Genomics, presidida por Carlos Buesa, que comunicó su decisión a la Comisión Nacional del Mercado de Valores (CNMV). Según sus gestores, los socios estadounidenses de la empresa habían exigido el cambio, amenazando con vender su participación, incluso con pérdidas, si no se adoptaba.

Tras la decisión de los dos bancos, una estampida de compañías se apresuró a aprobar sus respectivos traslados. El rechazo a las decisiones del Govern de la Generalitat y el temor a la agitación social provocada por la tensión política fueron el factor determinante de aquellos movimientos. Para buena parte del empresariado la situación había llegado al peor punto posible. El choque obligaba a elegir entre dos bandos. El independentismo ya no la tenía en cuenta; el Estado y su respuesta sin concesiones, la dejaba sin margen. Los líderes del *procés* mostraban una total ausencia de estrategia tras provocar un enfrentamiento que resultaría catastrófico; el Gobierno buscaba una victoria absoluta que implicaba descartar compromisos y solo aceptaba una rendición incondicional. La burguesía se sentía atada a un punto de la vía hacia el que convergían dos trenes desbocados. La consecuencia fue una gran división interna, con un sector mayoritario expresando su oposición radical al curso final del independentismo en torno al 1 de octubre y otro minoritario, pero con peso relevante, que puso por delante el rechazo a la represión del Estado y el objetivo de este de imponer una derrota histórica al nacionalismo catalán. Una escisión que contextualiza en gran medida sus contradictorios movimientos durante todo el *procés*, un motivo adicional de impotencia e intrascendencia política. Significativamente, en las sucesivas convocatorias electorales posteriores al 1 de octubre, el voto a la candidatura de Puigdemont fue mayoritario en amplias zonas de los barrios residenciales más ricos de Barcelona, como Bonanova y Pedralbes, en un marco de polarización extrema con el bloque de las tres fuerzas de la derecha nacionalista española, PP, Cs y Vox.

En junio, cuatro meses antes del referéndum del 1 de octubre del 2017, el presidente del Gobierno, Mariano Rajoy, le lanzó al conjunto del poder económico catalán una dura acusación con ocasión de su discurso en la jornada anual del Cercle d'Economia. «La equidistancia está muy bien, pero no en todos los momentos ni facetas de la vida», les dijo el presidente. Mal, muy mal, lo encajaron los empresarios, que llevaban años pidiendo una «consulta, legal, acordada e informada». Una propuesta mucho más pensada para embridar al independentismo que al gobierno del Estado y que, sin embargo, nunca fue tomada en serio por ninguno de los dos bandos, en especial por el segundo, pues el primero siempre esperó una propuesta de negociación. Buena parte de los directivos del Cercle que escuchaba al presidente del Gobierno ese día, se indignó. Marc Puig (vicepresidente del foro, responsable del grupo de perfumería Puig, crítico con el *procés*); Artur Carulla (propietario del grupo antes Agrolimen, simpatizante del independentismo y accionista fundador del diario *Ara*) y el editor Pere Vicens se lo hicieron saber a Rajoy en la copa posterior a su intervención en Sitges. No en balde, en la jornada previa, el presidente del foro económico barcelonés, Juan José Brugera, había cargado las tintas contra el *president* de la Generalitat, Carles Puigdemont, con una contundencia que no se había visto nunca en la historia del Cercle. Tan fue así, que Brugera debió acudir a Palau pocos días después para explicarse ante Puigdemont e intentar recoser las relaciones entre el poder político y el *lobby* empresarial.

Tal vez intentando contentar a Rajoy, a finales del mes de julio, la comisión jurídica de Foment emitió un informe que elevó aún más la tensión entre el mundo empresarial y los independentistas. El dictamen aseguraba que una declaración unilateral de independencia «supondría de hecho un golpe de Estado jurídico contrario al derecho interno e internacional, y un ejercicio de enorme irresponsabilidad política de consecuencias impredecibles». Y concluía que el problema político que plantea la legítima reivindicación catalana del reconocimiento de su singularidad dentro del Estado español «debe encontrar su solución por la vía de la negociación y dentro del respeto de los principios de democracia y legalidad. Una negociación a la que debe acudirse con ofertas y voluntad de renuncias por ambas partes». Y de paso añadía que el derecho internacional no ampara el referéndum «porque solo reconoce el derecho de secesión en los procesos de descolonización y en los casos de graves vulneraciones de los derechos humanos».

Aunque las empresas intentaron despolitizar su decisión de cambiar de sede presentándola como un intento natural de proteger su patrimonio, colectivamente expresaban su pánico, el rechazo a la evolución de la situación política y su apuesta decidida por mantenerse en el cuadro político definido por el Estado español. Obviamente, hubo más factores, como el temor al boicot a productos catalanes en el resto de España y la oportunista tendencia a aprovechar un momento propicio para tomar decisiones que ya estaban en la cabeza de algunos; por ejemplo, sacar partido de las ventajas fiscales de instalarse en Madrid.

También, desde el independentismo, se señaló que el segundo decreto final del Gobierno incitó a las empresas a organizar su marcha apresurada, violando así el derecho de muchos accionistas no representados en los consejos a manifestar su oposición, fuera esta capaz o no de bloquear el cambio. Una crítica seria que, de todas maneras, debe matizarse, pues la mayoría de los miles de compañías que aprobaron el traslado eran de carácter familiar, en las que el accionariado acostumbra a estar concentrado en algunas pocas personas que casi siempre están presentes en los consejos. Ciertamente, en las grandes corporaciones no existió esa posibilidad previa para los pequeños inversores. También hubo algún caso aislado de reacción contra el cambio, como el de Cementos Molins, donde un grupo de accionistas minoritarios, vinculados a una de las familias propietarias, los Molins Amat, acudieron a los tribunales para impugnar los acuerdos del cambio de sede y reclamar su retorno a Barcelona.

En la estela de la primera ola desatada por Sabadell y CaixaBank, se incluyeron la mayoría de las grandes compañías del IBEX, sobre todo vinculadas a La Caixa, como Naturgy, Abertis, Agbar y Cellnex. Se embarcaron también otras similares en dimensión, como Colonial, la antigua inmobiliaria del grupo financiero catalán, pero en aquellos momentos ya desvinculada de él. Después, le siguieron prácticamente todas las firmas aseguradoras y las sociedades financieras. El negocio de la gestión del dinero fue el más afectado. Estos fueron los casos de Catalana Occidente, la conocida aseguradora de los Serra Santamans; la Mutua General de Seguros; el banco Mediolanum, que presidía Carles Tusquets, aunque la propiedad era desde hacía mucho tiempo italiana; la sociedad de bolsa GVC, dirigida por Maria Àngels Vallvé, esposa de Joan Hortalà, presidente de la Bolsa de Barcelona hasta el 2012, ex secretario general de ERC y *conseller* de Industria de la Generalitat con Jordi Pujol; Arquia, la entidad financiera del colegio de arquitectos. Las multinacionales del sector también se embarcaron. Entre estas, todas las grandes del seguro europeo que tenían su sede española en Barcelona, como la suiza Zurich, la francesa Axa o la alemana Allianz.

Una parte del núcleo central de esa movilización empresarial incluía históricos apellidos y empresas de la burguesía familiar catalana. Los ya mencionados Molins; los Raventós, de Codorníu, entonces segunda empresa del sector del cava; los Espona, de Pastas Gallo; los Vall Esquerda, propietarios del gigante leridano de harinas y piensos Vall Companys; los Ferrero de Idilia Foods, antiguos copropietarios de Nutrexpa y titulares de la marca ColaCao. También, Laboratorios Ordesa, de una de las ramas de la familia Ventura no vinculada a la antigua Nutrexpa. O Liliana Godia, que llevó su sociedad *holding* a Getafe, aunque meses después recorrería el camino inverso. Indukern, de la familia Díaz-Varela. Una de las sociedades de inversión de Antoni Vila Casas, un independentista público y mecenas cultural, muy próximo al *expresident* Pujol y cuya fortuna procede de la venta de su paquete de acciones en la empresa farmacéutica Prodesfarma. El empresario de origen gallego Amancio López, muy próximo al PP y propietario de la cadena hotelera Hotusa; Félix Revuelta, de Naturhouse, uno de los impulsores desde el ámbito económico de Ciudadanos, primero, y del ex primer ministro francés y candidato a la alcaldía de Barcelona, Manuel Valls.

Lo mismo hizo Josep Palau, propietario de Soler Palau; parte de la familia Fradera, antiguos propietarios de cementos Uniland. Alberto Palatchi traspasó sus sociedades patrimoniales una vez ya había dejado de ser propietario de Pronovias.

También hubo importantes empresas que descartaron moverse, tanto con propietarios próximos o simpatizantes con el *procés* y el independentismo, como en manos de personas con posiciones radicalmente contrarias. Una prueba más de que el poder económico tenía corrientes mayoritarias, en este caso opuestas al *procés*, pero no unánimes. Entre las primeras, Grífols, Bon Preu, Esteve, Uriach, Reig Jofré, Agrolimen, Tous, Simon y MAT Holding.

Los ejemplos de las segundas también son relevantes: Almirall, Freixenet, presidida entonces por José Luis Bonet, responsable también de la Cámara de España y una de las voces más públicamente opuestas desde primera hora al independentismo. El grupo Puig; Cuatrecasas; Husa, de los Gaspart; Núñez y Navarro; Riva y García, Damm, cuyo primer accionista y presidente es Demetrio Carceller, contrario al *procés*, aunque siempre silente durante todos estos años. Meridia, del inversor Javier Faus, posteriormente elegido presidente del Cercle. La mayoría de este segundo bloque argumentaría que marcharse suponía reconocer que el Estado podía no imponer su autoridad en Cataluña, algo que consideraban imposible, como luego puso de manifiesto, a su juicio, la aplicación del artículo 155 de la Constitución.

Otras muchas, no significadas por simpatía políticas, tampoco hicieron nada. Este fue el caso de Laboratorios Ferrer, propiedad del hijo del histórico fundador del Cercle d'Economia y de la CEOE. O los de Mango, RBA, Catalonia Hotels, Werfen o Celsa.

Bastantes multinacionales, aunque las de menor resonancia pública, pues la mayoría estaban tranquilas tras el parapeto que significaba tener las casas madre fuera de España. Prácticamente todas ellas prepararon planes de emergencia por si la situación se descontrolaba, pero al final, en el caso de las más inquietas, se limitaron a mover el dinero de la tesorería entre diferentes bancos.

En algún caso, como el de SEAT —la automovilística propiedad de la multinacional alemana Volkswagen y empresa clave del tejido económico catalán, primera exportadora y emblema de la lucha por la libertad sindical y política durante la dictadura—, se especuló incluso con la intervención directa del rey para propiciar el cambio de sede, algo que el entonces presidente de la compañía, el italiano Luca de Meo, negó. La alarma pública la desató Matías Carnero, presidente del comité de empresa y secretario general de la UGT en la compañía, quien dos semanas después del referéndum del 1 de octubre declaró que, en el transcurso de la recepción real en el Palacio de la Zarzuela con motivo de la festividad del 12 de octubre, día de la Hispanidad, «hubo conversaciones en las que se habló del futuro de SEAT». El sindicalista abundó sobre el asunto y recordó que la empresa mantenía relaciones con las autoridades del Estado: «El rey y Mariano Rajoy conocen a los directivos y los consejeros de SEAT, no olvidamos que uno de los consejeros es Josep Piqué [el exministro de Aznar], a partir de aquí, cada cual lo puede entender como quiera».

Aparentemente, en el acto real del 12 de octubre, Piqué comentó en los corrillos su preocupación por la situación de SEAT y dejó caer que no descartaba un posible cambio de sede, sin que quedase claro si esas reflexiones eran propias o un intercambio de comentarios con Felipe VI. En cualquier caso, en el consejo de la empresa celebrado días después, uno de sus miembros formuló la propuesta, pero no obtuvo el respaldo del resto, la mayoría representantes de la propietaria Volkswagen. Posteriormente, Carnero corrigió sus propias declaraciones y en su declaración ante la comisión del Parlament sobre la intervención de la Generalitat por el Gobierno central, aplicando el artículo 155, dijo:

> Yo esto de «El rey llamó a Luca de Meo», falso; «el rey llamó a tal...», falso. El rey no le cogió el teléfono a nadie ni llamó a nadie; ahora, no hace falta. Yo creo que estos tienen contactos suficientes para hablar con gente, es decir, y vuelvo a insistir, lo digo aquí y lo dije en la prensa: el señor Josep Piqué era miembro del consejo de administración de SEAT y es una persona muy vinculada con la Casa Real, una persona que está en los foros y en los ambientes de Madrid y, por lo tanto, tiene una relación directa e indirecta tanto con el Gobierno de turno que había como con la Casa Real.

A partir del 5 de octubre de 2017, el independentismo y la burguesía catalana chocaron frontalmente. Un conflicto político y económico de máxima intensidad, el más grave desde el inicio del *procés*, y solo superado por las condenas judiciales, que puso punto final a las disquisiciones y divagaciones sobre la posición mayoritaria de la élite económica catalana respecto a los acontecimientos políticos en Cataluña. Fue el dramático desenlace de una década tormentosa en la que ambas fuerzas caminaron desde una inicial coexistencia, crecientemente divergente, hasta acabar en la ruptura final, con el grueso de esa élite apoyando la suspensión de la autonomía y la aplicación del artículo 155 de la Constitución. Un arco completo, desde el tímido apoyo al pacto fiscal hasta la imposición de la virreina Soraya Sáenz de Santamaría, la vicepresidenta del Gobierno en la que Rajoy delegó la gestión del problema catalán.

Ese día de principios del otoño, el consejo de administración del más que centenario Banc Sabadell aprobó trasladar su sede social a Alicante, en la Comunidad Valenciana. Al día siguiente, sería el turno de CaixaBank, banco continuador de La Caixa —fundada en 1904 y de Caixa Barcelona, aún más antigua, constituida en 1844—, quien anunciaría su desplazamiento a Valencia. Su principal accionista, la Fundació La Caixa, hacía lo propio a Palma, arrastrando con ella a su *holding* de inversiones, Criteria. Se trataba de los dos gigantes bancarios catalanes, la columna vertebral de su poder financiero y empresarial.

La marcha de las empresas constituyó un movimiento sin precedentes, desconocido en cualquier otro país. Una refutación de quienes defendían que la burguesía catalana ya prácticamente no existía. ¿Quién puede mover más de 5.000 compañías si no son los propietarios de los activos empresariales y productivos? Las consecuencias de aquel desplazamiento están aún lejos de haberse calibrado. En el muy corto plazo, apenas tuvieron consecuencias visibles; pero después han ido debilitando las raíces locales originales de muchas de esas corporaciones y ahora se avanza hacia la fase en la que aparecen los primeros vacíos, en forma de pérdida de demanda de servicios de alto valor añadido y de directivos y ejecutivos.

La consecuencia de todo ello fue un nuevo empujón hacia la centralización del poder económico en torno a Madrid. Un movimiento que sigue silenciosa pero constantemente drenando actividad de alto nivel desde la capital catalana hacia la del Estado, pese a los esfuerzos de los negacionistas por encontrar supuestas pruebas de que todo sigue igual. Es sencillamente imposible que lo sucedido no tenga implicaciones en la actividad económica de un país. En el mundo de la globalización, todo tiene consecuencias prácticamente irreversibles. La reacción de las empresas que cambiaron su sede reflejaba una condensación de causas para las que el 1 de octubre actuó como catalizador.

4

LA BATALLA POR LA REPRESENTACIÓN

Sánchez Llibre en la prisión

Tarde del 2 de septiembre del 2020. Josep Sánchez Llibre, presidente de Foment del Treball, la organización empresarial catalana más importante, cruza las puertas de la prisión de Lledoners donde están encarcelados siete dirigentes del *procés*, condenados por el Tribunal Supremo por el delito de sedición vinculado al referéndum del 1 de octubre del 2017. El responsable empresarial ha organizado con suma discreción la visita. Conoce a la mayoría de los presos desde hace años, cuando era un político en activo y desempeñaba las funciones de portavoz económico de CiU en el Congreso de los Diputados. De camino al centro penitenciario, desde el automóvil, Sánchez Llibre telefonea al presidente de la gran patronal española CEOE, Antonio Garamendi, para tenerle sobre aviso, anticipándose así a posibles reacciones encendidas si, al final de la jornada, se filtra el encuentro. En la memoria está presente una visita parecida que tuvo lugar dos años antes, en octubre del 2018, la de Juan Rosell en la frase final de su segundo mandato como presidente de CEOE, en este caso, además, acompañado por José María Álvarez, el secretario general de UGT. Muchos de los pares de Rosell en Madrid pusieron entonces el grito en el cielo. «¿Cómo es posible que el líder de los empresarios españoles vaya a visitar a la cárcel a los condenados por graves delitos contra la unidad de la patria?» De nada le sirvió a Rosell avisar de forma discreta y anticipada a la Casa del Rey, al recién constituido Gobierno de Sánchez y a los líderes del PP.

En esta ocasión el presidente de Foment consiguió mantener en secreto la visita. Su contenido no fue exclusivamente sentimental o personal. Tuvo alta carga política. Se reunió con cuatro de los siete presos, Oriol Junqueras, exvicepresidente del Govern y presidente de ERC; Joaquim Forn, *exconseller* de Interior; Josep Rull, *exconseller* de Presidencia y Raül Romeva, *exconseller* de Relaciones Exteriores, Institucionales y Transparencia. No lo hizo en cambio ni con Jordi Sànchez ni con Jordi Cuixart, los dirigentes de las dos asociaciones civiles independentistas, la ANC y Òmnium Cultural. Jordi Turull, el último de los presos masculinos, no estaba ese día en la prisión.

Los condenados le pidieron al dirigente empresarial que hiciera gestiones ante el Gobierno para que la Fiscalía General del Estado no se opusiera a los cambios de grado penitenciario que les permitirían salir de prisión y reintegrarse a la vida social. Sánchez Llibre se comprometió a sondear la actitud hacia ellos del Gobierno español. Y durante las semanas posteriores, el líder empresarial catalán se entrevistó con Pedro Sánchez, presidente del Gobierno, y con su entonces todopoderoso jefe de gabinete, Iván Redondo. También con Pablo Casado, el efímero presidente del PP.

La cita con Pedro Sánchez se celebró el 28 de ese mismo mes de septiembre. El presidente del Gobierno enfrió las expectativas más inmediatas de su interlocutor y le comunicó que no podía intervenir para modificar la línea de la Fiscalía. Mucho menos la del Tribunal Supremo. En cambio, le aseguró que el Gobierno pondría en marcha el proceso de indulto, a fin de que Junqueras y sus compañeros salieran definitivamente de la prisión. También que reformaría el Código Penal para modificar la tipificación y la pena del delito de sedición, por el que varios de ellos han sido condenados a doce años de prisión. Como colofón, el presidente del Gobierno le dejó claro que esperaba un gesto de ERC en el Congreso, el apoyo a los Presupuestos Generales del Estado, cosa que efectivamente se produjo en diciembre de ese año 2020.

A la posterior reunión con Casado, el empresario catalán acudió acompañado del abogado y también exdirigente de Unió, Manuel Silva, un jurista y, en el pasado, redactor de enmiendas a leyes en trámite parlamentario y del militante del PP Vicente Martínez-Pujalte. Casado fue concreto y explícito: no se le podía pedir a él que apoyara ninguna medida de gracia o flexibilidad con los presos políticos catalanes, aunque tampoco iba a considerarlas motivo de ruptura o enfrentamiento irreversible con el Gobierno. Compromiso que cumplió solo parcialmente, pues pocos días antes de la aprobación de la medida de gracia, en la reunión anual del Cercle, Casado reaccionó con virulencia ante unas declaraciones de Antonio Garamendi, presidente de la CEOE, que la había acogido favorablemente. En realidad, Garamendi había expresado su apoyo al documento de Javier Faus, presidente del Cercle d'Economia, en el que adelantaba su respaldo a las medidas que el Gobierno de Sánchez iba a aprobar pocos días después y que, por otra parte, recogían un sentimiento ampliamente mayoritario de la sociedad catalana.

La agenda política de Sánchez Llibre ponía de manifiesto una vez más las coordenadas y el contexto en el que se mueve el *establishment* económico catalán, incluso en un momento de evidente reflujo del *procés*, pero también durante la década en el que este conmocionó la vida del país. La complejidad de la situación política y social en Cataluña. Una gran burguesía a la que el *procés* descolocó inicialmente y contra el que se movilizó a medida que se acercaba el referéndum del 1 de octubre del 2017 y en las semanas posteriores, desatando la marcha de miles de sedes empresariales fuera de Cataluña. La misma que apoyó mayoritariamente, aunque a costa de una profunda fractura interna, la intervención de la Generalitat y el recurso al artículo 155 de la Constitución por el Gobierno de Mariano Rajoy. Sin embargo, ese mismo sector social se resistía a romper sus contactos con el independentismo y buscaba un nuevo compromiso o acuerdo con sus representantes más destacados.

El éxito electoral del independentismo había puesto un brusco punto final a la larga carrera política de Sánchez Llibre, copropietario con su hermano Dani de una conocida empresa de conservas, Dani, y que comenzó en la Unión de Centro Democrático (UCD) de Adolfo Suárez. La suya y la de Josep Antoni Duran i Lleida, el también veterano político y jefe de filas cristianodemócrata, cuando a finales del 2015, tras los dos fracasos electorales consecutivos de las listas de su partido, UDC dejó de existir. Desbordada en las urnas, como antes le había pasado en las calles, por la oleada independentista que había llevado a la reconvertida CDC del nacionalismo al soberanismo y a la siempre independentista ERC al filo de la mayoría absoluta en el Parlament. Los democristianos no obtuvieron ni un solo diputado, tanto en las autonómicas de septiembre del 2015, como en las generales del diciembre siguiente.

Tras la doble debacle, el centenario partido se disolvió. UDC, la formación política que más que ninguna otra, en dura competencia con la CDC de Jordi Pujol, interpretó mejor los intereses orgánicos y los puntos de vista de la gran burguesía catalana, simplemente dejó de existir. En la política catalana y, sobre todo, en la española, UDC actuó a través de su representación en el Congreso de los Diputados como un formidable *lobby* empresarial, tomando el relevo de Miquel Roca, el dirigente de CDC que había abierto el camino en Madrid desde los tiempos de la elaboración de la Constitución de 1978, hasta 1995, cuando la salida a su choque con Pujol implicó su retirada del Congreso para encabezar la candidatura de CiU al Ayuntamiento de Barcelona. Como señalaría Juan Rosell, tras ocho años al frente de la CEOE, «en realidad, en Madrid solo sirven las enmiendas parlamentarias».

Los postreros resultados electorales de UDC, 60.000 votos en las generales, 100.000 en las catalanas, calibraron con precisión el peso directo de ese estrecho sector de la sociedad y la economía catalanas en la vida política. En esas crepusculares campañas, UDC contó con el apoyo de la gran burguesía y de Foment, en la que a la postre Sánchez Llibre acabaría desembarcando como presidente. De poco le sirvió a UDC esa ayuda.

Cinco años después, Sánchez Llibre intentaba desempeñar una función parecida, pero en la otra silla del sidecar. Desde la desintegración de UDC y la reinvención de CDC, esa burguesía ha seguido porfiando por reconstruir su representación política y un sistema de partidos que recoja sus aspiraciones y propuestas, como había sido la norma desde la restauración de la democracia y hasta el estallido de la Gran Recesión y el arranque del *procés*.

Tras abandonar la política activa, Sánchez Llibre desembarcó en la presidencia de Foment en noviembre del 2018. La empresa de su familia, Conservas Dani, una de las primeras firmas españolas de conservas y especias, de la que es vicepresidente, ya formaba parte de la organización empresarial catalana. Desde dos años antes, de la mano de Juan Rosell, ejercía de director de relaciones con las Cortes de la CEOE. El PP aún gobernaba y Sánchez Llibre se convirtió en asiduo visitador de despachos ministeriales y de grupos parlamentarios. Desde ese cargo continuó ejerciendo las labores de *lobby* que había desempeñado durante su larga presencia en el Congreso de los Diputados, entre 1993 y 2016. Su perfil de político empático y bien relacionado con todo el arco parlamentario, consustancial a cualquier diputado de un grupo minoritario con aspiraciones de conseguir apoyos para la aprobación de sus propuestas, sirvió para que la patronal mantuviera su influencia sobre las tareas del Gobierno. Siguió con esas labores también con el nuevo Gobierno socialista de Pedro Sánchez, pero sumando al cargo en CEOE el de máximo dirigente de Foment.

Desde su llegada, Sánchez Llibre imprimió un giro en la orientación de Foment, se hizo menos beligerante políticamente con el *procés* y el independentismo, pero acentuó el activismo empresarial frente a lo que denunciaba como sus efectos económicos negativos. Pero el vacío político para este sector de la sociedad seguía presente. Y los representantes económicos del empresariado y la burguesía catalana debieron desplegar un protagonismo, más allá del gremial, sectorial o especializado, asumiendo funciones del ámbito político que, en condiciones normales, habrían correspondido a los partidos y a sus dirigentes. Bregado ya en lides similares, se sumó, pues, a la larga lista de catalanes que repetían con insistencia a sus interlocutores en Madrid que el camino hacia la normalización de la vida política catalana y española tenía una parada obligatoria en la libertad de los presos, los siete de Lledoners, más Carme Forcadell y Dolors Bassa, encarceladas en las prisiones de Wad-Ras (Barcelona) y Puig de les Basses (Girona), respectivamente. Además, el paquete debía completarse con una propuesta para el retorno a Cataluña de Carles Puigdemont, instalado en Waterloo tras su destitución como *president* de la Generalitat en el 2017, que levantara la amenaza de ingresar en prisión que pesaba sobre él.

En la cargada atmósfera política y mediática de la capital del reino, los movimientos del expolítico democristiano, acudiendo a la prisión y tanteando al Gobierno y la principal fuerza de la oposición, de haberse desvelado habrían servido para confirmar la visión asentada en Madrid de que la burguesía catalana mantenía una cínica connivencia con el independentismo, el doble juego que siempre se le ha atribuido y que sería una de las causas generadoras o seminales del *procés* y de su apoyo masivo por parte de las clases medias, así como de su larga pervivencia en la vida política. La equidistancia que les imputó Mariano Rajoy en una de sus contadas visitas a Cataluña.

La ofensiva del independentismo en las instituciones de la élite

Pero la realidad es siempre matizada. Las relaciones entre el empresariado y la burguesía, en general, con las diferentes familias políticas del independentismo —especialmente con el neoconvergente de Mas y luego Puigdemont— han estado marcadas por la complejidad; dosis de proximidad y alejamiento en función de los vaivenes de la coyuntura política y económica.

Pocos días después del encuentro entre los dirigentes del *procés* y el responsable de la patronal, en concreto, el 3 de noviembre del 2020, los grupos parlamentarios de JxCat, del que forman parte Rull, Turull y Forn, y ERC, del que Junqueras es presidente, presentaron directamente en el Parlament de Cataluña, es decir no a través del Govern que esos mismos partidos conforman, una proposición de ley sobre las cámaras de comercio que pretendían tramitar por la vía de la máxima urgencia, antes de que el Parlament fuera disuelto el mes siguiente y se convocasen las elecciones del 14 de febrero.

La propuesta legislativa era un torpedo contra la línea de flotación de las tradicionales organizaciones empresariales y estaba inspirada por los nuevos dirigentes de la Cambra de Barcelona, vencedores en las elecciones de mayo del 2019, la lista independentista Eines de País, apoyada por la ANC y encabezada por Joan Canadell.

La nueva norma buscaba convertir esa reciente mayoría independentista en la Cambra de Barcelona en la referencia institucional de la economía catalana en todos los ámbitos. Suponía un ataque frontal a Foment y al resto de las organizaciones tradicionales del empresariado catalán, desde PIMEC hasta las patronales territoriales. Convertía a la Cambra de Barcelona en el centro de referencia del mundo empresarial, que contaría además con la financiación pública para sostener su actividad. Financiaba al completo su asalto a la representación del poder económico en Cataluña. Con la ley, las cámaras se configuraban, al entender de sus opositores, como el ariete del independentismo contra la tradicional institucionalidad económica catalana, defendida por las organizaciones empresariales.

El momento elegido no era casual. Ni PIMEC ni Foment tenían previsto celebrar elecciones antes de finales del 2022, quedaban al menos dos años por delante. Y el objetivo de la ANC era conseguir esa representación del mundo económico lo antes posible. De ahí la urgencia del decreto y la pulsión para no esperar a que se celebrasen las elecciones y las negociaciones hasta la constitución de un nuevo Govern. Las patronales, pero también los sindicatos CC. OO. y UGT, tomaron el proyecto de ley como una declaración de guerra.

Las cámaras son entidades de derecho público, sometidas a la tutela de la Generalitat, según se establece en el Estatut, y su función es consultiva. Además, prestan servicios a las empresas de su ámbito geográfico a cambio de cobrarlos. Patronales y sindicatos, en cambio, son organizaciones privadas, defienden los intereses de sus afiliados y su funcionamiento no está regulado por el Estado. Por ello participan en la definición de las políticas públicas y tienen derecho a estar representados en todos los ámbitos públicos y de negociación vinculados a esos intereses.

El proyecto de la cámara barcelonesa afirmaba que: «Las cámaras, únicos agentes económicos oficiales integrados por la totalidad de personas físicas y jurídicas que realizan actividades empresariales, son las representantes institucionales de los intereses generales del comercio, la industria, la navegación y los servicios», señalaba. Y añadía que «en ejercicio de esta representatividad las cámaras deben ser convocadas en los entes u órganos administrativos colegiados de carácter económico». Para sus críticos, parecía un intento de devolver la vida a los antiguos sindicatos verticales franquistas, de afiliación obligatoria y sometidos al Estado.

Era otro episodio, destacado, agudo, de un largo choque de legitimidades, incubado desde hacía mucho tiempo pero desatado con el cierre de los colegios electorales el 1 de octubre del 2017 y las turbulentas jornadas posteriores, cuando el *president* Puigdemont pasó de casi convocar elecciones autonómicas para evitar la imposición del artículo 155 a proclamar la República catalana, acto que finalmente dejó en suspenso tras apenas unos segundos de vigencia. Las grandes entidades financieras, La Caixa y el Sabadell primero, y varios miles de empresas después, se lanzaron a aprobar el traslado de sus sedes sociales y según los casos, también fiscales, fuera de Cataluña.

Los avisos del empresariado contra la deriva del *procés*, sus alarmas porque las cosas iban demasiado lejos y su temor a la inestabilidad política, a los que el independentismo no dio credibilidad, cuajaron de forma inesperada en dos semanas de vértigo. Y Puigdemont reaccionó con cajas destempladas. Consideró esa huida empresarial una auténtica traición, un quintacolumnismo empresarial, y prometió venganza. Y así lo repitió en las semanas siguientes en diversas reuniones con sus fieles y en contactos con el resto de sus compañeros de viaje. Parte de ese ajuste de cuentas se iba a ejecutar, precisamente, en el ámbito de la representación institucional del mundo económico barcelonés. Ese ha sido el principal campo de batalla entre las élites y el independentismo, incluida parte del neoconvergente, durante los tres años posteriores a la consulta del 1 de octubre.

Primero, a por la Fira

El conflicto se trasladó al seno de las instituciones económicas de la capital catalana. Desde la Fira de Barcelona hasta la Cambra, un intento de desplazamiento de las élites, concebido como un proceso de sustitución o reemplazo paulatino y sistemático en la dirección del mundo empresarial. Una lucha que comenzó sin excesivo ruido público, aún bajo la vigencia del 155 y con Soraya Sáenz de Santamaría, la vicepresidenta del Gobierno de Mariano Rajoy, controlando la Administración catalana, como una especie de virrey o procónsul; pero acabó siendo mucho más pública y abierta después de las elecciones de diciembre del 2017. Un cambio que se concibió palaciego, discreto, como una partida de ajedrez, pero que evolucionó hasta convertirse en una especie de revolución de los pequeños contra los grandes, las clases medias y los comerciantes contra las élites y que desbordó incluso el marco diseñado por el entorno del *expresident* instalado en Waterloo.

La pugna tuvo como primer objeto de deseo la presidencia del consejo de administración de la Fira de Barcelona, la institución económica de la capital catalana creada en 1932, fundamental para muchos sectores empresariales, desde el comercio, la hostelería y los servicios, a las exportaciones, impulsadas por las redes de contactos generados durante la celebración de sus monumentales salones. Su creación formal reconocía una labor aún más antigua, de al menos veinte años más, con exposiciones universales y comerciales de alcance internacional. Tras las pretenciosas torres venecianas construidas para la gran exposición universal de 1929, la proyección de la imagen internacional de la capital catalana como ciudad de negocios está íntimamente vinculada a la Fira. Este prestigio se renovó de manera incontestable con el desembarco del más cosmopolita, multitudinario y rutilante de sus salones, el Mobile World Congress. Su importancia económica va pareja a la atracción social que ejerce como fuente de poder, influencia y representación entre las élites catalanas. Un gran pacto institucional en el año 2000 entre el Ayuntamiento de Barcelona, la Generalitat y la Cambra puso fin a una larga crisis institucional y de gestión que amenazaba con condenarla a la decadencia irreversible. El acuerdo dejó atrás los choques entre Administraciones, partidos y facciones económicas y dio el control de la gestión diaria a un consejo de administración compuesto exclusivamente por empresarios. Las administraciones quedaban representadas en el Consejo General, sin implicaciones en el orden ejecutivo. La Fira seguía siendo uno de los emblemas económicos de la ciudad. Es de los pocos que mantiene el liderazgo en el contexto de la desigual competencia con Madrid, por delante de la dopada Ifema de la capital del Estado. El esquema funcionó sin rechinar hasta que el *procés* puso de manifiesto que las nuevas opiniones de los políticos clásicos, los convergentes, y las de los nuevos políticos con responsabilidades, desde ERC hasta los Comuns y la CUP, chocaban de frente con las de los integrantes de ese consejo. En el caso de las nuevas formaciones, como la que representaba la alcaldesa Ada Colau, se trataba de un intento de intervenir en una entidad que al fin y al cabo recibía dinero público, lo que a su juicio debería dar a las Administraciones capacidad de decisión.

Para los antiguos convergentes, lo importante era marcar una nueva línea política para la Fira, más involucrada en explicar al mundo la nueva realidad de Cataluña.

Desde el arranque del *procés*, la presidencia de la Fira la ocupaba José Luis Bonet, quien ejerció el cargo desde el 2004 hasta el 2018. Bonet fue durante esos años una de las figuras empresariales más enfrentadas al movimiento independentista, contra el que se manifestó en infinidad de ocasiones. Su posición política le ameritó para ser nombrado presidente de la Cámara de España, entidad de representación empresarial de ámbito español creada en el 2014 por el Gobierno Rajoy. Se trataba de un invento pensado, en buena medida, para realzar las voces empresariales contrarias a la independencia, desde una supuesta procedencia de la sociedad civil. Seguía la estela del Alto Comisionado del Gobierno para la Marca España, creado en junio del 2012 y pensado, en teoría, para promover la imagen del país, muy erosionada a consecuencia del desplome económico tras el estallido de la burbuja financiera e inmobiliaria del 2008 y, en adelante, volcado en defender la unidad de España y difundir en el mundo que la España eterna seguía vigente. El elegido para pilotar el Alto Comisionado fue Carlos Espinosa de los Monteros y Bernaldo de Quirós, persona radicalmente diferente del tranquilo y respetuoso Bonet. El primero era el padre del dirigente de Vox Iván Espinosa de los Monteros y miembro de una insigne familia franquista, lo que no fue problema para que el socialista Felipe González le nombrase presidente de Iberia. Desempeñó idéntico cargo en Mercedes-Benz España. Su gestión de la Marca España fue siempre polémica e incluso las grandes empresas españolas se mostraron siempre muy distantes. Su acto público más relevante, en el 2013, fue el de su presentación en Europa, en el Parlamento Europeo, bajo el sugerente lema «Cook and fashion», mezcla de gastronomía y moda, que concluyó con un espectáculo flamenco de dos bailaores. El número dos del organismo, Juan Carlos Gafo, tuvo que dimitir ese mismo año tras escribir un tuit con la expresión «Catalanes de mierda. No se merecen nada» tras la pitada contra el himno español durante la inauguración del campeonato mundial de natación en Barcelona del 2013. La iniciativa de Rajoy para hacer frente al *procés*, que la burguesía catalana le reclamaba desesperadamente y de forma constante, no tenía demasiada ambición ni iba por muy buen camino.

Volvamos a la Fira. La elección del nuevo presidente y los vocales del consejo empresarial debía superar un complejo procedimiento que obligaba a alcanzar la unanimidad entre las tres instituciones propietarias de la institución: el Ayuntamiento de Barcelona, la Generalitat y la Cambra.

Cuando llegó el momento de sustituir a Bonet en la presidencia de la Fira, en el Ayuntamiento de Barcelona acababa de desembarcar Ada Colau, la líder de los Comuns, mientras que la Generalitat la presidía Carles Puigdemont. La tercera pata del necesario acuerdo unánime era Miquel Valls, el presidente de la Cambra de Barcelona y representante indiscutido de la burguesía de la ciudad en ese ámbito gremial y a quien los estatutos de la Fira otorgaban la potestad de proponer al futuro presidente. Saltaba a la vista que el acuerdo iba a ser complicado.

Miquel Valls, fallecido en el 2019, era un hombre de confianza de la burguesía tradicional barcelonesa y su inclinación natural era la de buscar la conciliación, lo que le convertía en candidato perenne a ser utilizado por las Administraciones de turno. Dicho eso, atendía disciplinadamente las demandas de sus representados, en especial de los más poderosos. Gestor en origen de una empresa metalúrgica familiar, acabó incrustado en los órganos de dirección de grandes compañías. Accedió a la presidencia de la Cambra en el 2002 y renovó mandato en el 2006 y en el 2010. También formó parte del consejo de Gas Natural, la empresa gasista del grupo de La Caixa. En el 2017, la Generalitat, presidida por Carles Puigdemont, le concedió la Creu de Sant Jordi que otorga a aquellos que hayan prestado servicios destacados a Cataluña.

En el momento de encarar el relevo en la presidencia de la Fira, Valls tomó buena nota de la relación de fuerzas y propuso para el cargo a Miquel Martí, presidente de la empresa de transportes Moventia. Este empresario, junto con su hermano Josep Maria, forman parte de la última generación de una empresa de transportes de Sabadell constituida en 1923 y, en la actualidad, primera empresa privada de transporte público de Cataluña.

Martí ya formaba parte de los órganos de Gobierno de la Cambra y del consejo de la Fira. A juicio de Valls, era un nombre aceptable para el triángulo de fuerzas presentes, no en balde era un empresario de perfil nacionalista, había presidido hasta el 2015 la asociación empresarial FemCAT, de matriz pujolista y asociada al soberanismo. La intención del presidente de la Cambra era rehuir el choque con el independentismo, para lo que se cuidó de proponer algún candidato significado como del *establishment*, ahora estigmatizado a consecuencia del traslado de sedes, pero manteniendo al mismo tiempo una línea conciliadora. Martí cumplía, a ojos de Valls, esos requisitos. Era su propuesta de compromiso, aunque a un sector de la Fira le sentó muy mal que el presidente propusiera a un protoindependentista. Aunque todos los iniciados sabían que Valls no habría dado el paso sin contar con el plácet de las principales figuras de la élite económica barcelonesa.

La Generalitat no se opuso a la propuesta —Martí cumplía perfectamente los requisitos y su nombramiento se podía presentar como un éxito del soberanismo— pero el ayuntamiento de Colau sí. Una de las empresas propiedad de Martí era concesionaria de servicios públicos municipales, entre ellos el

Trambaix, que une la capital catalana con otros municipios del área metropolitana, lo que para la alcaldesa comportaba una manifiesta incompatibilidad.

El equipo municipal pensaba, además, que había llegado el momento de que una mujer presidiera la institución. Entre ellas, la empresaria barcelonesa Helena Guardans, exitosa presidenta en España de la multinacional del telemarketing Webhelp, que emplea a cerca de 4.000 personas. Nieta de Francesc Cambó, el fundador de la Lliga Regionalista, primer gran partido nacionalista conservador catalán durante la Restauración, se ha expresado siempre agudamente crítica con el independentismo.

Con las negociaciones bloqueadas, la crisis del otoño del 2017 desembocó en la aplicación del 155 y el control de la Generalitat por el Gobierno central de la mano de la vicepresidenta Soraya Sáenz de Santamaría. Pese a ello, Valls siguió apostando por acometer el cambio en la Fira cuanto antes, aprovechando la interinidad de la Generalitat, con el cálculo de que la vicepresidenta del Gobierno aceptaría su propuesta, fuera la que fuera o, en el peor de los casos, se abstendría. Pero Colau no estaba por la labor, lo que no era un problema menor, pues de ella era la competencia de convocar el consejo general de la Fira, el organismo que debía aprobar el nombramiento. No estaba dispuesta a compartir Consejo con la vicepresidenta del 155, la que ocupaba por la fuerza, aunque fuera la de la ley, la silla de la Generalitat, ni mucho menos a pactar nombramientos con ella.

El presidente de la Cambra porfió durante varios meses para forzar a la alcaldesa a pactar el relevo e incluso propuso otro candidato, Kim Faura, el director general de Telefónica en Cataluña. Pero no fue posible y esta segunda propuesta también decayó.

Tras las elecciones catalanas de diciembre del 2017 y la larga interinidad que siguió hasta que Quim Torra fue elegido *president* de la Generalitat, pasaron cinco largos meses de debates jurídicos y políticos durante los que el cambio en la Fira siguió congelado, pese a la insistencia incansable de Valls.

Con Quim Torra en el Palau de la Generalitat y Elsa Artadi, persona de confianza de Puigdemont, al frente del departamento de Presidencia, las negociaciones comenzaron a avanzar. Artadi había llegado a la política de la mano del *conseller* de Economía, Andreu Mas-Colell, que en el 2011 la fichó de asesora. Posteriormente, en el 2013, fue nombrada directora general de Tributos y Juego, desde donde puso en marcha la Grossa, la lotería de Navidad catalana. Economista por la UPF y doctora por Harvard, trabajó en el Banco Mundial y formaba parte del grupo de economistas que abrazó el independentismo desde posiciones más liberales. Acabaría siendo una de las personas de la máxima confianza de Puigdemont, que pensó en ella como vicepresidenta del Govern del republicano Pere Aragonès, cargo que finalmente rechazó.

Valls pactó con Artadi proponer a Pau Relat, farmacéutico de formación y consejero delegado de MAT Holding, una empresa de fitosanitarios propiedad de la familia vallesana Matosas creada un año antes del comienzo de la Guerra Civil. En la apuesta de Valls había dos claves. La primera, que Relat ya ejercía funciones en la Cambra, donde estaba presente en sus órganos de dirección desde hacía seis años. La segunda, su condición de presidente de FemCAT, la patronal con sensibilidad independentista, como el descartado Martí. Esto último era especialmente relevante para los responsables de la Generalitat.

Valls buscaba un acuerdo que evitara el enfrentamiento con el independentismo en el Govern, al tiempo que vindicaba la continuidad en la Cambra, contenía la marea independentista y evitaba la lectura de que el *establishment* había sido derrotado.

Por su parte, el Govern de la Generalitat proclamó victoria asociando a Relat con sus tesis, atendiendo a su pertenencia a FemCAT. El elegido, que siempre se ha definido como un nacionalista de matriz pujoliana, es un soberanista tranquilo, de los que rechaza las decisiones unilaterales y que reconoce que no cuentan con una representación política articulada. Ha evitado siempre cualquier pronunciamiento político desde que tomó posesión del cargo, en diciembre del 2018. Posteriormente, en el marco de una instrucción judicial que no le afectaba a él, se filtraron unas conversaciones telefónicas suyas con David Madí —este último estaba siendo investigado por la Guardia Civil— en las que cargaba con dureza contra el *president* Quim Torra. De sus palabras se desprendía una profunda discrepancia con la gestión del sucesor de Puigdemont al frente de la Generalitat.

La victoria soberanista en la presidencia de la Fira fue el primer cambio institucional reflejo de un cierto desplazamiento de la correlación de fuerzas favorable a los sectores hasta entonces con menos presencia y representación institucional. Representó también un intento de los sectores tradicionales, encabezados por Valls, de buscar una entente, una especie de acuerdo de reparto equilibrado. No dejaba de ser un entendimiento entre las élites, las de la burguesía, el gran empresariado barcelonés. Colmaba las aspiraciones de JxCat, el partido de Puigdemont y Torra, pero no satisfizo a los sectores más radicales, los más vinculados a la pequeña y mediana empresa, a los comerciantes, aquellos que no veían cambio en absoluto, sino un simple recambio entre los mismos de siempre. Estos sectores tomaron nota y, como se verá, prepararon su propio asalto al poder en una entidad mucho más propicia y desde el punto de vista de la influencia pública, más trascendental, la Cambra de Comerç. Y esta vez, dejando al margen incluso a las élites económicas soberanistas.

La batalla perdida del cava

La principal ocupación profesional de Bonet, además de la Fira que ahora abandonaba, era la presidencia de Freixenet, la primera empresa del cava. Un sector emblemático de la economía catalana, un referente cultural y sector exhibido por el pujolismo como mejor ejemplo del éxito que suponía la combinación de la tradición y la continuidad con la ambición comercial. En el sector de la burbuja cristalizaba en buena medida una singularidad, con trascendencia más allá de su dimensión económica y con una alta carga simbólica, la encarnación del ancestral burgués catalán con raíces agrarias y el rito aspiracional de unas clases medias que, antes del cambio de siglo, flirteaban con la sensación de consumir champán local. Esos sentimientos empapaban las declaraciones de Bonet contra el *procés* de un aroma agrio y una relevancia que iba más allá de la dimensión de su empresa y de la propia Fira.

Precisamente, este fue uno de los detonantes de la crisis accionarial de su empresa, pues varios socios consideraban que sus intervenciones sobre el *procés* perjudicaban la imagen de la compañía y podían tener efectos negativos sobre sus ventas. El cava ha estado expuesto durante décadas a las endémicas campañas de boicot de los ultranacionalistas españoles cada vez que la política tensaba el expediente Cataluña-España. Y ahora, los socios de Bonet temían que a los ataques de siempre se sumaran los de sectores independentistas en Cataluña.

Enrique Hevia, representante de la parte del capital en manos de una de las familias propietarias, vicepresidente y director financiero de la compañía, nacionalista español sin fisuras que gusta de pasearse por la capital catalana conduciendo un flamante Ferrari rojo y es un gran aficionado al golf, y quien presidió el club de Sant Cugat, encabezó la ofensiva para buscar comprador. Puso en solfa el funcionamiento de la empresa, criticando su escasa rentabilidad, y ofreció, primero, comprar algún paquete de otras familias para poder controlar él en exclusiva la gestión, aunque casi inmediatamente se volcó activamente en que un inversor externo hiciera una oferta por toda la empresa. Pese a que no tenía la mayoría asegurada, Hevia esperaba que una vez hubiera propuestas firmes sobre la mesa, otros socios se sumarían, encandilados por el dinero contante que se les ofrecía, frente al pobre rendimiento anual de la compañía. Al final, Hevia consiguió consolidar una mayoría vendedora y el grupo alemán Henkell se hizo con el 50 % de Freixenet por 220 millones de euros en marzo del 2018. La verdadera causa de las discrepancias y de la enajenación de la empresa fue su muy baja rentabilidad. Facturar más de 500 millones de euros y terminar con un beneficio de apenas cuatro era muy difícil de explicar como estrategia a los accionistas.

Freixenet había pasado de liderar con ventaja las exportaciones de cava y encabezar el sector en España, de ser pionera histórica desde principios del siglo xx en el uso de avanzadas técnicas de *marketing* y publicidad, primero impresas, luego radiofónicas y televisivas, a formar parte de la cartera de inversiones de un productor alemán especializado en vinos populares, Henkell, integrado en el gigante Dr. Oetker. Y el acuerdo de venta se alcanzó precisamente en noviembre del 2017, en el momento más álgido de la crisis política abierta con el referéndum del 1 de octubre.

Tras Freixenet, cambiaron de manos varias compañías singulares del sector. La más llamativa de entre ellas, casi un año después, a finales del 2018, Codorníu, la empresa más antigua de España, pues fue fundada por Jaume Codorníu en 1551. Cuando se produjo la operación, la presidenta de la compañía era María del Mar Raventós Chalbaud, representante de la decimoquinta generación. La compañía tiene su cuartel general en Sant Sadurní, en un emblemático edificio modernista del arquitecto Puig i Cadafalch, construido a finales del siglo XIX, aunque después de la crisis del 1 de octubre trasladó su sede social a La Rioja, a su filial Bodegas Bilbaínas. Codorníu siempre ha sido una firma muy tradicionalista y paternalista en sus relaciones, tanto con el entorno agrícola como con sus trabajadores. Uno de los miembros más conocidos de la saga fue Manuel Raventós Domènech, presidente del conservador Institut Agrícola Català de Sant Isidre (IACSI) entre 1907 y 1911 y diputado por la Lliga Regionalista de Cambó en las elecciones de 1907, en la lista encabezada por Enric Prat de la Riba.

Posteriormente, la empresa acabó estrechamente vinculada al dictador Francisco Franco, que, en los últimos compases de la Guerra Civil, mientras preparaba el asalto a Barcelona, instaló su cuartel general en una de sus fincas. También era conocido su modelo de relaciones laborales, una combinación de dureza y paternalismo que quiso prolongar mucho más allá de la vida del Generalísimo.

La realidad accionarial de Codorníu era aún más compleja que la de su rival Freixenet, pues su capital se repartía entre 216 accionistas, con más de 600 descendientes, retratados cada año en una multitudinaria foto familiar, sin duda excesivos para las dimensiones de una sociedad que en el año de su venta facturaba 236 millones de euros. Los Raventós, la conservadora rama mayoritaria, controlaron la gestión en sus manos hasta el mismo momento de su venta. Al igual que en su competidora, los beneficios eran escasos, cuando los había, en los últimos ejercicios de gestión familiar, la mayoría se cerraron con pérdidas. La venta de Freixenet animó a los accionistas díscolos y, a medida que Carlyle, el fondo que finalmente se haría con la compañía, subía su oferta, también lo hacía el número de vendedores. Al final, la compra inicial de un 50 % se cerró con una valoración de la compañía de 300 millones de euros, más una deuda de 90 millones.

Los Raventós eran radicales opositores de la independencia y el *procés*, como los propietarios de Freixenet. Aunque eso no explica su posición política, operaban en un sector muy sensible, siempre en primera línea del padecimiento cuando se planteaba el boicot a los productos catalanes en el resto de España. En el 2005, por ejemplo, durante el proceso de elaboración del nuevo Estatut, el que acabó siendo recortado por el Tribunal Constitucional, la empresa perdió casi un 7 % de su facturación y vendió siete millones de botellas menos. El temor a acciones de este tipo estaba tan a flor de piel que, cuando la empresa trasladó su sede desde Barcelona hasta la localidad próxima de Esplugues de Llobregat y se percató de que la calle se denominaba Països Catalans, acabó domiciliando la correspondencia en un apartado de correos para evitarse líos, según explica Roger Vinton en *La gran telaraña*.

En contraste con esa marcada posición política contra el *procés*, dos miembros de una de las ramas accionistas de la empresa de cava, Pablo y Antonio Raventós, fueron implicados en la confección y envío de correspondencia para el referéndum del 1 de octubre del 2017 a través de su empresa de correo Unipost, posteriormente quebrada.

Es tentador atribuir la desaparición del capital catalán de las grandes empresas del cava a las turbulencias políticas o económicas vinculadas al *procés*. Pero esa teoría no parece tener mucho fundamento, pese a que las fechas de las ventas coinciden con las horas más críticas de la reciente política catalana. Freixenet y Codorníu, siempre en este orden, alcanzaron su apogeo a finales del siglo pasado, cuando acometieron un exitoso proceso de expansión internacional, con exportaciones e inversiones al alza, y una avanzada política de *marketing* que les permitió entrar en todos los hogares españoles con sus glamurosos anuncios navideños, las famosas burbujas. Ese camino hacia la cumbre se truncó, sin embargo, cuando las dos compañías se enzarzaron en la llamada guerra del cava, una interminable lucha fratricida trufada de demandas judiciales y denuncias ante el consejo regulador, que las enfrentó a muerte y les impidió plantearse una perspectiva de integración o fusión en un momento en el que, en el resto del mundo, las compañías rivales ganaban dimensión y fortaleza financiera y económica. Cuando, finalmente, en el 2006 tras diez años de guerra y con la mediación de Pedro Nueno, el profesor del IESE, alcanzaron un acuerdo de paz, el mundo se había vuelto demasiado grande y complejo para las dos empresas. La decadencia llevaba demasiado tiempo instalada en sus sedes corporativas. Era una cuestión de tiempo que se consumara el reconocimiento de que ya no podían jugar un papel destacado en el nuevo orden. Los actuales propietarios, Henkell, de Freixenet, y el fondo Carlyle, de Codorníu, han situado a las dos marcas en el segmento más bajo de sus productos, el *sparkling wine* (vino espumoso), rematando la tarea que sus predecesores ya habían iniciado.

Derrota del *establishment* en la Cambra

La siguiente batalla, sin embargo, se anunciaba mucho más dura y cruenta. Las gestiones de Valls para el relevo de la Fira no iban a ser las últimas, pues ahora tenía que elegirse a su propio sucesor en la Cambra. A diferencia de la negociación entre bastidores que desembocó en el nombramiento de Relat, ahora se abría el abanico, pues se trataba de un proceso electoral en el que podían participar, en el caso de Barcelona, hasta 300.000 votantes. La Cambra es una entidad clave de la vida económica catalana, una de sus palancas de poder más palpable. Más allá de la nada desdeñable función de prestar servicios al universo de pequeñas empresas que conforman la realidad metropolitana barcelonesa, desde ella se pilota la elección del presidente y el consejo de la Fira. También dirige su servicio de estudios, que analiza puntualmente la evolución de las inversiones públicas de las Administraciones central y catalana. Una función escrutadora clave en las últimas décadas, a medida que ese asunto se ha situado en el centro del debate político. Asimismo, interactúa políticamente, en nombre de los intereses empresariales, con los poderes políticos: el barcelonés, el catalán y el español. La Cambra opina sobre casi todo, desde la política de movilidad del ayuntamiento, hasta la ejecución de las obras públicas en toda Cataluña. De la fiscalidad de las empresas, a la política exterior española, cuando esta colisiona con los intereses comerciales de los empresarios. Históricamente había sido un senado empresarial barcelonés controlado por las grandes compañías locales desde su creación hasta los momentos más críticos, como la Guerra Civil española y el cambio democrático: hasta que llegó el *procés*. Un auténtico símbolo del poder de las élites que el sector más lanzado del independentismo, nutrido de pequeños empresarios y comerciantes, observaba con irreprimible deseo de pasar a controlar.

En este nuevo proceso de renovación, los teóricos contendientes eran la burguesía tradicional —vinculada a las patronales, grandes empresas y entidades financieras— frente al nacionalismo, devenido primero en soberanismo y después abiertamente independentista. Este último, instalado en el Govern. Se anunciaba un auténtico ajuste de cuentas tras lo sucedido después del 1 de octubre el 2017.

Pese a ello, los dos bandos se prepararon para una competición que creían se iba a disputar en un terreno con reglas del juego conocidas y un censo controlado. Con las cartas marcadas, a través de previsibles juegos de alianzas entre sectores económicos y exprimiendo con habilidad las posibilidades de un reglamento electoral de pesadilla que, en gran medida, disuadiría de votar a la mayor parte de los potenciales electores.

Sobre la mesa, de partida, dos candidaturas, la de Carles Tusquets Trías de Bes y la de Enric Crous. Dos alas diferentes del mundo económico barcelonés, diversas, pero hasta entonces, no enfrentadas. Dos sensibilidades que compartían un cuerpo central que ninguna de ellas ponía en cuestión.

La de Crous fue la primera candidatura en presentarse públicamente. Ejecutivo que dio sus primeros pasos en la órbita de la Administración municipal barcelonesa del socialista Pasqual Maragall, las públicas Mercabarna y la Fira fueron su punto de partida. Después, en 1988, alcanzó la primera posición ejecutiva en la cervecera barcelonesa Damm.

Cros llegó a Damm de la mano de su entonces presidente y primer accionista, Fernando Coll, propietario del 30 %. Sin embargo, poco tiempo después, otro accionista significativo, Demetrio Carceller, adquirió esas acciones y se hizo con el control de la compañía. Esta es una de las grandes fortunas españolas; su familia controla más del 40 % de Damm, participación valorada por encima de los 600 millones de euros. También posee la mayoría de la petrolera Dinsa, que dispone de una red de más seiscientas gasolineras y es líder en Canarias. Sus participaciones accionariales, directamente o a través de las dos firmas mencionadas, incluyen el primer paquete de la constructora Sacyr y el 12 % del gigante alimentario Ebro Foods, del que es vicepresidente. Asimismo es un terrateniente relevante en Extremadura y Andalucía.

El patrimonio familiar cuajó en los años más duros del franquismo. Su abuelo, Demetrio Carceller Segura, un turolense que se hizo perito industrial textil en la Cataluña de la segunda década del siglo pasado, acabó siendo el primer ejecutivo de la petrolera Cepsa en puertas de la Segunda República. Formó parte del núcleo germinal de Falange y fue miembro de la Junta de Defensa franquista de Burgos, durante la Guerra Civil. Nada más terminar esta fue nombrado por Franco ministro de Industria y Comercio, cargo que ocupó durante cinco productivos años. Esa condición exministerial no impidió que años después, en 1959, apareciera en la larga lista de evasores fiscales con cuentas secretas en Suiza publicada en el BOE, tras requisarle la policía española la relación de sus clientes a un directivo de la Société de Banque Suisse.

Curiosamente, la saga ha mantenido la tradición de buscarse problemas con Hacienda. El hijo del ministro, Demetrio Carceller Coll, y también el nieto y actual presidente de Damm acabaron siendo denunciados por delito fiscal. El caso se cerró en octubre del 2016 con un acuerdo de los dos con la fiscalía, a cambio del pago de 93 millones de euros a la Agencia Tributaria. Carceller Coll destacó como presidente del Banco Comercial Transatlántico, creado por su padre y que el sucesor vendió en los ochenta al Deutsche Bank.

Así las cosas, Crous se encontró al poco de su llegada con un nuevo presidente y primer accionista, Carceller, que apenas estaba en Barcelona, residía en Madrid y con el que no tenía casi nada en común. Las relaciones entre el ejecutivo y su presidente no debieron ser fáciles. El primero, un culé desaforado; el segundo, merengue desmedido. Al poco de trabajar juntos, el presidente propuso que Damm esponsorizase al Real Madrid, un auténtico terremoto para una cerveza, Estrella Dorada, que había mimetizado completamente su imagen con la del Barça. Afortunadamente para Crous, Mahou se adelantó y cerró un acuerdo con el club blanco. No hubo problemas, en cambio, con la esponsorización histórica de Damm al programa de humor político en clave independentista de TV3

Polònia, pese al nacionalismo español de Carceller. El negocio es el negocio, debió pensar.

Crous formaba parte en buena medida de la llamada sociovergencia, el ámbito sociológico en el que se sentían cómodos los sectores burgueses del socialismo catalán y los de la convergencia política; Carceller, muy cómodo en los ámbitos de la derecha dura española.

Cuando, a principios del 2019, presentó su candidatura a la Cambra, ya había dejado su posición de primer ejecutivo en la cervecera, se limitaba a asesorar al presidente, pero era consejero delegado de Cacaolat, una pequeña compañía productora de batido de cacao, participada desde el 2011 al 50% por Damm y Cobega, la empresa patrimonial de la familia Daurella, encabezada por Sol.

Y fue Cacaolat el escenario de una inesperada refriega a cuenta de su candidatura y de la aún incipiente campaña electoral a la presidencia de la Cambra. El mismo día del anuncio se celebraba un consejo ordinario; Carceller dejó estupefactos a los presentes y en primer lugar a Crous al pedir su cese como consejero delegado, pues ya no era persona de su confianza. Tratándose del propietario de la mitad de la empresa, al consejo no le quedó más remedio que tomar nota y asumir el nombramiento de un nuevo ejecutivo. Carceller también se opuso a que Crous pudiera presentarse a las elecciones utilizando el epígrafe del censo de la Cambra que le correspondía a Cacaolat.

Pese a que Crous había evitado siempre realizar declaraciones políticas, su candidatura aparecía cercana al soberanismo heredero del nacionalismo pujolista convertido ahora en soberanista, mezclado con el socialismo maragalliano, ese que acabó buscando cobijo fuera del PSC y se acercó al independentismo y una buena parte del cual acabó también en ERC, comenzando por Ernest Maragall, hermano del alcalde Pasqual. Bien por ideología política, bien por distancia personal, a Carceller le resultó insoportable el nuevo protagonismo público de Crous.

Frente a él, el segundo candidato relevante en la liza por hacerse con el control de la Cambra, Carles Tusquets, era la encarnación del *cursus honorum* de la burguesía barcelonesa. Con apellidos ilustres que lo vinculan a más diversos ámbitos de la élite de la ciudad, de la política a las finanzas o la abogacía, pasando por la arquitectura o el mundo editorial y la medicina. El abuelo de Tusquets fue un notable abogado, diputado y miembro destacado de la Lliga Regionalista, albacea testamentario de Francesc Cambó, que en la Guerra Civil formó parte del bando vencedor. La vocación financiera de su nieto entronca con una saga de banqueros que se remonta a finales del xix. Él mismo se convirtió en el más joven banquero de España cuando consiguió la autorización del Banco de España para operar como banco a través de Fibanc, la entidad gestora de patrimonios que había creado unos meses antes, en 1983. Antes, había forjado una intensa relación personal con Isidre Fainé, entonces un alto directivo bancario que con el tiempo acabaría pilotando La Caixa.

Precoz tesorero del Fútbol Club Barcelona, en el primer mandato de Josep Lluís Núñez, Tusquets estuvo siempre vinculado a la entidad deportiva y presidió la comisión económica del club. Tras la moción de censura que desembocó en la dimisión de la junta de Josep Maria Bartomeu, en diciembre del 2020, se convirtió en el presidente de la gestora hasta las elecciones de marzo siguiente, en las que resultó elegido Joan Laporta, quien ya había vencido al *establishment* barcelonés con su primera candidatura, en el 2003.

Tusquets presidió también el Cercle d'Economia entre 1989 y 1992. Con el tiempo, acabaría vendiendo Fibanc al grupo italiano Mediolanum, uno de cuyos principales accionistas es Silvio Berlusconi, el ex primer ministro italiano, potentado de la comunicación en su país y sempiterno protagonista de crónicas judiciales. Previamente, Tusquets protagonizó un difícil y casi eterno proceso judicial, que incluyó un registro judicial de Fibanc en 1996 por la Fiscalía Anticorrupción. El caso se cerró, en el Tribunal Supremo, más de veinte años después y Mediolanum acabó condenado como responsable civil subsidiario, en calidad de propietario de Fibanc.

Políticamente, Tusquets era tan crítico con el independentismo como Bonet. Pero el primero añadía a sus comentarios altas dosis de acidez y distancia, como si no se lo tomara en serio. Pese a ello, tanto Jordi Pujol, en el 2000, como Artur Mas, en el 2010, le ofrecieron ser *conseller* en sus respectivos Governs. En fin, no es difícil entender por qué Tusquets era el candidato indiscutido del *establishment* económico para presidir la Cambra, una vez que la Generalitat, por fin, había aprobado un reglamento para proceder al relevo del eterno Valls.

Sus opciones de hacerse con la presidencia parecían, de partida, insuperables. Las grandes empresas barcelonesas tenían derecho a catorce sillas de las sesenta que conforman el plenario de la Cámara en el que se elige al presidente. Literalmente. Las habían comprado. La mayoría de ellas apoyaba sin fisuras a Tusquets. La contienda electoral se iba a centrar pues en la elección de los restantes 45 vocales, navegando a través de un endiablado reglamento que clasifica epígrafes de empresas y sectores. Y de controlar eso se iba a encargar Valls. O al menos eso pensaban muchos de los implicados.

Crous, que en un momento políticamente menos cargado podría haber sido candidato del *establishment* barcelonés, no podía aspirar ahora a concitar esos apoyos. Su soporte procedía de la pequeña empresa, en primer lugar de la patronal PIMEC, nacida en las comarcas del Baix Llobregat, y que presidía Josep González. De orientación convergente, acompañó los primeros compases del *procés* hasta que se planteó el choque con la ley. También recibió el espaldarazo de FemCAT, del mismo ámbito sociopolítico, aunque formado por empresas de mayor dimensión y más definida políticamente. En el momento de celebrarse los comicios camerales, la presidencia de FemCAT la ostentaba Elena Massot, que en enero del 2019 sustituyó a un recién nombrado Pau Relat al frente de la Fira.

En consonancia con estos apoyos, Carles Puigdemont, al frente de la Generalitat, y Elsa Artadi, su *consellera* de Presidencia, también acogieron a Crous como su candidato. Todo estaba dispuesto para el duelo. Si se imponía Tusquets, la Cambra seguiría más o menos igual, crítica con el *procés* y el independentismo en general y centrada en sus funciones tradicionales, como servicio de estudios y analista de las necesidades de una economía catalana pensada en el marco de referencia de la española y la europea. Por el contrario, si Crous era el que se alzaba vencedor, la Llotja de Mar albergaría una entidad más sensible a las propuestas soberanistas y apostaría por un programa más crítico con el Gobierno central y en favor de alguna modalidad de pacto fiscal, aunque sin romper las pautas básicas de comportamiento previsible de la institución durante los últimos años. En ninguno de los dos casos se entraría en el choque político directo.

Y entonces, inesperadamente, apareció la ANC y su candidatura Eina de País. Su líder, Joan Canadell, un puigdemontista explícito e incondicional. Su programa, implementar la República catalana y la soberanía fiscal, convirtiendo la Cambra en una entidad al servicio de ese objetivo, «sin sumisión a los intereses de oligopolios y empresas con sedes no catalanas», un mensaje que podría haber lanzado directamente el *president* residente ahora en Waterloo.

La lista de la ANC propugnaba desvincular la economía catalana de «los poderes fácticos centralizados». Avanzar hacia una economía financiera 100% catalana, recuperando un sistema bancario propio (cajas de ahorros). Y para sorpresa de unos y otros, esta última fue la candidatura que se impuso. Sin movilizar demasiados votantes, en esto no se diferenció en exceso de las campañas anteriores, se impuso con holgura y alcanzó la mayoría para controlar la Cambra.

El triunfo de Canadell y de la candidatura de la ANC cayó como una bomba en los salones de la burguesía barcelonesa, que hasta entonces había tenido en la institución un centro de presión, análisis y opinión; también de reparto de poltronas. Los tradicionales poderes económicos habían confiado en sus métodos de siempre y se creyeron los tranquilizadores mensajes de Valls, quien día tras día les repetía que todo estaba controlado y que tanto el reglamento como la estructura sectorial de elección de los miembros del pleno hacían imposible una sorpresa en el momento del recuento. Grandes empresas, como SEAT, Roca, Nissan o Ficosa, se quedaron sin representación. Años después, conocidos miembros de la élite siguen cruzándose acusaciones y reproches de pasividad y falta de compromiso como explicación de su fracaso.

Canadell tomó posesión como presidente de la Cambra en mayo del 2019. La antítesis del convencional señor de Barcelona que hasta ese momento y desde su fundación en 1886 había ocupado tan representativa poltrona sin interrupción, incluidos los periodos más turbulentos, como la Guerra Civil. La emblemática Llotja de Mar, singular edificación que desde el siglo XIV superpone estilos arquitectónicos paralelos a la evolución económica de la ciudad, marítima y comercial, primero, financiera e industrial, después, quedaba ahora en manos de una pequeña burguesía que empezaba a pensar que podía llegar a tomar el poder de verdad.

Vital y con una energía desbordada, Canadell, ingeniero industrial, accionista de una pequeña empresa de ocho gasolineras, Petrolis Independents, que facturaba una decena de millones de euros, le arrebató a la burguesía barcelonesa, casi en un suspiro, uno de sus instrumentos colectivos más relevantes. Hiperactivo en las redes sociales, los textos de sus tuits dejan pistas claras sobre su visión benevolente de Donald Trump y su postulado incansable en favor del independentismo y el ultraliberalismo económico. Defensor de las recetas fiscales de Isabel Díaz Ayuso, la presidenta de la Comunidad de Madrid, fue cofundador en el 2008 del Cercle Català de Negocis. Seguidor del Institut Nova Història, que entre otras cosas sostiene que Cristóbal Colón, Leonardo da Vinci o Cervantes eran catalanes posteriormente desdibujados por la historia oficial española. Popular en JxCat, fue el candidato que más votos obtuvo en las primarias del partido para las elecciones catalanas del 2021, motivo por el cual ocupó la tercera posición en la lista, tras Puigdemont y la presidenta del Parlament, Laura Borràs.

Canadell ponía rostro a un atávico conflicto político y social con larga trayectoria histórica. La Cambra de Barcelona rige sobre una amplia área geográfica en la que operan cientos de miles de autónomos y pequeñas empresas, aunque por la fuerza de los hechos y por la prosaica vía de la financiación, siempre había estado bajo el control de las más grandes. Una realidad que, con bastante parecido, se reproducía en el resto de las ciudades medias de Cataluña con cámaras locales. El independentismo utilizó una pequeña dosis de su capacidad de movilización de masas, ensayada con éxito en las manifestaciones multitudinarias de las sucesivas Diadas del 11 de septiembre, y consiguió votos más que suficientes para imponer la candidatura dirigida por Canadell. La ANC convirtió la campaña en un choque de intereses entre el comerciante, autónomo o empresario casi individual, partidario del independentismo, y la gran empresa, pendiente de obtener pingües beneficios gracias a sus contactos con el poder y opuesta a la versión del *procés* desarrollada en los últimos años. La lógica de la revolución del pequeño contra el grande había quemado etapas a la velocidad de la luz y se trataba de derribar el obstáculo que el poder económico representaba para el objetivo de la independencia.

En cuanto la ANC hizo acto de presencia en la campaña, la Generalitat se sumió en el silencio, evitando chocar con la agrupación independentista, que en realidad ya le desbordaba. PIMEC no compareció. Las grandes empresas quisieron creer que financiando a su candidato y confiando en las promesas del presidente saliente habría suficiente para asegurar la victoria de los continuistas.

La candidatura de Tusquets recurrió a la justicia, denunciando tener constancia de que ellos contaban con más votos comprometidos y emitidos de los recogidos en el recuento final y, finalmente, consiguió que los tribunales ordenasen repetir los comicios. La batalla legal sigue aún abierta y la espada de Damocles de una posible repetición electoral amenaza la estabilidad de la centenaria institución económica barcelonesa.

El dique de contención de PIMEC

Tras la victoria en la Cambra, el independentismo de la ANC empezó a velar armas para el asalto a PIMEC, la patronal de pequeñas y medianas empresas, próxima a la antigua CDC y que continuó cercana al soberanismo. Desde hacía muchos años la presidía Josep González. PIMEC fue fundada en 1975 por hombres próximos a Pujol, como sus primeros presidentes, Josep Lluís Rovira, Carles Sumarroca y Agustí Contijoch, los dos últimos fundadores de CDC. En 1997 se fusionó con la Societat d'Estudis Financers, Econòmics i Socials (SEFES), una patronal del Baix Llobregat.

Comenzó el *procés* como una de las organizaciones empresariales más próximas a Mas, e incluso a Puigdemont, hasta las fechas previas al referéndum del 1 de octubre. Pese a dar su apoyo a la reivindicación soberanista del derecho a decidir, PIMEC se clavó en el respeto a la legalidad como límite que no debía rebasarse. En febrero de 2017 emitió un comunicado, que repartió al resto de los integrantes del Pacte Nacional pel Referèndum, en el que afirmaba: «Defendemos el derecho a decidir, pero también entendemos que todas las acciones que se realicen en esta dirección deben llevarse a cabo desde una posición de consenso con el Gobierno del Estado español». Y añadía que se debía «incorporar una mención explícita a la necesidad de asegurar las plenas garantías jurídicas del proceso en todo momento». Un desmarque que ponía de manifiesto que el temor al choque también ganaba terreno entre los empresarios pequeños, hasta entonces uno de los soportes más firmes del *procés*. A partir de ese momento, comenzaron las tensiones con el Govern y los sectores independentistas que dos años después organizarían la campaña electoral de la Cambra.

En teoría, las elecciones para sustituir a González debían celebrarse en el 2023, tras su última reelección en el 2018. Eso había relajado a los posibles candidatos independentistas. Sin embargo, súbitamente, y a las puertas de la campaña electoral al Parlament de Cataluña de marzo del 2021, González decidió convocar los comicios, apurando al máximo los plazos, de manera que entre la convocatoria y la celebración de las elecciones apenas pasaron poco más de veinte días. Un movimiento que buscaba pillar desprevenidos a los independentistas, críticos con la línea de González y su mano derecha, Antoni

Cañete, desde que se habían distanciado de la vía unilateral y reclamaban el respeto a la legalidad. Y realmente, los líderes de PIMEC lo consiguieron.

El recuento arrojó una aplastante victoria del candidato continuista, Antoni Cañete, el hombre de confianza de González y distante del soberanismo, sobre el independentista radical Pere Barrios, un empresario metalúrgico que lideró la lista Eines PIMEC, una adaptación del nombre que la ANC había presentado en la Cambra. Estos comicios supusieron la primera derrota del independentismo menestral que se había impuesto en la Cambra en las organizaciones empresariales desde que comenzó su intento de dominar las instituciones económicas o sociales. Y en el ámbito del pequeño empresariado, que hasta ese momento era una de las canteras de apoyo económico al soberanismo. Aquel era un síntoma notable de reflujo independentista que en apenas dos años pasó de celebrar el asalto a la Cambra a una inapelable derrota. Pero no representó la vuelta a la aparente normalidad anterior. Amplios sectores de pequeñas y medianas empresas observan con recelo y fuertes críticas a las grandes empresas que, en su opinión, monopolizan la representación de la economía catalana.

Entre Puigdemont y el rey

Pese al dramático choque de octubre de 2017, muchos de los dirigentes empresariales siguieron buscando una entente con la dirección política del independentismo, sobre todo para evitar que avanzara en la línea que este había trazado tras la aprobación en el Parlament de las llamadas leyes de desconexión.

Las presiones sobre Puigdemont, para que no aprobase una declaración unilateral de independencia, le llegarían desde diferentes ámbitos del poder económico. La Caixa fue uno de ellos. Su presidente, Fainé se reunió el 6 de octubre con Puigdemont en el Palau Macaya de Barcelona, a las puertas de un fin de semana que sería aún muy intenso. Fainé le pidió encarecidamente a Puigdemont que no actuara unilateralmente y abriera una negociación con Rajoy, a fin de evitar que este aplicara el artículo 155 de la Constitución e interviniera la Generalitat. El *president* le planteó a Fainé que instara a Rajoy a negociar y el financiero encargó al director general de la Fundación, Jaume Giró, que se pusiera en contacto con la vicepresidenta del Gobierno y responsable directa del asunto catalán en el Ejecutivo, Soraya Sáenz de Santamaría, aunque sin resultado aparente.

Al día siguiente, sábado, le tocó al presidente del Cercle d'Economia, Juan José Brugera, quien se fue a Girona junto con el director general, Jordi Alberich, a entrevistarse con Puigdemont. Este les recibió solo, con aspecto que los recién llegados interpretaron como abatido y meditabundo, en una desangelada sala del edificio de Santa Caterina, en la plaza Pompeu Fabra, la sede de la Generalitat en Girona.

El objetivo de la visita era el mismo que el de Fainé: desaconsejarle una decisión unilateral y abrir la puerta a los contactos con el Gobierno central. Brugera hizo una exposición dramática: «Si optas por la declaración unilateral de independencia, esto será un erial; las empresas se marcharán a centenares». La reunión se producía dos días después del cambio de sede del Sabadell y uno del de CaixaBank, mientras que La Caixa, en ese mismo momento de la mañana, estaba aprobando su traslado a Palma. Pero aún no se había desatado el movimiento masivo de traslado de sedes, que empezaría 48 horas después, a partir del lunes 9, y que Brugera había anticipado a Puigdemont.

A esos planteamientos directos se sumaron las más públicas y formales de las organizaciones empresariales, como Foment o PIMEC y la Cambra de Barcelona; estas dos últimas se habían distanciado en las últimas jornadas de los dirigentes del *procés*, hasta el punto de retirarse de alguno de los pactos y manifiestos que habían firmado en los meses previos.

El mundo de la pequeña y mediana empresa catalán, fuente de nutridos apoyos de masas al *procés*, también se movilizó. Los presidentes de FemCAT, Pau Relat; PIMEC, Antoni Cañete, que sustituyó a González, fuera de España, y de Cecot, Antoni Abad, fueron convocados por el vicepresidente Junqueras, con quien discutieron la situación. Los tres representantes empresariales, con sus matices propios, desaconsejaron al líder de ERC que siguiera por el camino del choque y la unilateralidad. Junqueras, con aspecto entristecido y melancólico, les reconoció que sabía que se enfrentaba a una situación personal difícil y les instó a explicar su visión directamente al *president* Puigdemont. Este, a su vez, les llamó poco después y se repitió el guion. Son conocidas también las gestiones de algunos empresarios encabezados por Emilio Cuatrecasas, buscando la intermediación del *lehendakari* vasco, Iñigo Urkullu. Un largo rosario de acciones y movimientos.

¿Influyeron esos contactos y conversaciones afectando a la convicción de Puigdemont de avanzar hacia la declaración unilateral de independencia? Algunos de los que participaron quisieron pensar que esas gestiones, junto con otras muchas, sirvieron para que llegara a plantearse convocar elecciones y descartar la vía de la declaración de independencia, movimiento que finalmente no llegó a consumar, lo que dejó el camino expedito para que el Gobierno aprobase el 27 de octubre la intervención de la Generalitat invocando el artículo 155 de la Constitución, sobre todo por la posición radicalmente contraria a la convocatoria de ERC, el partido de Oriol Junqueras. Sin embargo, varios testimonios afirman que tras esos días Puigdemont aseguró que no olvidaba los nombres de quienes organizaron el traslado masivo de sedes, comenzando por CaixaBank y Sabadell.

Tras la imposición del control del Estado y la suspensión de las instituciones de la autonomía catalana, el poder económico se sintió más tranquilo. Las calles, en contra de lo que se había temido inicialmente, amanecieron tranquilas, sin manifestaciones masivas de protesta. En gran parte por la reacción de los líderes del independentismo, que en ningún momento opusieron resistencia y, en el caso extremo, el de Puigdemont, se marcharon del país. Para la mayoría de la burguesía, la aplicación del 155 fue un bálsamo, aunque con sabor muy amargo. El mejor ejemplo de esa aprobación fue que la arquitecta de la estrategia jurídica para la aplicación de esa medida, la vicepresidenta Soraya Sáenz de Santamaría, acabaría poco más de un año después contratada por el bufete Cuatrecasas, el más importante de Cataluña, el segundo de España y referente del poder económico catalán.

A modo de colofón, unos meses después, en abril del 2018, el rey acudió a Barcelona y almorzó con un grupo de patricios de la economía. El encuentro tuvo lugar en el palacete Albéniz de Montjuic, construido con motivo de la Exposición Universal de 1929 y una de las residencias habituales de Felipe VI cuando acude a la capital catalana.

Compartieron velada con el monarca, además del presidente del Cercle d'Economia, Juan José Brugera, en calidad de organizador del encuentro por encargo de la Casa del Rey, varios miembros más de la junta: Marc Puig, presidente de la multinacional de la perfumería Puig; Salvador Alemany (presidente de Abertis y de la Fundación La Caixa); Luca de Meo (presidente de SEAT); José Creuheras (presidente de Planeta); Rafael Fontana (presidente de Cuatrecasas); Josep Oliu (presidente del Sabadell) y Francisco Reynés (en aquel momento consejero delegado de Abertis). También participaron Joaquim Gay de Montellà, máximo responsable de Foment, y Miquel Valls, en nombre de la Cambra de Barcelona.

Era la primera reunión del grupo con Felipe VI desde el referéndum y su grave declaración dos días después, aunque Brugera sí que había acudido en el mes de noviembre al Palacio Real convocado por el monarca. En Barcelona, el guion se desarrolló de una manera imprevista. El rey quería conocer las opiniones de los empresarios y saber qué pensaban sobre la situación en Cataluña. Marc Puig, también vicepresidente del Cercle, defendió la necesidad de trabajar con mucha sensibilidad, algo que quedó implícito en el ambiente. No se reflejó en el discurso del monarca del 3 de octubre, dos días después del referéndum, lo que sorprendió a alguno de los presentes. Es conocida la firme filiación monárquica de los Puig, una de sagas más representativas del empresariado catalán. Alemany se sumó a la línea argumental de Puig, resaltando que las actitudes duras desde el Estado siempre iban a encontrar más obstáculos y resistencia.

Felipe VI, que estaba acompañado del jefe de su Casa, Jaime Alfonsín, señaló que su intervención había sido muy estudiada y justificó su necesidad en la ilegalidad de lo que, a su juicio, sucedió durante aquellas jornadas en Cataluña, y atendiendo a que en Bruselas no se entendía ni el silencio del Gobierno de Rajoy ni el de la monarquía.

El cuadro de bloqueo político se mantuvo en Cataluña sin apenas cambios entre la aplicación por el Gobierno de Rajoy del artículo 155, a finales del 2017, interviniendo la Generalitat y convocando elecciones en diciembre, hasta los comicios de enero del 2021, cuando ERC se convirtió en la primera fuerza del independentismo, desplazando a la antigua CDC, llamada ahora JxCat, tras haber comparecido durante un breve periodo como Partit Demòcrata Europeu Català (PDeCAT) y encabezada por el exiliado Carles Puigdemont.

Entre el desembarco del Estado y las últimas elecciones catalanas, en febrero del 2021, una parte de la aristocracia económica barcelonesa ensayó diversos intentos de influir. El primero fue con ocasión de las elecciones de diciembre del 2017. Algún empresario local conocido, en colaboración con varios potentados de Madrid, organizaron una operación que bien podría denominarse Messina, por el apellido del analista que se contrató para orquestar un centro de intervención en la campaña a través de las redes sociales, Jim Messina, quien fuera asesor de la campaña de reelección de Barack Obama para su segundo mandato presidencial. Se instaló a una cuarentena de personas en un piso de la calle Trafalgar 38 de Barcelona, desde donde se pusieron a lanzar de forma incansable masivos «mensajes de estímulo del voto unionista y de desánimo del independentista», según personas implicadas en el operativo.

Después, la apuesta fue la carta de Manuel Valls, el ex primer ministro francés nacido en Barcelona, para la alcaldía de la capital catalana en las elecciones municipales de mayo del 2019. Un movimiento que en realidad buscaba consolidar un giro político alternativo al independentista, utilizando Barcelona como punto de partida. El contacto inicial entre el mundo del dinero barcelonés y el político francés fue el entonces presidente del Círculo de Empresarios de Madrid, Javier Vega de Seoane. Tras los primeros contactos, Valls fue colocado en ESADE, a través del responsable de su Facultad de Derecho, Eduardo Berché, y se le organizaron cenas y comidas para que pudiera recaudar fondos para su campaña. Entre los empresarios que le dieron su apoyo, destacaron Mariano Puig (Puig), Amancio López (Hotusa), Manuel Torreblanca (Godia), Félix Revuelta (Naturhouse), Jaime Malet (Cámara de Comercio de Estados Unidos en España) y el cazatalentos Luis Conde. Algunos de ellos habían participado previamente en la operación Messina.

Los resultados fueron decepcionantes para las expectativas creadas, obtuvo seis regidores que además se escindieron al plantear Valls que la única manera de evitar que los independentistas accedieran a la alcaldía de Barcelona era dando su voto a la alcaldesa saliente, Ada Colau, cosa que efectivamente hizo. Desde entonces supura la herida, y los prohombres de la burguesía siguen imputándose unos a otros la culpa de que Colau ostente la vara de la alcaldía de la capital catalana. Unos siguen defendiendo la decisión de Valls y otros consideraban mucho más nociva para sus intereses la renovación de la dirigente de los Comuns que la elección de Ernest Maragall, el candidato de ERC.

Una vez dejado atrás el 155 y tras las elecciones de diciembre del 2021, el núcleo central del poder económico volvió sobre sus pasos y optó por buscar de nuevo entendimiento con las fuerzas políticas mayoritarias del espectro político catalán. Con discreción, en la primavera del 2019, Foment constituyó un poco conocido Círculo de confianza del que forman parte las principales figuras del empresariado catalán para debatir, entre ellas y con invitados del mundo económico y político, sobre las posibles vías de recomponer la normalidad institucional y, con ella, la económica en Cataluña. En el momento de su creación, flotaba en el ambiente el impacto de la victoria independentista en la Cambra de Barcelona.

En ese grupo han participado Isidre Fainé, Wayne Griffiths (SEAT), Josep Oliu, Marc Puig (Puig), Javier Godó (Godó), José Ignacio Goirigolzarri (CaixaBank), José Aljaro (Abertis), Antoni Brufau (Repsol), Juan José Brugera (Colonial), Josep Creuheras (Planeta), Jorge Gallardo (Almirall), Josep Maria Serra Farré (Catalana Occidente), Amancio López (Hotusa), Elisabet Cañigueral (Cañigueral), Salvador Alemany (Saba), Tobías Martínez (Cellnex), Ángel Simón (Agbar), Francisco Reynés (Naturgy), Javier Moll (Prensa Ibérica), Juan Manuel Soler (Quadis) e Ignacio Marull (PwC).

A sus reuniones han acudido el nuevo presidente de la Generalitat, Pere Aragonès; el ministro de Presidencia del Gobierno de Sánchez, Félix Bolaños y Salvador Illa, el líder de la oposición en Cataluña y exministro de Sanidad de Pedro Sánchez. Además, algunos de esos líderes empresariales han mantenido discretos encuentros individuales, especialmente con Aragonès y el presidente de su partido, Oriol Junqueras. En el caso de los dos dirigentes de ERC, su interés ha sido acercarse al empresariado catalán con la idea de relevar definitivamente a la antigua Convergència, transmutada en algunos sectores de JxCat, en su papel de interlocutor de confianza de la burguesía catalana.

En la misma perspectiva deben incardinarse los intentos de ese sector, representante mayoritario y principal del llamado mundo económico, de aproximarse al *expresident* Puigdemont, residente en Bruselas y con quien los acontecimientos de octubre habían abierto una fosa enorme. Los patricios de la economía atribuyeron al dirigente político una alta irresponsabilidad política que desencadenó, a su juicio, la imposición del artículo 155. El político, por su parte, calificó de traición los cambios de sedes empresariales, contra la que aventuró futura venganza.

En enero del 2022, Sánchez Llibre se reunió en Bruselas con Puigdemont. El empresario, como ya hizo dos años antes con los presos de Lledoners, ofreció su mediación al político instalado en Waterloo. Las cúpulas empresariales propugnan una salida para Puigdemont que forzosamente pasa por hacer desaparecer la amenaza de prisión que pende sobre él. Ya con los indultos, además de las primeras gestiones de Sánchez Llibre, el Cercle d'Economia, presidido por Javier Faus, se pronunció públicamente a favor, en sus jornadas del 2021, pocos días antes de que el Gobierno aprobara formalmente la medida. En igual sentido se manifestó en aquellas mismas jornadas el presidente de la CEOE, Antonio Garamendi, pese a representar uno de los sectores empresariales españoles más duros contra el *procés*. Esa pinza empresarial ayudó a hacer más digerible la medida de gracia de Sánchez a los sectores más duros del PP y al conjunto de la sociedad española. El mismo Pablo Casado, tras una desabrida reacción inicial, pudo olvidarse a los pocos días del asunto.

Pero el objetivo que Sánchez Llibre tenía para su encuentro en Bruselas no era compartido por Puigdemont. Este, lejos de buscar complicidades en las propuestas de su visitante, le pidió que no hiciera nada. Él quería controlar los movimientos que pudieran derivar en su posible retorno a España y en la batalla judicial y política que mantenía abierta en Europa. Pocas semanas después, incluso reclamó públicamente a Pere Aragonès que no negociase por él una salida a su situación ni condicionase o interviniese en la política que él quería desarrollar desde Bruselas.

Una entidad clave en esta coyuntura decisiva para la definición del futuro económico es el Cercle d'Economia, líder intelectual y reflexivo de la burguesía desde que recuperó su papel central, perdido durante los últimos años y cuya expresión fue el choque del presidente Faus con la gran mayoría de sus antecesores en el cargo, agrupados en la llamada Junta consultiva. Una crisis que pone de manifiesto una creciente distancia de la élite respecto a la institución, así como las dificultades de ejercer una labor de orientación y escrutinio en las nuevas condiciones de socialización de las ideas y los comportamientos. Las opiniones del foro parecen haber perdido resonancia e influencia y lo esencial de su actividad sigue volcado en torno a sus jornadas anuales. Se anuncian elecciones para elegir al nuevo presidente, un proceso que tanto puede dar origen a una entidad renovada como abrir un proceso de choque y división. Lo que está en juego es si el Cercle seguirá siendo un actor necesario de la sociedad catalana y española o se aboca definitivamente hacia un sendero de intrascendencia.

En el campo de los empresarios próximos al soberanismo, la mayoría de ellos procedentes de la órbita pujolista, en términos sociológicos y políticos, y en gran parte próximos a la fundación FemCAT, el objetivo preferente es transformar JxCat en un partido burgués socialmente al uso y políticamente respetuoso del orden establecido. Se trata de empresarios o ejecutivos como Carles Colomer, los hermanos Carulla, Pau Relat, Carles Vilarrubí, Elena Massot, Eloi Planes, Ferran Rodés, Tatxo Benet, Joan Font o la familia Grífols, por citar los más destacados. En buena medida, bajo los auspicios de David Madí, el hombre siempre presente y ocupando una posición central desde que se convirtió en el principal colaborador de Artur Mas hasta la actualidad.

Para este sector, Puigdemont es uno de los elementos de referencia, no tanto en términos de política práctica o concreta, como sobre todo por su condición de denuncia internacional que sigue poniendo de manifiesto la existencia del problema catalán y que espera una respuesta constructiva de parte del Gobierno central. A ERC, este sector de la burguesía la sigue observando desde una distancia que considera insuperable, una mezcla de incredulidad hacia sus propuestas con la convicción de que sus objetivos esenciales se contraponen a los propios.

Muchos empresarios de esa sensibilidad política recuerdan que tras las elecciones de septiembre del 2015 en las que la alianza de CDC y ERC se impuso sin alcanzar la mayoría absoluta, Oriol Junqueras se reunió con una amplia representación de FemCAT y el dirigente republicano les reprochó su complicidad con la corrupción de la época de Pujol. Una muestra de las distancias entre los convergentes y los republicanos, especialmente visibles siempre en el ámbito de las políticas económicas.

Puigdemont mantiene en su ADN el casi imperecedero gen convergente, que sigue inspirando confianza en muchas zonas nobles de la capital catalana. Pero no comparten con el europarlamentario residente en Waterloo su defensa de la unilateralidad ni la gestión que realizó durante los críticos días de octubre del 2017, cuando optó por una declaración unilateral de independencia, aunque luego la suspendió. Late en esta burguesía soberanista el reverencial respeto por el orden, pese a su anhelo independentista.

Por ese motivo tampoco han conseguido, al igual que sus compañeros refractarios al procés, articular políticamente sus intereses y opciones. Han mantenido contactos con las distintas voces de JxCat pero sin que, de momento, se haya constatado ningún avance. Al poco de ensayar una primera interlocución con el secretario general del partido que preside Puigdemont, Jordi Sànchez, este ha anunciado que dejará el cargo. Sánchez era en buena medida una apuesta política del siempre influyente David Madí. Sánchez había organizado discretos encuentros acompañado por el *conseller* de Economía, Jaume Giró, en las residencias privadas de algunos de los ricos de la ciudad. Estos buscan un partido próximo al mundo empresarial pero, al tiempo, saben que los tiempos del *peix al cove* de Pujol han quedado políticamente sepultados por la historia, por lo menos si se concibe en términos de apoyo social y electoral masivo y con capacidad de formar Gobierno.

En estas condiciones, la burguesía catalana parece condenada en el futuro inmediato a desenvolverse sin expresión política directa, en marcado contraste con lo que ocurría antes de la Gran Recesión y el arranque del *procés*. Reducida casi a la práctica del *lobby*, debe elevar la voz directamente cuando cree que las cosas no van bien, especialmente a través de organizaciones como Foment: en menor medida, el Cercle y Barcelona Global en los aspectos más locales. Quedan lejos los perfiles de una clase dirigente acorde con la leyenda romántica que logró proyectar sin demasiado fundamento durante la mayor parte del pasado siglo xx.

ÍNDICE ONOMÁSTICO

Abad, Antoni, 268
Aboukhair, Rami, 206
Acebillo, Josep Antoni, 88
Adell, Manel, 74
Agenjo (familia), 76
Agnelli (familia), 90
Aguilar, Salvador, 52
Aguirre, Esperanza, 112, 133, 194
Alavedra, Macià, 89
Alberich, Jordi, 24-25, 97, 114, 116, 267
Alemany, Salvador, 29, 33, 106, 112, 114, 116-117, 129, 218, 269-270, 272
Alfonsín, Jaime, 270
Alfonso XII, 48
Alierta, César, 73, 144
Aljaro, José, 272
Alsina (familia), 69
Álvarez, Isidoro, 144
Álvarez, José María, 85, 233
Álvarez-Pallete, José María, 200
Amat, Jordi, 83
Andic, Isak, 70, 105, 145
Aragonès, Pere, 201, 248, 273-274

Arnús (familia), 44
Artadi, Elsa, 248, 261
Asunción, Enric, 73
Aymerich, Ramon, 92
Aznar, José María, 15, 30, 42, 72, 85, 90, 96-97, 99-104, 107, 137, 148, 155, 179-180, 182, 200, 219-230

Bagó, Jordi, 81
Barrera, Heribert, 51
Barrios, Pere, 266
Bartomeu, Josep Maria, 59, 259
Basáñez, José Manuel, 151
Bassa, Dolors, 238
Ben Ami, Shlomo, 200
Benet, Tatxo, 70, 80, 106, 275
Berché, Eduardo, 271
Berlusconi, Silvio, 260
Bernat (familia), 72
Bertrán de Caralt (familia), 76
Birulés, Anna, 85, 96
Blesa, Miguel, 180
Bohigas, Oriol, 88
Boixareu, Joaquim, 81

Bolaños, Félix, 273
Bonet (familia), 68
Bonet, José Luis, 229, 244-245, 250, 260
Borràs, Laura, 263
Borrell, Josep, 85, 171
Botet (familia), 72
Botín (familia), 54, 64, 91
Botín, Ana, 207
Botín, Emilio, 144-145
Bou, Josep, 67
Brufau (familia), 76
Brufau, Antoni, 96, 100, 103-104, 144-145, 181-182, 185-186, 272
Brugera (familia), 76
Brugera, Juan José, 163, 226, 267, 269-270, 272
Buesa, Carlos, 224

Calvo-Sotelo, Leopoldo, 85
Cambó, Francesc, 45, 164, 168, 247, 252, 259
Canadell, Joan, 74, 240, 261-263
Cañete, Antoni, 265-266, 268
Cañigueral, Elisabet, 69, 272
Carbó (familia), 72
Carceller Coll, Demetrio, 229, 256-259
Carceller Segura, Demetrio, 256
Carné, Lucas, 74
Carnero, Matías, 230
Carod-Rovira, Josep-Lluís, 186
Carulla (familia), 63
Carulla Canals, Lluís, 63
Carulla Font, Artur, 63, 114, 116, 177, 146, 226, 275
Carulla Mas, Artur, 63
Casado, Fernando, 112, 144

Casado, Pablo, 234-235, 274
Castañeda, Eduard, 73
Castells, Antoni, 34, 120
Castells, Joan, 151
Cavalieri, Elena, 38
Cendrós, Joan Baptista, 86
Cima, Eusebi, 29, 151
Clos, Joan, 184
Clos, Jordi, 74
Codorníu, Jaume, 251
Colau, Ada, 73, 122, 243, 245-247, 272
Coll, Fernando, 256
Colomer, Carles, 73, 86, 275
Conde, Luis, 271
Contijoch, Agustí, 264
Corbera (familia), 70
Cornadó, Jordi, 80
Corominas, Joan, 97
Cortina, Alfonso, 104, 152
Costafreda (familia), 72
Costafreda, Albert, 72
Costas, Antón, 14, 97, 114, 116, 218
Creuheras (familia), 76
Creuheras, José, 145, 269, 272
Crous, Enric, 97, 256
Cuatrecasas Figueras, Emilio, 70, 145, 268
Cuixart, Jordi, 81, 215, 234

De Carreras, Narcís, 167-168, 172-173, 179
De Guindos, Luis, 130-131, 133, 190, 192, 194, 196, 198, 209, 212, 218-224
De la Rosa, Javier, 59-60, 176
De Meo, Luca, 230, 269

Del Pino, Rafael, 144
Díaz Ayuso, Isabel, 263
Díaz Ferran, Gerardo, 144
Díaz-Varela (familia), 228
Díaz-Varela, José Luis, 65
Draghi, Mario, 133
Duran i Lleida, Josep Antoni, 67, 130, 143, 236

Echenique, Pedro, 152
Elías (familia), 72
Entrecanales (familia), 64, 76
Entrecanales, José Manuel, 76, 137, 144-145
Entrecanales, Juan Manuel, 144, 146
Espelt (familia), 74
Espinosa de los Monteros y Bernaldo de Quirós, Carlos, 244
Espinosa de los Monteros, Iván, 244
Espona (familia), 72, 228
Estapé, Fabián, 40, 43
Estefanía, Joaquín, 49
Esteve, Albert, 65, 81, 97

Fainé, Isidre, 54-55, 73, 104, 112, 131-132, 144, 153-155, 157-158, 172, 181-183, 185-186, 188-189, 191-192, 196, 200-201, 204, 209, 217, 221, 223, 259, 267, 272
Farràs, Andreu, 57
Faura, Kim, 247
Faus, Javier, 74, 229, 235
Felipe VI, 11, 63, 76, 208, 230, 269-270

Fernández Díaz, Jorge, 60
Fernández Ordóñez, Miguel Ángel, 192-193, 218
Ferrer (familia), 47, 68
Ferrer Salat, Carlos, 42, 44, 49, 65, 75, 82, 87-88
Ferrero (familia), 69, 228
Ferrero, Javier, 69
Ferrer-Salat, Sergi, 65
Ferrer-Vidal i Soler, Lluís, 147, 167
Folch-Rusiñol, Joaquim, 105
Font, Àlex, 69
Font, Joan, 81, 275
Font, Víctor, 74
Fontana, Pedro, 88
Fontana, Rafael, 269
Forn, Joaquim, 234, 239
Fornesa, Ricardo, 104-105, 169, 180, 185-186, 188-189
Fradera (familia), 72, 109, 229
Franco, Francisco, 37, 39, 68, 167, 252, 257
Fuentes Quintana, Enrique, 169

Gabarró, Salvador, 67, 95-96, 101, 106, 113, 149
Gafo, Juan Carlos, 245
Gallardo (familia), 64-65, 76
Gallardo Ballart, Jorge, 64
Gallardo Piqué, Carlos, 64
Gallardo, Antonio, 147
Gallés (familia), 69
Garamendi, Antonio, 233, 235, 274
García Beato, María José, 219
García, Lola, 20
García-Bragado, Alejandro, 198
García-Margallo, José Manuel, 60

Garcia-Milà, Teresa, 97
García-Nieto Portabella, Borja, 71-72, 97
García-Nieto Portabella, Ignacio, 71-72, 97
Garrigós (familia), 70
Garrigues Walker, Antonio, 49, 91, 145, 152
Gaspart, Joan, 151
Gay de Montellà, Joaquim, 145, 147-150, 269-270
Gay, Eugeni, 147, 200
Giménez-Salinas, Esther, 152
Giró, Jaume, 201, 223, 267, 276
Girona (familia), 44
Godia, Carmen, 72
Godia, Francisco, 72, 145
Godia, Liliana, 72, 145, 228
Godó (familia), 66, 76
Godó, Javier, 66, 145, 200, 272
Goirigolzarri, José Ignacio, 201, 272
Gomar Roca (familia), 67
González, Felipe, 42, 85, 88, 90, 96, 104, 179-180, 184, 244
González, Francisco, 54, 144, 155, 180, 201
González, Ignacio, 133
González, Josep, 29, 149, 261, 264-266, 268
González-Panizo, Alfredo, 198
Gordó, Germà, 86, 124, 143
Gortázar, Gonzalo, 202, 207, 219, 233
Goytisolo, Agustín, 147
Goytisolo, Luis, 147
Griffiths, Wayne, 272
Grífols, Víctor, 61
Gual, Jordi, 210, 212, 215-216

Guardans, Helena, 247
Guardiola, Jaume, 206-207, 211, 213, 215
Güell de Sentmenat, Carles, 42, 52
Güell López, Juan Antonio, 57

Herrero y Rodríguez de Miñón, Miguel, 76
Hevia (familia), 73
Hevia, Enrique, 250-251
Hollister, John, 38-39
Homs, Francesc, 86, 100, 200
Hortalà, Joan, 228

Illa, Salvador, 273
Infanta Cristina, 63, 81, 222
Ingla, Marc, 74
Isla, Pablo, 145, 200

Juan Carlos I, 76, 91, 136
Juncadella (familia), 62
Junqueras, Oriol, 21, 139, 141-142, 148, 197, 209, 214-215, 234, 239, 268, 273, 275
Jutglar, Antoni, 14

Lamela, Carmen, 215
Lao, Manuel, 72
Laporta, Joan, 50, 74, 124-125, 259
Lara (familia), 65
Lara, José Manuel, 65, 96, 105, 108, 113-114, 117, 141, 145-146
Linde, Luis, 218
Lluch, Ernest, 43, 46
López (familia), 44
López Burniol, Juan José, 200
López Rodó, Laureano, 40, 67

López, Amancio, 74, 228, 271-272
Lucena, Maurici, 213

Madí, David, 73, 86-87, 249, 275-276
Malet, Jaime, 271
Maragall, Ernest, 258, 272
Maragall, Pasqual, 25, 34, 78, 85, 88, 97, 101, 109, 184, 186, 256
March (familia), 91
Marín, David, 79
Martí, Josep, 35
Martí, Miquel, 81, 246, 248
Martínez, Tobías, 272
Martínez-Pujalte, Vicente, 235
Marull, Ignacio, 272
Mas Cantí, Joan, 43, 44
Mas, Artur, 10-11, 19-23, 25-33, 35, 52, 61, 63, 66, 73, 75-76, 78, 80, 86-87, 99-100, 106-107, 110, 116-119, 121, 123, 125-126, 128-129, 131-132, 134-143, 146-150, 152, 154, 173, 181, 184, 197, 199-200, 208, 217-218, 239, 260, 265, 275
Mas-Colell, Andreu, 20, 120, 122-126, 128-130, 135, 150, 198, 248
Massot, Elena, 261, 275
Mateu Pla, Miquel, 43, 68, 167
Mateu, Carmen, 68
Mateu, Josep, 29, 81
Matosas (familia), 81, 248
Mercader (familia), 76
Mercader, Jordi, 96, 184
Merkel, Angela, 127
Messina, Jim, 271

Meyer, Thomas, 70
Miarnau (familia), 79
Michavila, José María, 85, 219
Millet Tusell, Fèlix, 50, 57, 164
Millet, Salvador, 172-173, 175-176, 179
Miralles, Enric, 106
Mitjans Miró, Francisco, 178
Mitjans, Lola, 178
Molinas, Alfredo, 51
Molins (familia), 67
Molins Amat (familia), 227-228
Molins Amat, Joan, 67, 97
Molins López-Rodó, Joaquín María, 67
Molins, Oriol, 67
Moll, Javier, 272
Montilla, José, 9, 25, 29-30, 34, 78, 85, 103, 106, 112-114, 120, 126, 193
Montoro, Cristóbal, 112, 126-127, 130, 133-134, 147, 150
Moragas, Francesc, 167
Moraleda, Amparo, 223
Murtra, Marc, 200

Nin, Juan María, 196
Nogareda (familia), 80
Nouvel, Jean, 105
Nueno, Pedro, 254
Núñez, Josep Lluís, 68, 259

Obama, Barack, 271
Oliu, Josep, 19-20, 55, 105, 131, 145, 151, 156, 160, 172, 196, 207, 210-215, 219-221, 223-224, 269, 272
Oliver, Josep, 15, 27

Ollé, Joan Carles, 81
Ortínez, Manuel, 164, 173-176

Palatchi, Alberto, 72, 229
Palau, Josep, 229
Parellada, Martí, 35
Pastor, Alfredo, 89, 97
Pérez Rubalcaba, Alfredo, 76
Petit, Jordi, 173
Pimentel, Manuel, 85
Piqué, Josep, 85, 99, 117-118, 148, 218, 230
Pirelli (familia), 90
Pizarro, Manuel, 104-105
Planes (familia), 70
Planes, Eloi, 70, 81, 275
Polanco, Ignacio, 152
Pont (familia), 69
Porcioles, José María, 168
Prado, Borja, 64, 87
Prat de la Riba, Enric, 252
Puig, Marc, 62, 145-146, 225-226, 269-270, 272
Puig, Mariano, 63, 89, 147, 271
Puig, Ximo, 156
Puigdemont, Carles, 17, 19-20, 23, 58, 73, 86-87, 154, 209, 215, 225-226, 238-239, 241, 245-246, 248-249, 261, 263, 265-270, 273-276
Pujol Ferrusola, Jordi, 60
Pujol, Florenci, 175
Pujol, Jordi, 15-17, 20, 22-26, 29-30, 32, 43-44, 46-47, 51-53, 59-60, 63, 68, 77-79, 82-89, 91, 94-95, 97-98, 100-102, 106-107, 116, 154, 162-164, 168, 172-179, 181-182, 184, 200, 222, 228, 236-237, 246, 260, 264, 275-276
Pujol, Oriol, 143

Rajoy, Mariano, 9-11, 13, 26, 32, 58, 60, 74, 76, 112, 117-118, 126-127, 129-135, 137-139, 145-146, 149, 152-153, 192, 194, 205, 215-217, 221, 223, 225-226, 230-231, 236, 239, 242, 244-245, 267, 270
Ramoneda, Josep, 114, 116
Rato, Rodrigo, 99-100, 103, 131-133, 182, 184-185, 194
Raventós (familia), 68, 228, 252-253
Raventós Chalbaud, Maria del Mar, 251
Raventós Doménech, Manuel, 252
Raventós, Antonio, 253
Raventós, Pablo, 253
Recoder, Lluís, 143
Redondo, Iván, 234
Relat, Pau, 80, 248-249, 254, 261, 268, 275
Renart (familia), 76
Revuelta, Félix, 228, 271-272
Reyna, Enric, 151
Reynés (familia), 76
Reynés, Francisco, 202, 269
Roca Hernández (familia), 67
Roca i Junyent, Miquel, 70, 76, 83, 91, 96, 113, 221-222, 236-237
Rockefeller, David, 49
Rodés (familia), 76, 88
Rodés, Ferran, 64, 76, 152, 275
Rodés, Leopoldo, 64, 87, 89-91, 94, 144, 146, 179

ÍNDICE ONOMÁSTICO

Rodrigo, Ricardo, 106
Rodríguez Zapatero, José Luis, 9, 25-26, 30-32, 86, 103, 110, 117, 119, 121, 184, 186, 194
Roig, Juan, 145
Romeva, Raül, 234
Romy, Gerard, 80
Rosell, Jaume, 79
Rosell, Juan, 29, 75, 81, 113, 141, 144-145, 147-148, 233-234, 237
Rosell, Sandro, 59, 79
Roures, Jaume, 70, 80, 106
Rovira, Josep Lluís, 264
Rubiralta Rubió (familia), 66
Rubiralta Giralt (familia), 66
Rull, Josep, 234, 239

Sáenz de Santamaría, Soraya, 209, 231, 242, 247, 267, 269
Sáinz de Vicuña, Antonio, 216, 223
Salgado, Elena, 192
Samaranch, Juan Antonio, 64, 87-88, 177, 180
Sánchez Galán, Ignacio, 144
Sánchez Llibre, Josep, 67, 130, 145, 233-238, 273-274
Sànchez, Jordi, 215, 234, 276
Sánchez, Pedro, 200, 213, 216, 234-235, 238, 273-274
Santacana (familia), 73
Santiburcio, Antoni, 88
Sardà Dexeus, Joan, 38
Saura, Joan, 186
Serra (familia), 70
Serra Farré (familia), 61
Serra Farré, Josep Maria, 62, 146, 272
Serra Santamans (familia), 228

Serra, Narcís, 85, 87-88, 168, 172, 184, 193
Silva, Manuel, 235
Simón (familia), 76, 229
Simón, Ángel, 113-114, 116, 145, 202, 272
Slim, Carlos, 91
Soldevila (familia), 179
Soler (familia), 73
Soler, Manuel Juan, 272
Soriano, Ferran, 74
Suárez, Adolfo, 15, 49, 81, 85, 169, 236
Sumarroca (familia), 79
Sumarroca, Carles, 79, 81, 264
Suqué Mateu (familia), 47, 68, 76
Suqué, Artur, 43, 68

Tarradellas Joan, Josep, 173-174
Tarradellas Arcarons, Josep, 69
Tennenbaum, David, 175
Torra, Quim, 86, 247-249
Torreblanca, Manuel, 141, 271
Torres, Carlos, 54
Trias Fargas, Ramon, 83
Trias, Xavier, 123
Tusell Maristany, Fèlix, 164
Tusquets Trías de Bes, Carles, 97, 228, 256, 259-231, 264
Twain, Mark, 51

Urdangarin, Iñaki, 81, 222
Urgell, Ricardo, 73
Uriach, (familia), 65, 229
Urkullu, Iñigo, 268

Vall Esquerda (familia), 228
Vall Palou (familia), 69

Vallès, Josep Maria, 96-97
Vallet (hermanos), 74
Valls, Manuel, 63, 65, 70, 228, 271-272
Valls, Miquel, 29, 138-139, 149, 245-249, 254, 260, 262, 270
Valls-Taberner, Luis, 164
Vallvé, Maria Àngels, 228
Vega de Seoane, Javier, 271
Ventura, Javier, 113
Vicens Vives, Jaume, 43-44, 84, 162
Vicens, Pere, 226
Vicente (familia), 69
Vila Casas, Antoni, 64-65, 228

Vilà, Alfons, 151
Vila, Santi, 143
Vilarasau (familia), 47
Vilarasau Salat, Josep, 78, 82, 87-89, 159, 168-190, 204
Vilarrubí, Carles, 59-60, 275
Villalonga, Juan, 180
Villanueva, José Manuel, 74
Villaseca, Rafael, 97
Vinton, Roger, 253

Ybarra, Emilio, 152, 155

Zaplana, Eduardo, 148